中国农村劳动力转移进程中的 "半市民化" 问题研究

王亚红　著

本书为国家社会科学基金项目（18BJY164）、河南省高等学校哲学社会科学研究应用研究重大项目（2018-YYZD-16）和河南省高等学校重点科研项目（软科学）计划（19A790025）的部分研究成果。

科 学 出 版 社

北　京

内 容 简 介

中国农业人口转移有别于发达国家以永久性、家庭迁移为主的模式，也区别于巴西、墨西哥等发展中国家的"贫民化转移"模式，是一种非稳态转移为主流的"半市民化"模式。"半市民化"迁移有其一般性，也有基于中国国情的特殊性。城乡利益格局的调整使城市（镇）户籍的吸引力不断下降，除非户籍身份的变动能够为其带来生计水平的提高，否则农业转移人口会更倾向于保持目前的"半市民化"状态。政府部门当前面临的艰巨任务就是要最大限度地预防"半市民化"的永久化。"市民化"有效需求不足是关键，需要通过需求导向的制度变革逐步消除"市民化"的意愿约束和能力约束，通过以"风险分担+能力提升"为目标的城乡制度耦合机制及支持性制度的建立和完善来促进市民化进程。

本书可供从事农村劳动力转移的研究者参考，也可作为政府管理人员，大中专教师，宏观经济管理、农业经济等专业的研究生及对此研究领域感兴趣的人士的参考用书。

图书在版编目（CIP）数据

中国农村劳动力转移进程中的"半市民化"问题研究/王亚红著. —北京：科学出版社，2018.9

ISBN 978-7-03-058768-8

Ⅰ.①中… Ⅱ.①王… Ⅲ.①农村劳动力-劳动力转移-研究-中国②民工-城市化-研究-中国 Ⅳ.①F323.6②D422.64

中国版本图书馆 CIP 数据核字（2018）第 207242 号

责任编辑：王彦刚 李 娜 / 责任校对：王万红
责任印制：吕春珉 / 封面设计：东方人华平面设计部

科学出版社 出版
北京东黄城根北街 16 号
邮政编码：100717
http://www.sciencep.com

北京虎彩文化传播有限公司 印刷
科学出版社发行 各地新华书店经销

*

2018 年 9 月第 一 版 开本：B5（720×1000）
2018 年 9 月第一次印刷 印张：11 1/4
字数：227 000

定价：66.00 元
（如有印装质量问题，我社负责调换〈虎彩〉）
销售部电话 010-62136230 编辑部电话 010-62135763-2015

前　　言

中国农村劳动力转移中出现的"半市民化"问题既有其一般性，也有基于中国国情的特殊性。发达国家的农村劳动力转移不存在户籍、社会保障等制度屏障，以其为研究背景的经典理论主要集中于人口迁移的经济动因分析，对中国农村劳动力非农就业有重要的借鉴意义。但是，由于研究背景和前提存在差异，其在转移人口"市民化"方面的适用性有待商榷。国内非农转移研究多借鉴国外经典理论，"市民化"研究则偏重于制度影响，并达成基本共识——中国农村劳动力转移相关制度变革进入攻坚阶段，农村劳动力进城并实现职业转换环节的制度瓶颈不断弱化，但"市民化"制度变革远未完成。

中国农村劳动力转移呈现典型的"两阶段转移"（非农转移→市民化）特征。目前，第一阶段的"非农转移"即从农业到非农业就业的职业转换已无障碍，但制度变革的滞后使第二阶段的"市民化"步履维艰。本书以当前中国的时代背景为切入点，提出中国农村劳动力转移的核心问题是"半市民化"——实现了"非农化"的农村劳动力及其家庭人口不能或者不愿成为城市（镇）市民，实现永久性转移。根本原因是"市民化"有效需求不足，本书分别从农业转移人口的"市民化"意愿约束（"市民化"选择面临收益最大化目标与风险厌恶的冲突）和能力约束（主要包括收入约束和成本约束）两个维度分析了"市民化"有效需求的约束情况及需求约束的形成机理，并试图以此为出发点探索解决中国农村劳动力转移核心问题的有效途径。本书从微观主体永久性迁移决策的制度需求出发，研究中国劳动力转移进程中转移人口身份转换环节的制度变革方向和实现路径，为人口城镇化制度红利释放提供新的研究视角。在城乡收入差距居高不下、"市民化"成本分摊机制尚未建立、经济新常态下农业转移人口非农就业不确定性增强等现实背景下，本书提供的路径有利于推动改革、释放制度红利、支撑发展转型，有利于加快"市民化"进程并避免城市新二元结构及"城市病"问题，关注不同主体制度需求创新制度变革理念，有助于协调利益矛盾与冲突、防止城乡问题恶化。本书的具体特点如下。

1. 强调大背景

中国是人口大国、农业人口大国、劳动力转移大国，研究中国农村劳动力转移问题不能脱离中国是人口大国、农业人口大国的国情，不能脱离中国的经济社会转型背景及中国劳动力市场的多重分割背景。本书分析了中国农村劳动力转移的特殊背景。

1）第一产业承载的人口依然过多。

2）中国经济距离世界先进水平仍有较大差距。

3）中国正处于复杂的经济社会转型中，诸多不稳定因素正通过不同的方式单独或综合在一起影响着中国经济和社会稳定发展的大局。同时，受制于国际经济发展的大趋势，中国经济的快速发展势头受到影响，原来掩盖在经济快速增长背景下的矛盾可能显性化。

4）中国劳动力市场存在典型的多重分割特征。

这些宏观经济社会背景在一定程度上决定了中国农村劳动力乡城迁移的两阶段性。

2. 提出新的劳动力非农转移评价方法

目前涉及农村劳动力非农转移的研究基本集中在对劳动力非农转移数量的研究上，而没有考虑到劳动力非农转移的质量。本书将农村劳动力非农转移与农民收入尤其是工资性收入结合起来，并将工资性收入作为农村劳动力非农转移的结果和核心指标，对中国农村劳动力非农转移的总体结果进行了系统的分析。

3. 核心观点

1）当前中国农村劳动力转移面临的核心问题是以"两栖迁移"为主要特征的"半市民化"代替以"永久性迁移"为特征的"市民化"成为主流。"半市民化"人口数量逐年递增，中国农业转移人口"市民化"压力日增。这种转移模式引发了一系列经济社会问题，如难以为中国经济社会发展提供稳定的、高素质的劳动力，严重妨碍土地资源利用效率的提高，加剧城镇化过程中尖锐的用地矛盾，增加中国"中等收入陷阱"风险、政治风险等。当前中国政府面临的艰巨任务，就是要最大限度地预防"两栖迁移"永久化。

2）"市民化"进程的推进面临诸多制度约束，对各主体的"市民化"有效需求制约是根本。地方政府的"市民化"意愿与能力直接决定了市民待遇有效供给的数量、节奏和水平。财税制度与干部考核制度弱化了地方政府的市民待遇供给能力和供给意愿，进而出现"市民化"条件不足，即市民待遇供给不足，对农业转移人口"市民化"拉动力不足的制度性困境，强行推行可能出现城市新二元社会并诱发诸多问题。进城农民的"市民化"意愿和能力决定其市民待遇的有效需求水平。如何将"市民化"进程中的制度约束效应转换为激励效应关系到国家城镇化战略大局。当前，农业转移人口的"市民化"面临意愿约束和能力约束。制度和政策性歧视将进城农民推向贫困与弱势边缘，就业与城市生活能力不足成为"市民化"需求目标实现的内在关键性障碍。

3）"市民化"是各主体净收益与风险目标综合平衡后的理性决策，有关部门必须有效解决当前制度供给与需求失衡问题，实现宏观政策目标与微观主体目标的统一。

4）制度因素和经济门槛造成进城农民"退而不出"问题，通过制度变革改变当前的利益分配格局是提升"市民化"有效需求的必要非充分条件，有赖于顶层制度设计与操作层面的政策调整，涉及系列制度变革与创新。本书提出以降低"市民化"选择的私人成本和风险、提高"市民化"意愿为基础，以提高农业转移人口"市民化"经济支付能力为核心的制度变革来解决中国农村劳动力转移中的"半市民化"问题。

本书由郑州大学旅游管理学院资助出版。感谢学院对本书出版的大力支持，也非常感谢杜书云教授的引领和指导。本书引用了诸多学者的研究成果和数据资料，在此向相关作者一并表示感谢。最后，还要感谢课题组全体成员的支持、理解和帮助。由于作者水平有限，书中不足之处在所难免，敬请批评指正。

目　　录

第1章 绪 论

2000 年年末，我国城市建成区面积为 2.24 万平方千米，城镇户籍人口为 3.25 亿。2014 年年末，城市建成区面积为 4.98 万平方千米，城镇户籍人口为 3.86 亿，城镇人口增长速度（18.77%）远低于城市建成区面积增长速度（122%），提升户籍人口城镇化水平的重要性日益凸显。科学有序的农村劳动力转移不仅能够推进农村土地规模化经营，有利于实现农业现代化、保障粮食安全，还能增加农民收入、缩小城乡差距，进而为全面建成小康社会、实现科学发展、加快社会主义现代化进程作出贡献。

在 2011 年 12 月的全国发展和改革工作座谈会上，时任国务院副总理李克强提到要放宽中小城市落户条件，把在城镇已稳定就业和居住的农民工有序转变为城镇居民。在 2012 年 9 月的省部级领导干部推进城镇化建设研讨班学员座谈会上，李克强再次强调，把符合条件的农民工逐步转变为城镇居民，是推进城镇化的一项重要任务。2013 年，中央城镇化工作会议明确指出推进以人为核心的城镇化，提高城镇人口素质和居民生活质量，把促进有能力在城镇稳定就业和生活的常住人口有序实现市民化作为首要任务。《国家新型城镇化规划（2014～2020 年）》将有序推进农业转移人口"市民化"作为四大战略任务①之首，提出要合理引导人口流动，有序推进农业转移人口"市民化"。2014 年，《政府工作报告》提出要解决好现有 3 个 1 亿人（即促进约 1 亿农业转移人口落户城镇，改造约 1 亿人居住的城镇棚户区和城中村，引导约 1 亿人在中西部地区就近城镇化）问题，实质上就是 3 个 1 亿人的"市民化"问题。2014 年 3 月，李克强总理在《政府工作报告中》再次提出要有序推进农业转移人口"市民化"，"把有能力、有意愿并长期在城镇务工经商的农民工及其家属逐步转为城镇居民"。诸多前人研究表明，多数农业转移人口具有"市民化"意愿，但现实中依然存在着较多制约因素。2015 年，《国家新型城镇化综合试点方案》提出新型城镇化综合试点五大主要任务，其中建立农业转移人口"市民化"成本分担机制和以居住证为载体的基本公共服务提供机制予以优先考虑。2015 年，在中央财经领导小组第九次会议上，习近平总书记强调，要促进有能力在城镇稳定就业和生活的常住人口有序实现"市民化"。

充分就业是经济社会发展的主要目标之一。作为一个农业人口大国，充分利

---

① 《国家新型城镇化规划（2014～2020 年）》提出，要实施好推进农业转移人口市民化、优化城镇化布局和形态、提高城市可持续发展能力、推动城乡发展一体化四大战略任务。

用丰富的农村劳动力资源,对于当前形势下的中国现实意义重大。如果大量农村劳动力长期停滞在职业的非农转移状态而未能实现"市民化",不但会影响城市(镇)经济的健康发展,而且会成为影响和谐社会建设的重要隐患。进城农民"市民化"是进城农民自身长远发展的需要,更是内涵式经济社会发展的需要,是释放制度红利、支撑中国经济社会发展转型的首要任务。

农业转移人口(主要由农村转移劳动力及其家庭人口构成)的永久性乡城迁移,即"市民化"能够带来巨大的外部正效应这一观点已经成为学术界的共识。随着国家新型城镇化战略的提出,各级政府相继推出多种改革措施来推动该进程。但在现实中,微观主体的市场化选择与政府的迁移促进诉求相背离,以"两栖迁移"为主要特征的"半市民化"成为农业转移人口乡城迁移的主流模式。哪些因素影响了他们的"市民化"选择?其作用机制和影响程度如何?应该通过什么方式消除这些影响?解答这些问题对于转变中国农业转移人口乡城迁移模式、释放农业人口永久性乡城迁移的外部正效应意义重大。

1.1 研究背景

中国作为农业大国、农业人口大国,农村劳动力转移是事关经济发展和社会稳定的大问题。中国农村劳动力的转移与其他国家农村劳动力的转移存在共性,但笔者认为其个性特征更为明显和重要。要想针对性地解决这一问题,必须考虑其面临的特殊背景,这些背景会直接或者间接地影响该问题解决的可能性和各种解决方案的可行性及其选择。

从国家宏观层面看,中国经济发展已进入新常态,经济发展由高速转换至中高速是其主要特征之一,虽然目前采取了一些刺激措施,但由于这些措施都是为稳定经济增长服务的,新常态的大前提不会变化。经济增长是推动劳动力需求不断增长的主要动力,农村劳动力转移水平受农村人口绝对与相对数量、经济增长速度等多方面因素的影响。本书主要结合人口大国、农业人口大国、经济总体实力水平、收入差距、农村居民相对收入水平、土地"非农化"与劳动力"非农转移"情况、经济社会转型,以及劳动力市场的多重分割特征等宏观经济社会背景展开。

1.1.1 中国是一个人口大国、农业人口大国

中国是一个人口大国和农业人口大国。2005年全国人口普查结果显示,当时

中国人口已经超过 13 亿，比世界人口第二大国印度多 2 亿余人。2016 年，中国总人口达 13.827 亿。随着经济的发展、城镇化进程的加快，2016 年，中国农村人口为 5.897 亿，占人口总量的 42.65%，较 1978 年的 82.08%下降了近 40 个百分点，农村人口所占比重明显下降。但是，无论是从农村人口的绝对数量还是从其相对数量看，中国在短期内仍然无法摆脱农业人口大国的身份[①]（李强和唐壮，2002）。因此这种背景下，如果没有农村的稳定就没有社会的稳定、国家的稳定。

1.1.2　经济总体实力的快速提升与收入差距的持续扩大并存

一方面，中国经济经历了改革开放四十年的高速增长，中国经济总体实力得到快速提升。1979～2017 年，中国 GDP 从 3 645 亿元增长到 82.7 万亿元，年均增长率为 15.34%。按照国家发展和改革委员会主任何立峰在十三届全国人民代表大会一次会议上公布的数据，中国作为世界第二大经济体，2017 年 GDP 达 12.2 万亿美元（按 2017 年 12 月 31 日汇率计），较世界第一大经济体美国少 7 万亿美元，比排在世界第三位的日本多 7 万余亿美元。按照世界银行（World Bank，WB）2011 年的标准，中国已经进入"中上等收入国家"之列。但是从人均水平看，中国经济与世界先进水平仍存在较大差距，在世界排名仍然靠后，2016 年人均 GDP 为 8 866 美元，世界排名第 69 位。

另一方面，中国城乡收入差距呈持续扩大状态。世界银行、世界收入不平等数据库（World Income Inequality Database，WIID）发布的各国基尼系数均表明，中国的基尼系数自改革开放以来呈持续上升状态。世界银行发布的《2006 年世界发展报告——公平与发展》表明，127 个国家中基尼系数高于中国的国家只有 29 个，亚洲只有马来西亚和菲律宾的基尼系数高于中国。学术界对中国收入差距的评价尽管表述不一，但基本观点大多指向中国收入差距过大。李实和罗楚亮（2007，2003）多次对中国基尼系数进行调查和测算：1988 年为 0.382、1995 年为 0.455、2003 年为 0.479、2007 年为 0.48，2016 年国家统计局公布的基尼系数为 0.465，尽管 2008 年以来基尼系数逐年下降，但多年突破 0.40 的国际警戒线已成为不争的事实。美国密歇根大学的研究表明，1980～2010 年，中国的收入差距扩大近一倍，预示将出现贫富悬殊。世界银行报告也显示，美国 5%的人口掌握了 60%的财富，而中国 1%的人口则掌握了全国 41.4%的财富，其财富集中度远远超过美国，成为全球两极分化最严重的国家（崔青青，2011）。

作为农业人口大国，城乡居民收入差距是中国整体收入差距的主要构成部分。城乡与区域协调发展的"复旦共识"曾指出：中国的收入差距主要是由城乡和区

---

① 早在 20 世纪中叶，一些西方国家的城市人口占全部人口比例就已经达到 70%以上：美国为 72%，英国为 87%，德国为 79%，荷兰为 86%，加拿大为 77%，澳大利亚为 83%。

域收入差距构成的。李实和岳希明（2004）在其文章中明确指出中国的收入差距主要源自城乡差距。《中国城市发展报告（2011）》指出，中国城乡收入差距比为3.23：1，成为世界上城乡收入差距最大的国家之一。如果将非货币因素考虑进去，中国的城乡收入差距是世界上最大的。据测算，以 2007 年城乡居民绝对收入水平为基准，当城镇居民人均可支配收入的增长率水平处于平均水平时，以最高的"适度"标准（城乡居民收入差异系数为 1.5[①]）来衡量，要在 50 年内解决中国城乡居民收入差距问题，农村居民的人均纯收入平均增长率要保持在 15.41% 以上；20年内解决该问题，农村居民人均纯收入增长率要保持在 18.20% 以上；10 年内解决该问题，农村居民人均纯收入增长率要保持在 23.01% 以上；5 年内解决该问题则需要农村居民人均纯收入增长率保持在 33.22% 以上（顾海兵和王亚红，2009）。国情决定了中国短期内不可能采用发达国家的高福利供给模式来抹平城乡间的收入鸿沟。

1.1.3　农村居民相对收入不足

当前主要依靠投资和外需拉动经济增长的发展模式已经难以为继，到了改由内需拉动经济发展、由追求经济总量到追求经济发展质量的阶段，到了需要焕发中国经济内部潜力来推动经济持续健康发展的阶段。根据英国经济学家凯恩斯（Keynes）提出的消费函数，收入是影响消费的决定性因素。而低收入者的消费倾向一般高于高收入者，因而收入的过分集中与低收入群体的收入增长缓慢共同造成了中国经济快速增长前提下的消费率低下的畸形局面。在当前的经济形势下，农村居民的相对收入不足已经影响了中国经济的可持续发展。

农村消费水平低下已经成为中国总体消费水平低下的重要原因之一。根据国家统计局公布的数据，1978 年以来农村消费水平与城镇、全国平均消费水平的差距日益扩大。据中华人民共和国国民经济和社会发展统计公报，截至 2017 年，农村居民人均消费为 11 969 元（占人均可支配收入水平的 81.6%），仅为城镇居民人均消费水平的 44.6%。农村居民收入的相对不足是导致这一现象的根本原因。笔者的计算结果也验证了这一点：中国城乡居民消费水平差异系数与收入差异系数呈正相关，相关系数达 0.9 以上。

伴随中国经济的高速增长，农村居民绝对收入的持续增长在一定程度上淡化

---

① 结合前人研究结果和笔者的分析，大体可以将中国城乡居民收入差距的"适度"标准划分为三个层次：最高"适度"水平或标准——以世界银行发布的大多数国家的城乡民差异系数 1.5 为标准；中位"适度"水平或标准——以笔者设定的"安全"底线 2.4 为标准；最低"适度"水平或标准——以中国社会学网的"适度"底线 3.2 为标准。标准的高低取决于完成的难度，对中国而言，城乡民收入差异系数恢复到 3.2（2007 年为 3.3）的难度要远远小于恢复到国际上多数国家水平（1.5），因而将 3.2 设定为最低标准，而将 1.5 设定为最高标准。

了相对收入差距扩大的负面影响，面对全球经济萧条及国内经济增长速度下滑的局面，如果农村居民绝对收入的增长受到影响，隐性矛盾将会显性化。

1.1.4 土地过速"非农化"与劳动力"非农转移"滞后情况并存

土地对人口的承载能力是有限的。中国的现实情况是，有限的农村土地资源必须承载足够多的农业从业人口。截至 2015 年年末，GDP 中的第一产业比重已经从 1978 年的 27.9%降至 8.8%（2016 年年末进一步降至 8.6%），第三产业在 GDP 中的比重则从 24.5%升至 50.2%（2016 年年末升至 51.6%）。但 2015 年年末第一产业就业人口在社会总劳动力中的比重仍高达 28.3%，国民经济中第一产业占比的快速下降并未伴随农业从业人口的同步减少，第一产业承载的就业人口依然过多，减少农民数量仍然是我国经济社会发展的重要任务。中国拥有庞大的农业人口基数，而且受"养儿防老"等传统思想的共同影响，农村人口一直以比城市更快的速度增长，农村人地矛盾非常突出——全国有 1/3 的省份人均耕地不足 1 亩（1 亩≈666.67 平方米）。同时，随着科学技术在农业中的广泛应用和农业机械化水平的不断提高，农业劳动生产率大幅提升，农业生产中资本对劳动的挤出效应日益凸显，对劳动力的需求不断下降。

土地"非农化"与劳动力"非农转移"的不同步进一步加剧了农村的人地矛盾，导致农村劳动力过剩。近年来国内不少学者从不同角度谈到了土地"非农转移"进程中劳动力"非农转移"人员就业情况堪忧的问题。陈绍友（2009）曾整理多位学者的调研数据，发现由于失地而被迫转移的劳动力失业率很高，相当数量的失地农民在失去土地使用权和承包经营权后陷入失业困境。当农民失地又失业成为普遍现象时，就需要防范"拉美陷阱"①风险（张桂梅和李中东，2007）。

一方面，在工业化和城镇化的推动下，土地作为不可再生资源的稀缺性日益凸显，利益主体的奋力争夺导致了大量的土地冲突。农民作为弱势群体不断被动地失去其获取生计的资源——土地。失地农民的境况大体有两种：一是生计方式转变，即生计得以保持并持续好转。这种情况下农民虽然失去了土地，但也因获得摆脱相对落后的农村生活环境的机会，开始持续好转的生活状态。二是生计资源遭到破坏，即生计难以维持并持续转差。段美枝（2013）的研究表明，土地被

---

① 20 世纪 60~70 年代，在人均 GDP 跨越 1 000 美元后，拉丁美洲国家开始高速发展城镇化，不平等的土地分配制度与城镇化的过度发展，产生了大量的失地农民，他们蜂拥挤入大城市，在就业机会严重不足的情况下，引发了严重的社会问题。低收入的失地农民很难在城市获得建房用地和住房，又不能退回农村，于是就非法强占城市公有土地，如山地、城乡接合部的公地和私人土地，搭建简陋住房，从而形成拉丁美洲国家城市特有的景观——贫民窟。政府因失地农民的养老、卫生、社会保障等费用不堪重负，社会两极分化十分严重，阶层矛盾日益激化，最终导致社会失控，国家陷入动荡，经济发展停滞不前，学术界称之为"拉美陷阱"。

征用后 46% 的失地农户年人均纯收入下降。朱明芬和李一平（2002）的研究则指出云南失地农户年人均纯收入总体下降 26%，江西有 30% 的失地农户年人均纯收入降幅在 10% 以上。古人云"民以生为本，以业为基础""有业为乐，无业为祸"。由于中国社会保障和福利制度还不健全，农民失去土地就意味着失去生活来源，面临生存危机（林红，2008）。土地是农民的基本生活保障，而失地后大多数农民处于无保障或低保障状态。失去土地的农民，成为种田无地、就业无岗、社保无份的"三无农民"（赵锡斌等，2003）。

　　另一方面，农民的权利意识不断觉醒。中国社会科学院发布的《2005 年中国社会蓝皮书》指出，农民失地引发社会矛盾在困扰中国六大问题中居首位（蔡传斌和方竞，2006）。2007 年全国受理的土地信访案件中，大部分为农民失地又失业问题（孙乃会和李亚新，2008）。目前全国各地因征地引发的上访事件已经呈现明显的组织性、对抗性和持久性（周中林，2007）。

1.1.5　处于复杂的经济社会转型

　　自 20 世纪 80 年代起，中国由原来的高度集中的计划经济体制向市场经济体制转变，社会结构则由农业社会向工商服务业为主导的工业社会和经济社会转变，在这个过程中，经济转型伴随社会结构的变动、利益格局的调整、思想观念的变化，社会成员由原来的两个阶层迅速分化成若干个阶层，观念与价值取向也逐步由一元向多元发展。经济转型推动社会转型和利益分化的加速，权利、机会、个人能力等方面的差异也在不断拉大不同社会群体的利益差距，社会矛盾和不稳定因素不断增加。这些不稳定因素通过不同的方式单独或综合在一起影响着中国经济、社会稳定发展的大局。同时，受国际经济发展大趋势等多重因素的影响，中国经济进入新常态，调结构、稳增长成为政府施政新目标。在这样的背景下，中国经济的快速发展势头受到影响，收入分配中处于弱势地位的群体占有的资源极为有限，市场竞争中的马太效应将会进一步拉大收入与财富差距。如果没有外力介入，低收入群体不仅要面临相对收入继续下滑的局面，可能还要面对经济增长速度下调导致的失业、工资下降等现实问题，导致总体收入增长速度下滑甚至绝对量减少，原来掩盖在快速经济增长背景下的很多矛盾可能显性化。

1.1.6　劳动力市场存在典型的多重分割特征

　　中国的劳动力市场具有典型的多重分割特征。赖德胜（1996）指出，体制内劳动力市场有明显的传统体制的印痕——工作稳定且社会保障水平高，而体制外劳动力市场则基本上按市场化运行，劳动力价格由市场供求决定。朱镜德（1999）

的研究表明，转移劳动力进城打破了城市封闭的劳动力市场状态，将城市劳动力市场分为城市居民劳动力市场和农村外出劳动力市场。在制度、人力资本、社会资本等多种因素的共同作用下，不同类型的劳动者进入不同的劳动力市场，而且由于获取的市场信息及进入劳动力市场的渠道千差万别，劳动者的就业水平、就业质量、收入水平和收入模式都存在明显差异。不同类型的劳动力市场对劳动力的吸纳能力和要求不同，一定程度上决定了农村劳动力的转移决策、方向及方式，研究中国农村劳动力转移必须考虑劳动力市场的多元分割特征。

1.2　本书主要的研究方法

经济学的基本研究方法是以"理论实证研究"为基本特征并以"归纳和演绎"为基本手段的抽象法（樊纲和张曙光，1994）。本书主要采用了以下方法进行研究。

1）问卷调查与理论分析相结合的分析方法。问卷调查是被调查者真实意愿及其自身真实情况的表达。笔者分别于 2016 年 1～2 月和 2016 年 12 月对河南省农业转移劳动力的永久性转移意愿及其影响因素做了一千余人次的问卷调查，也做过典型调研点农户问卷，并以此为基础结合相关理论解释制度性障碍及其发生机制，用于探寻制度变革路径和优化制度安排。

2）规范分析与实证分析相结合的方法。对农村劳动力转移的历史、现状及存在问题等进行客观的反映属于实证分析。在此基础上对农村劳动力转移的评价、针对性的对策研究，则是高层次的规范分析。本书贯彻实证分析与规范分析相结合的方法论思想。

3）定性分析与定量分析相结合的方法。具体地，先用定性方法确定劳动力转移范畴及评价指标，再采用量化的统计指标分析农村劳动力转移状况。

4）历史的研究方法。本书在研究中坚持以历史的眼光分析问题，强调事物发展的历史延续性和历史过程性，避免静态的、断面式的分析，从而有助于全面把握研究对象。

5）系统分析法。本书运用系统论的思想和方法，将中国农村劳动力转移所涉及的方方面面作为一个大的有机系统，广泛地进行理论研究，拓宽维度，加大深度。

第2章 国内外农村劳动力转移理论及模型

农村劳动力转移既是具有国际一般性的理论问题，又是与各国各地区所处经济社会背景密不可分的现实问题。与发达国家农村劳动力的永久性乡城迁移模式[①]不同，随着发展中国家城镇化进程的加快与农村劳动力乡城迁移规模的不断扩大，"非永久性迁移""循环流动""两栖迁移"等现象引发越来越多的关注。中国的农村劳动力转移既有全球人口迁移一般性规律，也有基于国情的特殊性。本章首先对农村劳动力转移的一般性展开综述，对国内外相关理论和模型进行梳理，然后针对中国农村劳动力转移进程中的特殊性问题展开专门的研究综述。

2.1 国外农村劳动力转移理论及模型

农村劳动力转移问题是发展经济学研究的重要主题之一，截至目前，已经形成了不少相对成熟的理论和经典学说。在笔者看来，对该问题的研究大体可以分为两类：一类是从宏观角度分析农村劳动力的流动，另一类则是从个人或家庭行为等微观角度来解释农村劳动力的转移。这里仅选择部分理论进行简要概述。

2.1.1 宏观视角下的农村劳动力转移研究

宏观层面，莱温斯坦（Ravenstein）最早提出人口迁移法则，认为有利的经济因素对移民最具有吸引力（Ravenstein，1985）。Heberle（1938）提出人口迁移推拉理论。配第（Petty）在其著作中指出，劳动者在不同产业间的收入差异促进了劳动力向高收入部门转移。Lee（1966）提出影响人口迁移的因素主要包括原居住地因素、迁入地因素、中间障碍因素和迁移者个人因素。Clark（1951）在其著作《经济进步的条件》中进一步明确提出，各产业间收入的相对差异造成劳动力由低收入产业（第一产业）向高收入产业（第二产业和第三产业）转移。库兹涅茨（Kuznets）对各国国民收入和产业间劳动力流动趋势进行了系统的统计分析，

---

① 以英国为例，随着圈地运动及第一次工业革命的开展，数以万计的无业农民进入城市成为产业工人，并在城市定居下来成为市民，1851 年英国城市人口占全国人口的 52%，而 1910 年则上升为 78.4%，乡村人口所占比例不断下降。

进一步验证了配第-克拉克定律，其主要结论有：①第一产业在国民总收入中的比重及第一产业劳动力在总劳动力中的比重呈下降态势；②第二产业在国民总收入中的比重总体趋势是上升的；③第三产业劳动力在总劳动力中的比重呈上升趋势（库兹涅茨，1985）。

Chenery 和 Syrquin（1975）的研究结果表明，发达国家工业化进程中农业产值变换与农业劳动力的工业化转换基本同步，而发展中国家劳动力结构转换普遍落后于产值结构的转换。

Lewis（1954）在零值劳动力[①]、工资不变和资本家剩余三个基本假设的基础上阐述了农村劳动力的非农转移过程。在二元经济体系中并存着传统部门（农村农业部门）和现代部门（城市工业部门）两大经济部门。由于传统部门劳动力的边际生产率等于零甚至是负数，劳动者的收入水平远低于现代部门，因此部门间的收入差距推动农村劳动力向现代部门转移。现代部门对农村劳动力的吸纳导致了生产的扩大，进而形成"对传统部门劳动力吸纳—生产扩大—利润增长—资本增加—吸纳更多劳动力"的良性循环模式，直到传统部门剩余劳动力消失，劳动力收入水平逐渐与现代工业部门工资水平接近，传统农业部门得到改造，二元经济结构的痕迹慢慢消失。

二元经济结构模型为发展中国家的工业化指明了道路，促进了农村劳动力要素的城市转移，但该模型也存在一些重大缺陷。第一，零值劳动力是刘易斯模型的一个重要假设，舒尔茨（Schultz）在《改造传统农业》一书中质疑该假设。他认为，在其他条件不变情况下，大规模农村劳动力转向城市非农产业会对农业生产造成影响。他用印度流行性感冒造成农业劳动力减少引起农业生产下降的事实否定了刘易斯曾提出的印度"至少有四分之一农业人口是过剩的"[②]的论断。第二，刘易斯模型强调现代部门扩张的同时，忽视了传统部门的发展，使其只能为现代工业的发展提供廉价的劳动力[③]。其后的 Ranis 和 Fei（1961）、Jorgenson（1961）则认为农业为工业提供廉价劳动力的同时还为工业提供农业剩余。第三，刘易斯模型假定现代部门的劳动与资本比例始终不变，工业部门扩张、就业机会的增多

---

① 传统部门中，劳动力相对于资本和土地过于丰富，导致边际劳动生产率接近零甚至等于零，零值劳动力处于隐性失业状态，一部分零值劳动力的转移不会导致农业产量的减少。现代部门可以以相对固定的工资水平从农业中获得足量劳动力以扩大生产规模。在发展中国家经济发展的初期阶段，劳动力无限供给而资本相对稀缺，资本积累是经济发展和劳动力转移的唯一推动力。随着工业化进程的推进，劳动力需求不断上升，发展中国家的经济发展进入第二阶段，所有生产要素都变得稀缺，工业部门的工资随劳动力市场的供求格局变动而变化，二元经济转变为一元经济。

② 1995 年，刘易斯在《经济增长理论》中指出，"根据对印度的详细计算……相对于需要来说，至少有四分之一的农业人口是过剩的"（转引自舒尔茨《改造传统农业》，第 43 页）。

③ 对于这个缺陷，刘易斯本人也做出了让步。他承认农业在工业化过程中占有重要的位置，农业发展的停滞有可能影响制造业的扩张，他也主张通过农业的发展来解决城市失业问题，而这正是托达罗的观点。

与农业剩余劳动力同速增长。事实上，工业部门在发展中往往更倾向于采用资本密集型技术，使工业部门扩展带来的就业机会增长速度低于资本积累的速度，并非所有流入城市的农业剩余劳动力都会得到在工业部门就业的机会，即在技术进步作用下，现代部门扩张对劳动力的边际需求应呈递减趋势。第四，刘易斯模型的另一个隐含前提是，发展中国家城市的充分就业与农村大量隐蔽失业同时存在。现实中，城市失业在许多发展中国家已经成为普遍性问题。第五，刘易斯模型只是考察了农村劳动力在不同部门间的转移，未考虑在农业部门内部因劳动生产效率不同引起的产业内部劳动力转移。第六，刘易斯模型只考虑了劳动力转移数量，忽略了对劳动力转移质量的考查。

Ranis 和 Fei（1961）在刘易斯模型的基础上，提出拉尼斯-费景汉模型。重视农业部门发展对工业部门的支撑作用是该模型的主要特征之一。他们指出，随着农业劳动生产率的提高，农业劳动力数量的减少反而能够促进农业的发展，解放出来的农村劳动力可以为工业部门的发展提供丰富且廉价的劳动力。而且，农业劳动生产率提升带来的农业发展可以为工业部门的发展提供更强有力的农产品支持。农业与工业部门的发展是密切相关的，他们以此为基础建立了工农业共同发展的劳动力转移模型。

拉尼斯-费景汉模型在借鉴刘易斯模型的基础上，梳理了工业和农业发展的关系，细化了刘易斯模型的阶段划分并将发展中国家的经济发展由两阶段扩展为三阶段：在经济发展的第一阶段，传统农业部门存在大量显性失业，劳动力边际生产率为零，农业劳动力的非农业转移不会减少农业生产总量，形成对工业劳动力的无限供给，此时工业部门可以用不变工资吸收到几乎无限的农村剩余劳动力。在经济发展的第二阶段，农业劳动力随着工业发展持续不断地向非农产业转移，推动农业部门劳动生产率不断提升，农业部门显性失业被隐性失业取代。但由于农业部门的工资仍然低于现代工业部门，处于隐性失业状态的剩余劳动力继续流入现代工业部门。由于农业劳动力的边际生产率为正数，农业产出水平将会随着劳动力的持续转移而下降，可能由此引发粮食短缺并引起粮食价格上涨，阻碍经济增长和劳动力转移进程。因而，该阶段需要同步提升农业生产率，在保证农业剩余的同时释放农业劳动力。在经济发展的第三阶段，农业部门的隐性失业者已经全部转移，传统农业升级为现代农业，工农业工资都由其边际生产率决定，工农业开始了新的竞争，二元结构特征消失。依据该模型，可以使劳动力要素随着资本聚集的速度流动（必要时还可能出现劳动力要素回流的现象），从而使劳动力要素更加充分地和资本结合。

拉尼斯-费景汉模型完善和发展了刘易斯模型，但其沿用了刘易斯的假设前提，如城市不存在失业、人口数量不变等，以及农业劳动者的工资不会随着农业生产率的提高而提高等，明显与发展中国家的现实不吻合。事实上，由于种种原因，城市现代工业部门工资呈刚性上升态势，工资的不断上升强化了资本密集型技术的采用，而这将降低城市对农村劳动力的吸纳能力。中国在改革开放前奉行的赶超战略使城市现代部门在资金密集型产业上投资过多，对农村剩余劳动力的吸纳能力十分有限。此外，拉尼斯-费景汉模型无法解释户籍制度约束下农村劳动力转移的二元理论。

与刘易斯、费景汉等不同，美国经济学家乔根森提出了自己独特的农村劳动力转移理论（Jorgenson，1961）。该理论指出，发展中国家的经济仍被划分为两个部门，农业部门的产出仅是劳动的函数，工业部门的产出只是资本与劳动的函数，且两个部门都存在中性的技术进步。该理论指出，首先，消费结构变化是农村劳动力向非农业部门转移的根本原因。以粮食为主的农产品消费受到人的生理限度的制约，需求存在有限性，当人们的农产品需求获得满足后，农业部门的发展就失去了需求动力。而工业品需求具有无限性，为工业部门发展提供了持续的发展动力，推动农村劳动力向需求旺盛的工业部门转移。其次，工业部门的工资水平不是固定不变的，它是由技术进步率和资本积累率决定的，且随经济发展水平的增长而上升。同时，农业部门的工资也不是固定不变的，且与工业工资按同一比例上升，所以工业工资和农业工资的差异是一个常数。再次，传统农业部门的发展是现代工业部门发展的基础，前者产品供给能力的大小直接影响后者的发展水平及农村转移劳动力对工业部门的支撑水平。只有当农产品供给超过增长人口对农产品的需求后，农业部门才能在提供食物支持的基础上，为工业部门的发展提供劳动力支持。农业劳动力开始随着农业剩余的增加不断向工业部门转移并推动其发展。乔根森提出，农业剩余是劳动力转移的充分必要条件。

2.1.2　微观视角下的农村劳动力转移研究

20 世纪 60 年代以后，关于农村劳动力转移的研究逐步由宏观经济增长向微观个体决策方向发展，转移劳动力或其家庭的转移成本、收入、转移决策过程等问题进入学者的研究视野，个体利益最大化对转移决策及转移行为的影响成为关注的重点。

1. 哈里斯-托达罗模型

20 世纪 60～70 年代，许多发展中国家城市失业和农村劳动力大规模向城市转移并存，而以刘易斯二元经济结构模型为代表的相关理论不能解释该现象。美国著名发展经济学家托达罗（Todaro）提出人口迁移是一种经济行为，并通过引入"预期收入"假设对这一现象进行了分析，提出了哈里斯-托达罗人口流动模型。

哈里斯-托达罗模型通过成本-收益分析迁移行为,他提出人口迁移是一种个人决策,个体通过对迁移后的预期收入和预期成本的衡量形成其迁移决策(Todaro,1969)。这种决策的依据包括两个方面:一是劳动力城乡就业的实际工资差距;二是转移劳动力在城市获得非农就业岗位的可能性或概率。实际工资差距与就业概率的乘积等于农业劳动力转移的预期收入,该收入水平是城市存在高失业率情况下农村劳动力依然会选择向城市转移的重要动力。也就是说,只要城市就业的预期收入大于农村就业的预期收入,其转移行为就是合理的。基于此,托达罗提出,按照刘易斯模型的分析结果采用部门倾向性的工业化发展战略,并不能够从根本上解决发展中国家的农村剩余劳动力问题,相反应当重视农业和农村的发展。按照他的理论,单纯依靠工业部门的扩张完成二元经济结构转换是不现实的,必须重视农业部门在经济发展中的作用,要顺利实现发展中国家的二元经济结构转换,应取消一切人为造成城乡实际收入差异的政策和措施。

此外,托达罗(1988)的研究表明,大多数农村劳动力首先转移至城市非正规部门。他提出了区别于二元经济结构模型的三部门构架,即发展中国家的经济体系中存在传统农业部门、城市正规部门(现代工业部门)和城市非正规部门(小商店和路边小厂等,类似于中国城市中的中小企业)。这些非正规的小行业和小部门为转移劳动力提供了大量的工作岗位。托达罗对于发展中国家农村劳动力向城市的流动分析,在很大程度上反映了发展中国家的实际情况,对解决农村剩余劳动力问题具有一定的指导和借鉴意义。但是,该模型最大的缺陷是假定农村不存在剩余劳动力,这与发展中国家的实际不符。此外,托达罗模型只考虑了农村劳动力向城市转移的理性,没有考虑农村劳动力在城市里找不到工作,也会理性地流回农村的可能(周天勇和胡锋,2007)。

在托达罗提出其理论之后,许多学者加入了诸多现实因素对托达罗模型进行修正,其中以哈里斯-托达罗模型最为突出。Harris和Todaro(1970)修正了托达罗模型。哈里斯-托达罗模型假定城市工资率由外生变量决定,最低工资水平的提高可能导致劳动的资本替代,并导致就业增长低于产出增长。哈里斯-托达罗模型延续了托达罗模型的基本思想,即人口迁移过程是人们对城乡预期收入差异而不是实际收入差异做出的反应。

2. 相对贫困假说

20世纪80年代之后,Bloom和Stark(1985)等人进一步改进了托达罗等人的人口流动模型。他们提出,劳动力转移决策是由家庭集体而不是转移劳动力个人做出的。集体决策过程中人们兼顾迁移的预期收益最大化和风险最小化目标,个人参与迁移或为了增加家庭收入，或为了降低市场不完备造成的风险（Stark，1984），并提出相对贫困或相对剥夺概念。根据相对贫困假说，农村劳动力的转移决策，不仅取决于城乡劳动力预期收入差异，还取决于转移劳动力在农村和城市感受到的相对贫困——迁移可以被视为人们对相对贫困做出的一种回应（Stark and Taylor，1989）。相对经济地位的下降及城市就业后相对经济地位的上升都有助于提高农村劳动力的转移可能性。反之，相对经济地位的下降则会反向影响其迁移决策。

循环流动是迁移者家庭在考虑风险的情况下对家庭资源进行配置的必然结果。然而，劳动力市场的非稳定性决定了发展中国家的转移劳动力非农收入的不稳定性。而且，受本身经济发展水平的制约，发展中国家社会保障制度并不健全，这些都会影响转移劳动力在城市的生计维持能力。对他们而言，最理性的选择是循环流动，将城市收入用于原住地的生活消费，同时获得城市和农村的好处。

3. 人口转移"推-拉"理论

赫伯尔在其发表的《农村-城市迁移的原因》一文中最早提出"推-拉"理论，提出迁移是由一系列推力和拉力共同作用的结果（Heberle，1938）。博格（Bogue）在 20 世纪 50 年代末提出系统的人口转移"推-拉"理论。他提出，农村劳动力无论是在迁出地还是在迁入地都面临两种方向不同的力量。一种是促进农村劳动力转移的积极因素形成的推力，另一种是阻碍劳动力转移的消极因素形成的拉力，推力与拉力形成合力的大小决定了农村劳动力的迁移选择。迁出地的推力，如农业生产成本增加、农村劳动力过剩导致失业和就业不足等足够大；而迁出地的拉力，如熟悉的环境、已经形成的社交网络等不足时，即推力大于拉力，由推力占据主导地位时，农村劳动力更倾向于从农村流出。同样地，迁入地存在吸引外地劳动力的拉力，如更多的就业机会、更高的工资收入和更好的受教育机会等；也存在不利于劳动力转入的推力，如陌生的生产生活环境、激烈的竞争等，即当迁入地的拉力大于推力并由拉力占据主导地位时，就会促进农村劳动力的流入。

总体上，"推-拉"理论中的迁移行为是多种经济、社会因素共同作用的结果。但是，作为一种定性分析，该理论在分析中很难确定各种推力和拉力的强度，使该理论对迁移现象的解释只能浮于表面。

4. 个人决策模型

肖斯塔（Sjaastad）从成本收益对比视角分析了微观主体的迁移行为，提出迁移决策取决于流入地平均收入是否超过流出地平均收入与流动过程中其他支出之和（Sjaastad，1962）。肖斯塔提出个人迁移决策模型，指出当个人迁移的收益大于迁移成本，即迁移的净收益大于零时，迁移发生。迁移的收益主要源自两个方面：一是工资等货币性收益的增加；二是迁入地提供的机会、娱乐、政治环境等非货币性收益。迁移的成本则主要涉及两个方面：一是迁移过程本身产生的货币性支出；二是迁移导致的非货币成本，如分离造成的痛苦等。

在考虑迁移收益与成本时间价值的情况下，劳动力转移的净现值可以用式（2-1）表示为

$$PV_{ij} = \sum_{t=1}^{n}(SE_{jt} - SE_{it}) / (1+r)^t - \sum_{t=1}^{n}(C_{jt} - C_{it}) / (1+r)^t \qquad (2\text{-}1)$$

式中，PV_{ij} 为劳动力转移期间（从 i 地转移至 j 地，时长为 t 期）带来净预期收益的净现值，代表转移前后两地预期收益差额的净现值与两地生活成本差额的净现值之差。t 为劳动力转移的时间间隔，一般以计息周期数表示。如果总体差额大于零，说明转移前后预期收益差额的净现值大于两地生活成本的净现值，转移发生。SE 为转移前后的预期收益，r 为贴现率，C 为生活成本。Speare（1974）对该模型进行了修正，将劳动力转移的净现值表示为

$$PV_{ij} = \sum_{t=1}^{n}(SE_{jt} - SE_{it}) / (1+r)^t - \sum_{t=1}^{n}(C_{jt} - C_{it}) / (1+r)^t - T + \sum_{h=1}^{n}V_h \qquad (2\text{-}2)$$

式中，T 为迁移费；V_h 的求和值为迁入地与迁出地之间非货币因素折算成货币后的差额。

2.1.3　非永久性迁移

非永久性迁移并非中国独有。发展中国家的循环流动是普遍现象，但常被常规数据掩盖（Parnwell，1993；Hugo，1998）。国外对非永久性迁移的研究开始较晚，20 世纪 70 年代前的人口迁移研究以永久性迁移为主，非永久性人口迁移被大部分学者所忽视（Goldstein，1993）。1885 年，莱温斯坦发表的《人口迁移规律》一文中最早涉及非永久性迁移研究的重要性，但更多西方研究者更关注永久性迁移行为，他们的研究一般假定暂时移民想要永久留在迁入地（Fan，2008）。事实上，19 世纪中叶，法国巴黎的短期迁移者数量就已高达 100 000 人，约占当时巴黎总人口的 1/6（Skeldon，1990），表明短期迁移在发达国家的城镇化历程中扮演过重要角色。但是，这种短暂迁移现象被认为是发展中国家特有的，在主流文献中常被忽视。而发展中国家涉及人口迁移的研究又多借鉴发达国家的主流研究，因此对非永久性迁移的规模和重要性研究均不足（Skeldon，1990；Rowland，2003）。

20 世纪 70 年代后，随着对发展中国家人口迁移研究的不断增加，越来越多

的学者发现发达国家的人口迁移区别于发展中国家的人口迁移特征。在发展中国家，更多的迁移者选择不改变永久居住地的短期迁移（temporary migration）而非永久性迁移，其迁移行为并不导致永久迁移所产生的"根本归属的转移和重新定位"（Spann，1999）。这种人口迁移多是往返于迁入地与迁出地之间、一次或多次的往返循环性移动，Bale 和 Drakakis（1993）称这种暂时性的迁移行为为循环流动。Hugo（1997，1982，1978）的研究表明，20 世纪 70~90 年代，循环流动的规模和重要性在印度尼西亚呈上升趋势。Goldstein（1993）对曼谷的人口迁移调查表明，1974 年在曼谷的迁移人口中居住 1 年以上和永久性的迁移者分别占总迁移人口的 2%和 21%，绝大部分迁移人口则迁往他处或返回流出地，1985 年的调查得到类似的结果。总体上，循环流动的研究者，如 Bale 和 Drakakis（1993）、Spann（1999）等更关注循环流动的目的，关注迁移人口是否愿意永久离开流出地及他们对流出地和流入地的双重归属（Hugo，1982；Spann，1999；Rowland，2003 et al.）。

许多学者对非永久性迁移的成因展开研究，其中新劳动力迁移经济学和双重劳动力市场理论获得了普遍的认可。新劳动力迁移经济学（Stark and Bloom，1985），指出非永久性迁移者主要来自人地关系紧张且无法提供足够非农就业机会的区域。根据"双重劳动力市场"理论（Piore，1979），人口的非永久性迁移主要源于工业化快速发展对低端非熟练劳动力的非稳定性需求。经济活动的非稳定性决定了劳动力需求的非稳定性，为降低经济波动带来的风险和损失，投资者将生产分为资本密集型部门和劳动密集型部门，前者主要满足市场较为固定的需求，需要一定数量高水平技能与高工资相对应的稳定的劳动者；后者则主要用于满足市场中的非稳定需求，技能水平和工资水平都比较低的劳动者也可以满足其劳动力需求。当市场需求发生变化时，可以通过调节劳动力数量而非机械设备数量实现利润最大化目标，即让部分劳动者承担市场需求波动的损失，以避免或降低机器设备闲置带来的损失。这种以低技能低工资水平为特征的劳动力需求很难吸引当地劳动力，但这种不能为本地人所接受的工资水平对于短暂迁移的劳动者而言是可以接受的，主要原因在于他们决策的参照系是相对落后的迁出地水平。两个劳动力市场的工资水平和福利项目差异巨大，导致在城市就业的迁移人口多数只能在次要劳动力市场上就业，在迁入地只能获得较低的工资收入，这样的工资收益难以维持迁移者全家在城市的生活，维持城市生活收入的非稳定性使迁移人口缺乏永久迁移的意愿。他们不得不在迁入地和迁出地同时寻找就业和收入机会以维持和提高家庭生活水平。非永久性迁移不仅可以扩大迁移者的家庭就业和收入来源，还可以在一定程度上降低农业歉收及非农就业的不稳定性带来的生计风险（Hugo，1998，1982）。Piore（1979）、Hugo（1998）等人的研究表明，转移劳动力及其家庭相关能力、资源、利益，流入地劳动力市场状况等都是影响流动人口迁移决策的重要因素。Mincer（1978）强调根据家庭预期收入最大化和风险最小化来做出迁移决策。Stark（1985）、Taylor（1991）提出新劳动力迁移理论，指出为了最大限度地增加家庭就业和收入并降低风险，发展中国家的迁移者更倾向于选择非永久性迁移策略。迁移决策是农民规避收入不稳定风险和突破发展制约的有效手段，经济社会不平等产生的相对剥夺感对迁移决策有很大影响。Massey（1990）提出降低迁移成本和迁移风险有助于提高迁移成功率。Roberts（1997）指出永久性迁移使农民失去土地使用权及土地保障，生存风险使农民倾向于与土地保持永久联系。斯科特（Scott）提出追求安全和避免风险是农民经济行为的核心原则（Scott，2001）。

Polanyi（1957）提出体制、社会生活行动和社会心理三个方面因素共同造成了农村流动人口的"半城市化"。Lee 和 Kim（1980）提出城乡回流根源为城市排斥。Mitchell（1987）在研究南部、中部非洲农村-城市人口迁移时提出，农民在农村、城市之间的循环流动，与其家庭地位变化及其在农村和城市承受的不同压力有关。Hugo（1998）将户籍、迁移者能力、劳动力市场波动等视为主要障碍。中国政府须努力消除制度障碍促进农业人口转移（Seeborg et al.，2000）。Fan（2004）认为户籍制度为国家利益服务，历经改革但本质并无变化，即使非农业人口享有国家福利保障，而农业转移人口只能工作、生活在社会底层。Görlich 和 Trebesch（2006）强调贫穷、网络效应、移民经验、婚姻状况、教育程度的影响。狭义的"市民化"指取得"市民权"（citizenship）的过程（Auvachez，2009；Elizabeth and Cohen，2011）。Solinger（1999）提出个体在社区中应该享有成员资格和资源分配的权利，国家和市场共同限制了中国流动人口获得城市公民权。Peter 和 Shang（2001）指出户籍制度造成了城乡分割，限制了城乡间的人口流动和就业。

2.1.4　制度与行为的互动关系

Commons（1931）认为制度是控制行为的一系列规则，但个体和组织为追求自身利益可能对现有制度规则进行影响和改进。Veblen（1953）提出，制度本身就是由"为大多数人普遍接受的固定的思维习惯"组成的，制度实际上是一种节省"经济人"理性计算成本的机制。Huntington（1968）提出，制度就是稳定的、受珍重的和周期性发生的行为模式。Denzau 和 North（1994）提出制度是为决定人们的相互关系而人为设定的系列约束，主体期望获取最大潜在利润是制度变革的根本动力。

2.2 国内农村劳动力转移理论及模型

西方学者提出的农村劳动力转移理论和模型，为中国农村劳动力转移提供了许多可借鉴的经验。但是，由于大多数理论与模型提出背景及假设前提与中国国情存在较大差异，很多理论的现实指导意义有待商榷。中国农村劳动力转移在中华人民共和国成立初期就已出现，但相关研究还十分薄弱。20 世纪 70 年代末 80 年代初，家庭联产承包责任制的实行，极大地激发了农民从事农业生产的积极性，长期积累的"人多地少"的压力得以释放，农村劳动力剩余成为最迫切需要解决的问题之一。费孝通在改革之初指出，怎样将农村中潜在的巨大的剩余劳动力转化为生产力是我国农村经济发展的关键问题。随着经济社会的发展和"三农"问题的凸显，通过农村劳动力转移解决中国"三农"问题的呼声日渐高涨，相关研究迅速成为学术热点问题，形成跨学科研究的格局，但基本上仍停留在对国外相关理论模型的解析与利用上。

2.2.1 农村劳动力转移理论模型

理论上，同一种资源，在同样的技术水平、经济发展状况和投入水平下，人们总是要选择回报率较高的方式。以此为基础，符钢战（1992）提出劳动力转移的"层级流动模型"、李实（1997）提出"转轨劳动力流动模型"。

1. 符钢战的"层级流动模型"

符钢战（1992）等人提出"层级流动模型"，该模型提出以下几个假设条件：①农村劳动力无限供给，边际劳动生产率趋近于零；②城市就业预期收入高于农村劳动力实际收入水平；③城市能提供的"职位空位"是有限的。"层级"是由镇、中小城市、大城市、特大城市形成的序列。在"层级流动模型"中，不同层级的劳动力吸纳地对技能的要求也不同，城市的层级越高对劳动力技能的要求也越高（袁家冬等，2005）。层级流动模型分析指出，镇一级劳动力的预期净收益水平较高，但发展环境较差。随着城市规模的扩大，预期收益在降低，但发展环境在提高。"层级流动模型"中对劳动力技能的要求随城市规模扩大而相应提高的假定与现实不太相符，小城镇劳动力预期收益相比城市较高的推论也值得商榷，农村不同质的劳动力其预期收益不一定随城市规模的扩大而递减。但是，这一模型至今对中国城乡劳动力转移具有很强的现实意义。

2. 李实的"转轨劳动力流动模型"

李实（1997）提出了经济转轨过程中存在政府控制部门与市场主导部门，并以此为背景提出中国特色的劳动力流动模型。该模型有四个假设条件：①城市经济中存在两个部门，一是政府控制部门，实行统一控制的较为平均的工资率；二是市场主导部门，工资由市场决定。②城市经济中存在两部分异质劳动力，一部分为专业技术人员，另一部分为非专业技术人员，劳动力市场由于人力资本差异被分割为两个市场。③城市就业收入水平高于其在农村就业的收入水平，农村劳动力无限流向城市。④农村劳动力基本上是非专业技术人员，主要流入城市市场主导部门，不会直接影响政府控制部门的工资率。"转轨劳动力流动模型"的主要结论如下：①政府控制部门的统一工资率与两个劳动力市场的工资率之间形成两个落差，引起劳动力供给变化及两个部门间的劳动力流动。②政府控制部门中专业技术型劳动力的工资率低于其市场主导部门工资率的另一个结果是，他们受到制度障碍时会降低自身的劳动生产率，导致整个社会的制度效率损失。

2.2.2　农村劳动力转移其他相关研究

国内学者对农村劳动力转移的研究更多集中在经济因素、自身因素、制度因素等因素的分析上，理论分析相对较少。中国目前整个"半工半耕"制度的逻辑是：人多地少的过密型农业因收入不足而迫使人们外出打工，以此避免"无产"；而外出打临时工的风险又反过来迫使人们依赖家里的小规模口粮地作为保险，以此避免"无家"。这样，就将过密型小规模、低报酬的农业制度和恶性的临时工制度紧紧地捆绑在一起。

1. 农村劳动力转移的影响因素

农业部农村经济研究中心课题组（1996）的调查结果显示，农村劳动力转移就业中当年就业稳定性比较好的占60%，即有40%的农村劳动力事实上没有相对稳定的非农职业。大多学者认为中国农村劳动力转移和流动规模、就业格局在相当大程度上受经济改革进程的影响。市场化取向的改革为农村劳动力转移提供了制度环境，收入差距是诱使农村劳动力转移的最关键因素。当前农村劳动力转移仍存在很多限制性的制度因素（如户籍制度）。比较有代表性的研究成果包括：高国力（1995）提出区域经济发展不平衡是农村劳动力转移的重要因素之一，经济发展水平越高的地区劳动力转移越活跃。外来农民工课题组（1995）对珠江三角洲的实证研究得出了与其相同的结论。蔡昉（2004，2003）提出，劳动力流动及流动方式选择取决于他们对流动成本和收益的评价。农村低收入劳动者最有可能做出转移决策，相对收入差距（包括城乡、农村内部对比）是影响农村劳动力转移决策的重要因素。此外，传统的发展战略及户籍制度安排限制了农村劳动力的转移行为（周勇，2008），制度改革松动了这种限制，但因制度障碍依然存在，无论是预期收入还是人力资源禀赋对转移动力的解释都是不充分的（李德洗，2004）。赵耀辉（2000）、赵辉辉（1997）发现年龄、性别、婚姻状况是影响转移决策的重要因素。转移的概率随着年龄的增长而降低，女性比男性的转移率低，婚姻状况是影响转移决策的另一个重要因素——已婚使转移率降低幅度为 2.8%～10%。中国农村劳动力流动课题组（1997）利用 1994 年四川省 18 县 1 820 个农户的住户调查数据及追加调查数据，通过因子分析法得出外出劳动力的收入预期与就业信息及家庭劳动力的外出人数呈正相关，外部环境的变动是影响农村劳动力外出就业决策的主要因素。程名望等（2007，2006，2005）的研究表明，城镇拉力已成为中国农村劳动力转移的根本动因，解决农业劳动力转移问题，必须重视城镇拉力诸多因素，尤其是要消除在户口、子女入学、就业机会等方面的歧视，以及提供城镇社会保障等方面。陶然和徐志刚（2005）在《城市化、农地制度与迁移人口社会保障——一个转轨中发展的大国视角与政策选择》一文中提出户籍制度、社会保障制度和土地制度三者之间的紧密关系。他们认为，进城农民工缺乏户口和相应的社会保障使他们无法切断与农村土地的联系。这种"离乡不放土"的迁移模式使农村迁移人口往往无法实现举家迁移，而主要表现为短期、单身迁移。张良悦和刘东（2008）认为，中国农村劳动力的转移既受到城市户籍制度的迁移阻隔，又受到农村土地制度的退出束缚，真正解决农村劳动力转移问题，不仅要解决转移的阻力（户籍制度障碍）问题，还要在转移动力（农民退出激励）方面考虑如何将农村劳动力的财产转移到城市中以节约其安置成本。

2. "非永久性迁移"与农村劳动力回流

中国"非永久性迁移"人口规模庞大，对应于国外研究中的循环流动、通勤、短期迁移等概念，国内涉及"候鸟式、摆动式人口迁移"的研究于 20 世纪末 21 世纪初开始活跃。蔡昉（2000）的研究表明，中国农村转移人口大多数最终会选择回乡。马九杰和孟凡友（2003）提出，农村转移人口的迁移具有短期性和非持久性特征。白南生和宋洪远（2002）的研究表明，外地就业困难及家庭拖累是导致农村外出劳动力返乡的主要原因，以回乡投资创业为目的的回流极少，农村外出劳动力的受教育程度与其在非农业劳动力市场的就业机会呈正相关。朱宇（2004）提出，发展中国家中短期迁移人口规模远大于"永久性迁移"人口规模，社会经济影响也更大,这促使"非永久性迁移"研究的地位日益提高。刘传江（2005）在其《城乡统筹发展视角下的农民工市民化》一文中提出了区别于西方一次性完成的城乡人口迁移模式的"中国路径"——将农村劳动力乡城转移分为两个阶段，即从农民转化为农民工的第一阶段和由农民工向市民转化的第二阶段。冯云廷（2009）指出"两栖迁移"实际上是一种兼业转移，亦即进城（镇）谋职的农村剩余劳动力只能找到临时性工作，职业和收入都不稳定，无法将其家庭安置在城市（镇）。他还指出"两栖迁移"是城镇化的过渡形式，是现阶段中国城镇化制度安排的合理选择。

2.3　国内"永久性迁移"与"市民化"相关研究

尽管人口"两栖迁移"并非中国特有，但在户籍等制度约束下，这种"非永久性迁移"特性在中国被强化，并呈现代际传递特征。本书中的"市民化"等同于"永久性迁移"。

1. "市民化"内涵及其外延的相关研究

资料显示，我国第一篇公开涉及"市民化"研究的文献为黄祖辉等（1989）的《农村工业化、城市化和农民市民化》一文。"市民化"是农民身份、地位及工作方式和生活方式向城市市民转化的过程（姜作培，2002；黄泰岩和张培丽，2004）。许峰（2004）提出"市民化"包括农民素质"市民化"过程和资格"市民化"结果。陈映芳（2005）提出"市民化"有狭义和广义之分，前者是获得市民身份、权利的过程，后者则包括身份、地位、价值观、社会权利、生产生活方式等全面转化的过程。潘志玉和张明（2008）提出必须消除对农民工的身份歧视，确立起普遍平等的公民身份原则，让其享有平等的劳动就业权、社会保障权、人身损害平等受偿请求权、同等市民待遇权等基本权利。马桂萍（2008）从法律角度提出"市民化"包含身份和权利的"市民化"，是消除因户籍不同产生的权利和待遇差异的过程。朱启臻和马腾宇（2011）提出"市民化"的本质不在于户籍转变，而在于使公共服务覆盖全体农民工，使之获得与城市市民同等的权利。陈海霞（2013）提出市民待遇是推进"市民化"的关键，也是推进城镇化和中国经济可持续发展的突破口。王春蕊（2014）提出"市民化"过程是城乡权益资源重组的过程，经历转移和转户两个阶段，涉及农民基本权利和核心权利、农民工拓展权利、市民基本权利及其三种身份的转换，需要转户福利增进的兼容型匹配机制、转户条件限制的甄别型匹配机制、城乡部分权益可置换的替代型匹配机制与之相应。为此，应通过差别化落户政策、科学设定落户门槛等方式完善跨区域农民工城乡权益转移衔接制度，以加快农民工"市民化"转型。林竹（2014）认为职业及社会身份

"市民化"是"市民化"的目的和结果，要充分尊重农民工的"市民化"选择。

2. 农业转移人口"市民化"进程中的制度制约

（1）制度与行为的关系

李文祥（2008，2007）提出制度是减少人类行为不确定性的关键，而制度冲突和制度本身功能履行的不完全，会造成新的不确定性，产生的制度风险可以通过事后补救与事前控制来规避，提升制度配置效率，最终实现制度协调。王俞和孙路（2007）提出制度是为控制人类经济活动中的不确定性风险而产生的保证机制，制度的形成就是一个不确定性与确定性不断均衡的过程。林梅湘（2008）提出制度风险不仅来源于制度变迁过程中本身所蕴藏的不确定性，还来源于引导制度变迁过程中政府政策内在合理性的缺失。吴华安和杨云彦（2011）提出制度设计不合理将带来不确定性风险，而不确定风险的产生又与制度缺陷和经济情况的变化有关。

（2）农业转移人口"市民化"进程中的制度制约

国内学者理论研究多借鉴国外分析框架，同时结合中国现实突出制度约束的问题，并达成基本共识——普遍将城乡二元制度看作主要制约因素（简新华，2007；刘传江，2008；高拓和王玲杰，2013；辜胜阻，2013），并提出当前农民职业非农转移环节的制度瓶颈不断弱化，但"市民化"环节的制度变革尚未完成。桑艳（2014）提出，农业转移人口"市民化"的制约因素不解除，不仅会制约农村人口向城镇迁徙，而且会加剧城乡二元经济结构的矛盾和拖延我国城镇化的进程。农村转移劳动力多处于"半城市化"或"不完全城市化"状态（王春光，2006）。沈君彬（2011）提出，改善农民工的城市融入必须破除制度性障碍因素，加快城镇户口管理制度、劳动就业制度和社会保障制度的改革。蔡昉（2001）提出户籍制度对劳动力转移的影响最大，而有些学者则提出"市民化"本质不在于户籍转变，而在于市民同等权利的获得（黄泰岩，2004；朱启臻和马腾宇，2011；林竹，2014）。

针对制度瓶颈造成的进城农民与城市居民的身份差异，以及其派生的社会保障歧视、就业歧视、劳动分配歧视和住房歧视等不公平性待遇，学者们提出通过多种途径推进市民化进程。王太元（2005）主张以激进方式在全国范围内推行以户籍制度改革为中心的制度变迁。麻智辉和刘海清（2008）提出加快流动人口融入城市需要改革户籍制度，建立城乡平等的就业制度、社会保障制度，加快住房制度改革。郁建兴和阳盛益（2008）提出促进流动人口的城市融入迫切需要构建与完善推进流动人口城镇化的长效保障机制。贾晓华（2009）提出，在促进农业劳动力"永久性迁移"过程中，最重要的是打破城乡分割的二元体制。王桂芳（2008）提出应围绕农村退出、城市进入和城市融合三个环节进行制度改革和创新。农村退出环节的核心问题是耕地流转制度创新和农地征用制度创新（卢海元，2002；刘传江，2008；唐健，2010）；城市进入环节的核心问题是户籍制度改革和城乡一体化的就业制度改革等（胡耀苏和陆学艺，2000；黄泰岩，2004）；城市融合环节的核心问题是转移农民的居住、社会保障及公共服务均等化等方面的改革（国务院发展研究中心课题组，2011；陈丰，2007；刘传江，2008）。刘小年（2009）则提出应以职业发展为中心，以主体素质培养与发挥为主导，通过稳定就业、提高收入来促进"市民化"进程。

　　3. "永久性迁移"与"市民化"意愿

　　廖丹清（2001）最早在国内开展农民城镇迁移意愿研究，提出农民并非都希望进城做市民，尊重农民的意愿很有必要。蒋乃华和封进（2002）对农民城镇迁移意愿进行了实证研究，提出不同经济发展阶段农民"市民化"意愿不同，经济越发达地区的农民"市民化"的意愿越低。蔡昉（2002）的研究表明，最具转移意愿的既不是最贫穷地区也不是最贫穷的农户。农民个体特征对不同个体的"市民化"行为影响不同，所以同一地区农民的"市民化"决策不同（竺云，2003；侯红娅等，2004）。陈广桂（2009）研究了欧美发达国家的城镇化历程，发现农民"市民化"意愿一直不高，其对中国农民对城镇迁移的意愿进行调研，结果也表明中国的农民"市民化"整体意愿不高，但不同特征的农民在"市民化"问题上意愿有所区别。当农民的"市民化"意愿高于农民整体人口的自然增长时，实现城镇化只是时间问题。当前制度安排的"候鸟型"迁移是农民城镇迁移的最优路径。郭正模和李晓梅（2014）提出农民工"市民化"愿望或需求按照"就业—定居—社会融入"三个层次递进。林海（2003）指出，利益是农民经济活动的动力，风险则是农民经济活动行为的阻力，农民经济行为的决策机制是在资金制约下的利益-风险机制。毛丹和王燕锋（2006）指出农民处于经济不安全、社会不安全及政治不安全的情况下不愿意做市民。国务院发展研究中心课题组（2011a）的研究表明农民工"市民化"意愿强烈，但不愿意以"双放弃"换取城镇户籍。

　　4. "市民化"经济门槛与"市民化"能力

　　(1) "市民化"经济门槛

　　马广海（2001）提出城市对于转移劳动力而言是"经济吸纳，社会拒入"。张立建等（2004）提出流动人口经济收入过低是其无法跨越城镇化最低经济门槛顺利实现城镇化的主要原因之一。唐根年等（2006）提出可支配收入超过"梯级门槛"的农村居民数量是影响城镇化发展速度的关键变量，并提出降低"市民化"经济门槛、增加农民收入、有效控制城乡居民收入差距扩大化趋势是实现农民"市民化"的前提条件。陈广桂和朱恩涛（2012）提出资源的有限性导致城市进入门槛的必然性，并提出当前"市民化"经济门槛过高等观点。张国胜和陈瑛（2013）提出"市民化"进程中的社会成本根源为农民工劳动的制度性贬值与基本权利尤其是发展权的缺失，其具有动态累积特征。

（2）"市民化"能力

张国胜（2008）提出，现有制度框架约束下的农民工"市民化"成本超过自身承受能力，其主观诉求无法得到实现。对"市民化"能力专门研究的成果尚不多见，但"市民化"问题的相关研究成果常被提及。高君（2008）、刘传江（2008）提出城市稳定就业是"市民化"能否顺利完成和成功的关键。黄锟（2011）提出"市民化"实现及其进程主要取决于农民主观意愿和客观能力，其中"市民化"能力是促进"市民化"的关键，影响农业转移人口的预期和收入的城乡二元就业、社会保障、土地和教育制度对其"市民化"能力和意愿、对整个"市民化"进程具有明显的实质性影响。李二玲和刘萍（2010）指出生活方式的转变程度、进城意愿、在城市购房的能力，以及对征地的支持程度决定了农户对城镇化响应能力的大小。该能力不仅受农户自身因素（包括农户核心成员的文化程度、家庭非农收入等）的影响，还与农户所在村庄的外部环境因素（包括村庄通达程度和经济发展水平等）有关。刘传江（2013）提出政府应通过不同的制度安排提高各群体的"市民化"能力并促进"市民化"进程。刘同山等（2013）指出"市民化"能力可以分为农民个人的"市民化"能力与农户家庭的"市民化"能力。丁静（2014a）提出"市民化"的核心条件是具备"市民化"能力，"市民化"能力反映的是农民工的收入水平（主要包括工资性收入和财产性收入）。刘治隆（2014）提出"市民化"能力主要包括经济承受能力、城市适应能力和制度保障能力。其中经济承受能力包括潜在收入水平、当前收入水平与以往收入存量；城市适应能力主要涉及社会适应能力与心理适应能力；制度保障能力主要体现在退出制度（包括农村土地制度与社会保障制度）是否能够为农民离开农村与农业转变身份解决后顾之忧、进入制度是否能够解决进城农民的"非国民待遇"问题。

2.4　国内外相关研究评述

国外人口迁移理论分别从宏观角度与微观角度对农村劳动力转移的必然性及个体或家庭的迁移决策进行了阐述，其丰硕成果对中国农村劳动力非农转移环节有重要借鉴意义——可以借鉴这些经典理论阐释中国农村劳动力向城市转移的现象，揭示农业转移人口"市民化"转变的动力机制等。发达国家的农村劳动力转移过程中不存在户籍、社会保障等制度屏障，以此为研究背景的人口迁移经典理论主要集中于人口迁移的经济动因分析，这对中国农村劳动力非农就业环节有重要借鉴意义。但是，中国国情的特殊性决定了农村劳动力转移过程的特殊性，研究背景的差异使国外成熟的理论和丰硕的成果仅具有相对参考价值。所以，我们要以国外学者提出的理论为借鉴，结合中国实际情况展开研究。

国内学者普遍将制度作为主要影响因素（吴华安和杨云彦，2011），并达成基本共识——中国劳动力转移相关制度变革进入攻坚阶段，农民进城并实现职业转换环节的制度瓶颈不断弱化，但"市民化"环节的制度变革远未完成。现有文献对"市民化"进程中制度约束的发生机制、制度瓶颈的"市民化"影响机理及其破解机制等方面的系统研究明显不足。目前中国农民"市民化"问题的核心是在现有制度框架下的"市民化"有效需求不足，不仅是进城农民自身，其他相关主体尤其是人口流入地政府的"市民化"有效需求均不足，制度瓶颈破解是"市民化"有效需求提升的前提。而现有研究中涉及"市民化"需求的研究主要集中于对"市民化"意愿的分析，缺乏对农业转移人口"市民化"能力及迁入地政府"市民化"意愿、能力的系统研究，相应的制度变革更多侧重宏观分析，对各主体的制度变革需求关注不够。

第3章 中国农村劳动力转移的经济动力、历程及成果

如何更好地实现农村劳动力有序、合理地转移,同时又能确保耕地资源的优化配置和合理利用,需要研究以下几个问题:推动中国农村劳动力转移的主要动力是什么?农村劳动力转移经历了哪些重要阶段,每个阶段的主要特征是什么?转移程度如何?成效如何?本章主要围绕经济动力、发展历程、成果及贡献、实况调查四个部分展开。

3.1 农村劳动力转移的经济动力

理论上,影响农村劳动力转移的因素涉及自然、经济、社会、政治等诸多方面,这些因素又可以细分为很多子因素。考虑到穷尽这些影响因素的可行性及时间、精力的有限性,本书仅试图把握主要矛盾的主要方面,因此仅考虑经济因素的影响。

3.1.1 经济高速增长与产业结构调整

西方发达国家的发展经验表明,经济增长与农村劳动力转移之间具有紧密联系。一方面,经济增长有赖于资本、劳动力等要素的投入量和投入方式。斯密(Smith)在1776年出版的《国民财富的性质和原因的研究》一书中论述了分工引起劳动生产率的提高,以及资本积累引起的生产者人数的增加可以促使真实财富与收入的增加。一般而言,在经济增长的起步阶段,要素投入对经济增长的作用较大。沈坤荣(1999)的研究表明,中国经济增长中要素投入的贡献份额大于效益提高的贡献份额,经济增长主要依靠要素投入的增加来支撑,这使经济发展速度与劳动力转移之间存在紧密联系。另一方面,各国的发展历程也表明,工业的发展很大程度上得益于农业剩余劳动力的转移,工业化水平的不断提升往往伴随农业劳动力在社会总劳动力中占比的降低。以美国为例,1840年处在工业化初期阶段的农业劳动力占社会总劳动力的比重为63%,第二次世界大战初期农业劳动力就业份额降为22%,1960年下降至6.6%,1971年下降至3.1%,20世纪90年代以后下降到2%左右。张忠法等(2001)的研究表明,中国经济总量增长与农村剩余劳动力转移之间也具有显著的相关关系。根据《中国统计年鉴2017》(图3-1),伴随中国经济的快速增长,第一产业就业人员比重也呈快速下降态势。

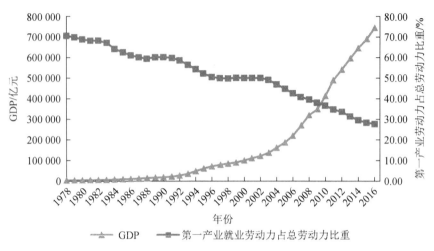

图 3-1　GDP 与第一产业劳动力占总劳动力比重变动趋势

数据来源：《中国统计年鉴 2017》。

图 3-1 显示了 GDP 与农业劳动力占总劳动力比重的变动趋势。1978～2016 年，中国 GDP 共增加 68.5 万亿元，同期，农业劳动力即第一产业劳动力比重下降 42.2%，GDP 平均每增加 1.62 万亿元，即带动 1% 的农业劳动力转向非农产业。从 GDP 与农民工资性收入占总收入比重等指标的比较相应的关系如图 3-2 所示。尽管农民人均工资性收入占人均纯收入的比重在 1991 年、1993 年、2004 年有所反复，但是从总体上看，依然与 GDP 呈正向变动。

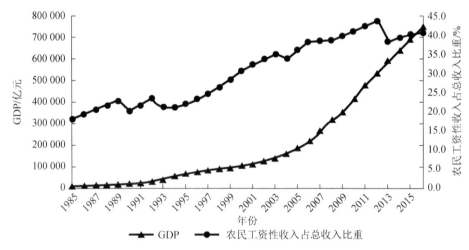

图 3-2　GDP 与农民工资性收入占总收入比重变动趋势比较

数据来源：历年中国统计年鉴和《中国统计摘要 2017》。

注：从 2013 年起国家统计局开展了城乡一体化住户收支与生活状况调查，2013 年及以后年份的数据来源于此调查，因此与 2013 年前的分城镇和农村住户的调查范围、调查方法、指标口径有所不同。

　　理论上，产业结构调整对劳动力就业有正反两个方面的影响。以工业化和重工业化为特征的产业结构升级一方面会因为资本劳动比的提高对劳动力就业产生一定的挤出效应，另一方面又会因为经济规模扩大而吸纳更多的劳动力就业。农村劳动力向城镇和非农产业转移，是工业化和城镇化发展的必然趋势。产业结构调整不仅能指引劳动力转移的方向，而且其快速调整，特别是增量结构的快速调整对城市就业有着显著的促进作用（张浩然和衣保中，2011）。2014年，中国收入最高和最低行业的差距仍接近4倍，而其他市场经济国家中（2006～2007年），日本、英国、法国为1.6～2倍，德国、加拿大、美国、韩国为2.3～3倍（宋晓梧，2011a），甚至有研究表明，中国行业收入差距已跃居世界之首（宋晓梧，2011b）。前文的理论梳理表明，收入差距是推动劳动力资源在不同产业间重新配置的重要动力。

　　户籍和人口固化导致就业结构和产出结构的扭曲。中华人民共和国成立以来，我国第一产业就业比重不断下降，从1952年的83.5%降至2015年的28.3%。第一产业增加值比重从1978年以来的最高点32.78%（1981年）降为2015年的8.56%，即由近1/3的劳动力创造的不足10%的GDP将由占63.78%（2014年农业人口占比）的人口分配。而且，城乡分割的二元经济社会结构对城乡间物质、信息、技术等生产要素合理流动形成的阻碍，严重影响了农村劳动力获取公平就业和收入的机会。因此，通过农业现代化和城镇化不断弱化就业结构与产出结构的扭曲是解决这一问题的有效途径之一。农村劳动力转移与产业结构调整已经紧密地结合在一起。按照配第-克拉克的产业结构演进理论，产业间的相对收入差异会推动劳动力向高收入部门转移，即随着经济发展水平的提升，劳动力由第一产业向第二产业再向第三产业转移，最终在产业间的分布呈现第一产业就业人数减少、第二产业和第三产业就业人数增加的格局。

　　资料显示，20世纪90年代以来，中国第一产业增加值平均每增长1%就减少126万劳动力；第二产业增加值平均每增长1%，就会创造26万个就业岗位；第三产业增加值平均每增长1%，就可以创造100万个就业岗位。图3-3通过中国三次产业在国民经济中的比重与非农产业人员就业比重对比，可以明显看出，改革开放以来，中国三次产业结构发生了较大变化：1978年，第一产业、第二产业和第三产业在GDP中所占的比重分别为27.69%、47.71%、24.60%。到2016年，第一产业、第二产业和第三产业在GDP中所占的比重变动为8.56%、39.81%、51.63%。第一产业在GDP中占比明显下降，第二产业在国民经济中依然占据重要地位，第三产业在国民经济中已经占据主导地位。同期，非农产业人员就业比重呈现上升态势，从1978年的29.5%上升至2015年的71.7%，与第三产业的发展趋势基本吻合，而与第一产业的发展呈反向变动关系，变动趋势符合配第-克拉克的产业结构演进理论。

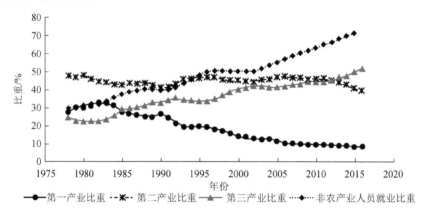

图 3-3　三次产业和非农产业人员就业比重变动

数据来源:《中国统计年鉴 2016》。

农村居民人均纯收入中工资性收入的比重不断提升,从 1985 年的 18.2%上升至 2016 年的 40.6%,说明农民的职业非农化程度也在不断提高,这与第三产业的发展趋势相吻合。但是,与各国产业结构演进的平均水平或一般情况相比,中国第二产业比重仍然偏高,第三产业比重偏低,且偏差仍在扩大,这说明中国第三产业的发展很不充分,就业人口比例偏低。2015 年,第三产业的就业人口仅占全国就业人口的 42.4%,而美国第三产业就业人口占全国就业人口的比重在 1997 年高达 81.2%,而一些发展中国家也达到了 50%左右,因此中国第三产业还有很大的发展空间。

3.1.2　固定资产投资

固定资产投资对农村劳动力非农转移也有着很大的影响。中国的固定资产投资有两个主要方向:一是支持工业化的发展;二是用于基本建设和房地产开发。这两个方向的投入都会在一定程度上提高城市(镇)对农村劳动力的吸纳能力。因此,固定资产投资增长在总体上将有利于促进劳动力的非农转移,并在一定程度上促使其二者协调发展。

图 3-4 与图 3-5 分别展示了固定资产投资额、房地产投资额与农业劳动力占总劳动力比重之间的关系。可以看出,随着固定资产投资额、房地产投资额的增加,农业劳动力占比呈下降趋势,说明固定资产投资、房地产投资对农村劳动力非农转移的带动作用是正向的。1996~2016 年,固定资产投资额共增加 58.35 万亿元,同期农业劳动力占总劳动力比重从 52.2%下降至 28.3%,共减少 23.9 个百

分点，即平均每增加固定资产投资 2.44 万亿元，就减少 1% 的农业劳动力。房地产投资对农村劳动力转移的作用更为明显，即平均每增加房地产投资 0.42 万亿元，就减少 1% 的农业劳动力。

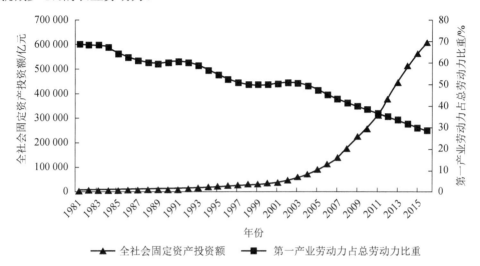

图 3-4　全社会固定资产投资额与第一产业劳动力占总劳动力比重变动趋势对比

数据来源：《中国统计摘要 2017》。

注：为便于比较，笔者对 1996 年、2010 年的相应数据做了调整，新口径数据中，1996 年为 50 万元起点以上数；2010 年为 500 万元起点以上数。

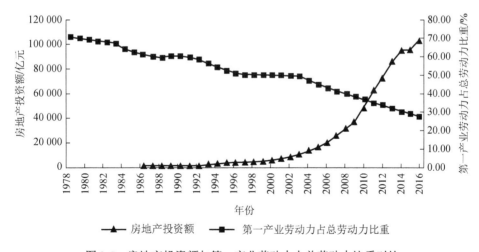

图 3-5　房地产投资额与第一产业劳动力占总劳动力比重对比

随着人均固定资产投资的增加，农民工资性收入也呈上升态势，这里用固定资产投资对农村居民人均工资性收入的贡献来反映固定资产投资对农村劳动力转移的拉动作用,从计算结果看,1997～2005 年固定资产投资对其拉动作用最为明显,具体如表 3-1 所示。

表 3-1 固定资产投资对农民工资性收入的贡献度

年份	人均固定资产投资/元	农村居民人均工资性收入/元	贡献度/%
1985	240.3	72.2	30.1
1986	290.3	81.6	28.1
1987	346.9	95.5	27.5
1988	428.2	117.8	27.5
1989	391.3	136.5	34.9
1990	395.1	138.8	35.1
1991	483.0	151.9	31.4
1992	689.6	184.4	26.7
1993	1 103.0	194.5	17.6
1994	1 422.0	263.0	18.5
1995	1 652.8	353.7	21.4
1996	1 872.2	450.8	24.1
1997	2 017.5	514.6	25.5
1998	2 276.8	573.6	25.2
1999	2 373.5	630.3	26.6
2000	2 597.2	702.3	27.0
2001	2 915.8	771.9	26.5
2002	3 386.4	840.2	24.8
2003	4 299.9	918.4	21.4
2004	5 421.8	998.5	18.4
2005	6 789.3	1 174.5	17.3
2006	8 368.2	1 374.8	16.4
2007	10 393.2	1 596.2	15.4
2008	13 014.0	1 853.73	14.2
2009	16 830.2	2 061.25	12.2
2010	18 769.6	2 431.05	13.0
2011	23 118.4	2 963.43	12.8
2012	27 672.4	3 447.46	12.5
2013	32 798.4	3 652.5	11.1
2014	37 433.3	4 152.2	11.1
2015	40 884.0	4 600.3	11.3
2016	43 860.7	5 021.8	11.4

注:固定资产投资对劳动力非农转移的贡献度=农村居民人均工资性收入/人均固定资产投资×100%。

　　表 3-1 展示了 1985 年以来固定资产投资对农村居民人均工资性收入的贡献度，可以更直观地看出固定资产投资每增加一个单位，对农村劳动力转移的拉动作用：1985～1992 年为高潮阶段，该阶段固定资产投资对劳动力转移的拉动作用很强，贡献度均在 26% 以上；1993～1995 年固定资产投资对劳动力转移的贡献度经历了一个低潮期，明显低于 1992 年之前的水平；1996 年开始恢复至 24% 以上，直到 2002 年后，固定资产投资对劳动力非农转移的拉动作用呈现减弱的趋势。

3.1.3　农村人地矛盾与农业比较利益

　　人均耕地面积可以用来衡量农村人地矛盾的严峻程度及农村劳动力转移的压力或动力因素，该指标值越低，表明农村劳动力转移的压力越大、动力越明显。涉农收入直接与人均耕地面积呈正相关，即如果人均耕地面积增加，则涉农收入增加，农村劳动力转移动力减弱，反之动力增强。2015 年，中国人均耕地面积仅为 1.47 亩，虽然较 2011 年有所改善，但距离世界平均水平仍有较大差距。尖锐的人地矛盾推动农村劳动力源源不断地向城市非农产业转移。随着土地非农化水平的不断提高，农村人地矛盾日益突出，农业生产力水平的不断提升也在不断挑战农村土地对农业劳动力的承载能力，农村土地资源对劳动力的吸纳能力不断弱化。

　　众所周知，农业是弱质产业，农民收入水平低。2015 年，农、林、牧、渔业从业人员平均劳动报酬为 31 947 元，相当于采矿业从业人员平均工资的 53.8%，制造业从业人员平均工资的 57.7%，电力、热力、燃气及水生产和供应业从业人员平均工资的 40.5%，建筑业从业人员平均工资的 65.3%，批发零售业从业人员平均工资的 53%，交通运输、仓储和邮政业从业人员平均工资的 46.4%，仅相当于信息传输、软件和信息技术服务业从业人员平均工资的 28.5% 及金融业从业人员平均工资的 27.8%。笔者采用 2015 年的数据对土地比较利益进行计算①（考虑到数据的可得性及可比性，本书不涉及港澳台数据），具体如表 3-2 所示。

表 3-2　2015 年各地区农业收益与非农收益比较

地区	单位农业产值/（元/公顷）	单位非农业产值/（元/公顷）	农村土地比较收益/倍
北京	12 216	6 407 389	524.5
天津	29 986	3 964 402	132.2
河北	26 287	1 205 388	45.9
山西	7 808	1 167 966	149.6
内蒙古	1 951	999 697	512.4
辽宁	20 667	1 619 032	78.3

---

① 参考曲福田、陈江龙等的计算方法：土地比较利益=单位建设面积非农产值/单位农业用地面积产值。

地区	单位农业产值/（元/公顷）	单位非农业产值/（元/公顷）	农村土地比较收益/倍
吉林	9 613	1 143 853	119.0
黑龙江	6 596	767 581	116.4
上海	34 908	8 145 109	233.3
江苏	61 352	2 912 204	47.5
浙江	21 280	3 202 307	150.5
安徽	22 026	986 921	44.8
福建	19 467	2 911 031	149.5
江西	12 281	1 175 008	95.7
山东	43 189	2 057 489	47.6
河南	33 195	1 267 837	38.2
湖北	20 994	1 547 190	73.7
湖南	18 312	1 578 529	86.2
广东	22 344	3 465 380	155.1
广西	13 118	1 169 226	89.1
海南	28 741	835 938	29.1
重庆	16 244	2 207 808	135.9
四川	8 718	1 458 032	167.2
贵州	11 116	1 300 932	117.0
云南	6 240	1 085 560	174.0
西藏	112	640 241	5 697.1
陕西	8 583	1 744 660	203.3
甘肃	5 143	651 583	126.7
青海	463	642 269	1 386.5
宁夏	6 241	852 410	136.6
新疆	3 016	491 408	162.9

数据来源：《中国统计年鉴 2016》。

注：农业用地的效益用单位农用地的产值表示，非农业用地效益用单位建设面积非农产值表示，非农产值数据来源于地区生产总值中的第二产业和第三产业产值之和。

表 3-2 展示了 2015 年各地区单位土地面积上农业利益与非农利益之间的巨大利益差距，而正是该利益差距促使农村剩余劳动力向城镇流动、向非农产业转移。托达罗模型很好地解释了这一现象，农业比较利益低下使农民在土地上劳作一年却所获不多，从而使抛荒现象日益严重，随着农村剩余劳动力外出打工，增加了农民的非农收益。农村人地矛盾与农业比较利益低下对农业劳动力转移具有正向推动作用。

3.1.4　各种惠农政策

从国家发展战略层面看，中国已经处于工业化中后期阶段，继续采取乡村支持城市、农业支持工业的发展战略对整个国家经济增长的作用甚微，甚至可能产生负作用；城市工业的发展使工业反哺农业、城市支持乡村的发展成为可能。另外，国家领导人已经认识到城乡协调发展对经济发展和社会稳定的重要性，早在2003 年胡锦涛总书记在党的十六届三中全会上就明确提出了"两个趋向"重要论断，工业反哺农业、城市支持乡村的发展战略已经成为政府工作的导向；2004 年以来国家连续出台多个涉及"三农"问题的中央一号文件；党的十六大以来，党中央、国务院做出中国总体上已到了以工促农、以城带乡发展阶段的基本判断，制定了工业反哺农业、城市支持农村和多予、少取、放活的基本方针。国家的发展战略也已经做出相应调整，统筹城乡发展成为国家发展的战略目标之一。在此背景下，以加大农村财政投入、取消"农业四税"、乡村义务教育"两免一补"、建立新型农村合作医疗制度和探索建立农民最低生活保障制度为标志，开始向建立城乡一体的公共财政制度、税赋体制、义务教育制度、医疗服务制度和社会保障制度方向努力，逐步建立和完善城乡协调发展的制度保障。这些都在一定程度上提高了涉农产业的收入水平，削弱了农村劳动力非农转移的直接动力（与前面的假定相一致，农村劳动力转移的根本动力仍是不同产业预期收入，在非农劳动预期收入水平不变的情况下，如果从事农业劳动的预期收入增加，则农村劳动力转移的动力削弱）。

3.1.5　不断扩大的城乡居民收入差距

城乡居民收入差距是农村劳动力转移主要的动力之一。从国家统计局相关统计数据看，1978 年以来，农村和城镇居民收入均呈上升的趋势，但由于二者基础和增长幅度均不同，城乡居民收入差距也呈现明显的扩大趋势。2013 年，城乡居民人均收入相差 1.81 万元，而 2007 年两者相差不足万元。

从图 3-6 可以看出，1984 年前，城镇居民人均可支配收入增长率均低于农村居民人均纯收入增长率，城乡居民收入差异系数呈快速下降态势，1983 年降至最低为 1.82。1984 年开始，城镇居民人均可支配收入增长速度加快，多数年份的增长率高于农村居民人均纯收入。从平均增长速度看，1979～2013 年，城镇居民人均可支配收入增长 78.5 倍，年均增长率为 13.28%，农村居民人均纯收入增长 66余倍，年均增长率为 12.74%，加上两者起始年份基数本身存在较大差异，所以城乡居民收入差距不断扩大。由此，似乎可以得出如下结论：城乡居民收入差距的拉大主要源自城乡居民收入的增长基数和增长速度差异，调节收入差距的主要策略应该是控制城镇居民人均可支配收入的增长速度并加快农村居民人均纯收入的增长速度。然而，相对于经济增长速度（本书以 GDP 增长率计），1978～2013 年，城乡居民收入增长速度有 24 年以上（其中城镇居民人均可支配收入增长速度有 25 年，农村居民人均纯收入增长速度有 24 年）低于 GDP 的增长速度。从其平均增长速度看，1978～2013 年 GDP 增长 156 倍，年均增长率为 15.52%，高出城乡居民收入增长速度 2～3 个百分点，这从实证角度证明了笔者之前的判断，即中国城乡居民收入差距过大根本上并不是城镇居民收入增长过快，而是农村居民的收入增长过慢问题。

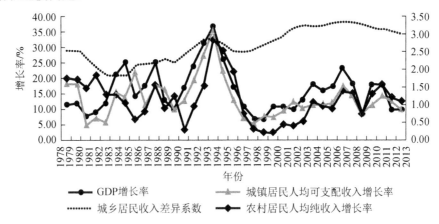

图 3-6　1978～2013 年中国城乡居民收入增长率、城乡居民收入差异系数和 GDP 增长率对比

数据来源：《中国统计年鉴 2014》。

注：2013 年起采用一体与生活状况调查数据，与之前的城镇和农村住户调查范围、调查方法、指标口径有所不同。

从图 3-6 可以看出，1987 年以来的多数年份城镇居民人均可支配收入增长率与人均 GDP 增长率的变动趋势一致，而农村居民人均纯收入增长率在多数年份低于其 1985 年以前的增长率，且低于城镇居民人均可支配收入增长率，更低于人均 GDP 的增长率。中国城乡居民收入差距达到"适度"标准的时间表可用统计模型来计算。由于目前理论界无公认的适度标准，笔者将根据不同的"适度"水平来分析不同假设条件下农村居民收入需要达到的增长水平为

$$I \times A(1+X)^N = B(1+Y)^N \qquad (3-1)$$

式中，A 为基年中国农村居民人均纯收入；B 为基年中国城镇居民人均可支配收入；N 为中国城乡居民收入差距达到"适度"标准所需要的年份；X 为农村居民人均纯收入增长速度；Y 为城镇居民人均可支配收入增长速度；I 为不同"适度"标准的城乡居民收入差异系数。

假设 1：以 2012 年为基年，城镇居民人均可支配收入的增长速度保持 1978 年以来的平均增长率水平（13.38%），要利用 5 年、10 年、20 年、50 年使中国的城乡居民收入差距达到"适度"水平，则利用式（3-1）计算的农村居民人均纯收入的年均增长速度应该达到的水平如表 3-3 所示。

表 3-3　假设 1 条件下农村居民人均纯收入需要达到的年均增长速度

单位：%

"适度"标准 年限增速	1	1.5	1.6	1.7	2	2.4	2.9	3.2
5 年	42.20	31.12	29.44	27.88	23.79	19.36	14.92	12.68
10 年	26.97	21.93	21.14	20.41	18.47	16.33	14.15	13.03
20 年	19.98	17.58	17.20	16.84	15.90	14.85	13.76	13.21
50 年	15.98	15.04	14.89	14.75	14.38	13.96	13.53	13.31

假设 2：以 2012 年为基年，城镇居民人均可支配收入的增长速度以 1978 年以来低平均增长率水平（这里笔者选择使用 1978 年以来排在后十位增长率的平均值 7.3%），要用 5 年、10 年、20 年、50 年使中国的城乡居民收入差距达到"适度"水平，则利用式（3-1）计算的农村居民人均纯收入的年均增长速度应该达到的水平如表 3-4 所示。

表 3-4　假设 2 条件下农村居民人均纯收入需要达到的年均增长速度

单位：%

"适度"标准 年限增速	1	1.5	1.6	1.7	2	2.4	2.9	3.2
5 年	34.57	24.09	22.50	21.02	17.15	12.96	8.76	6.64
10 年	20.16	15.39	14.65	13.95	12.12	10.09	8.03	6.97
20 年	13.55	11.27	10.91	10.58	9.68	8.69	7.66	7.13
50 年	9.76	8.87	8.73	8.60	8.25	7.85	7.45	7.23

表 3-3 和表 3-4 的计算结果表明，无论是维持城镇居民人均可支配收入增长速度的历史平均水平还是采用 1978 年以来的低平均增长率，解决中国城乡居民收入差距扩大问题的关键都在于实现农村居民收入的快速增长：当城镇居民人均可支配收入的增长率水平处于平均水平时，以最高的"适度"标准（城乡居民收入差异系数为 1.5）来衡量，要在 50 年内解决该问题，农村居民的人均纯收入平均增长率要保持在 15.04% 以上；20 年内解决该问题，农村居民的人均纯收入平均增长率要保持在 17.58% 以上；10 年内解决该问题，农村居民的人均纯收入平均增长率要保持在 21.93% 以上；5 年内解决问题则需要农村居民的人均纯收入平均增长率保持在 31.12% 以上。而当城镇居民人均可支配收入增长率处于平均低水平时，以笔者设定"适度"标准（城乡居民收入差异系数为 2.4）衡量，要在 50 年内解

决该问题，农村居民的人均纯收入平均增长率要保持在 7.85%以上，高于中国农村居民近 10 年人均纯收入增长率的平均值（7.16%）；20 年内解决该问题，农村居民的人均纯收入平均增长率要保持在 8.69%以上；10 年内解决该问题，农村居民的人均纯收入平均增长率要保持在 10.09%以上；5 年内解决该问题则需要农村居民的人均纯收入平均增长率保持在 12.96%以上。如果要在 50 年内使城镇居民与农村居民收入差距完全消失，即城镇居民与农村居民平均收入水平一样，城镇居民人均可支配收入水平即使以低水平增长率增长，农村居民人均纯收入的增长率也要达到 9.76%以上。综上，以中国城乡居民目前人均收入的增长速度，在短期内解决中国城乡居民收入差距过大问题的可能性很小。农村居民人均纯收入的快速增长、中国城乡居民收入差距问题的解决都需要快速转变政府发展战略及相关政策。

2008 年以来的多数年份，农村居民人均纯收入增长速度均快于城镇居民人均可支配收入的增长速度，城乡居民收入差异系数不断缩小，但要在短期内解决问题，依然困难重重。按照现有理论，巨大的城乡居民收入差距，是推动农村劳动力离开农村、离开农业进入城市第二产业和第三产业就业的巨大动力因素。

综合来看，经济发展、产业结构调整、固定资产投资、农村人地矛盾和城乡收入差距对农村劳动力转移有正向推动作用，而农业比较利益则与农村劳动力转移呈反向变动关系。

3.2　农村劳动力转移历程及适度性评价

农村劳动力转移历程与经济发展进程密切相关，特别是在经济发展还主要依靠要素的投入时，两者的发展呈现很强的相关性。中华人民共和国成立以来，伴随着产业结构的调整，大量农村劳动力从农业部门转移到非农产业部门，为第二产业和第三产业的发展提供了有力的支撑，促进了经济社会的全面进步。但要实现经济持续健康稳定发展，就必须根据各地的经济发展状况，因地制宜，合理配置劳动力数量，优化劳动人口的区域结构，真正实现劳动力转移速度、质量、效益的协调统一。

3.2.1　农村劳动力转移历程

中国在 1997 年 1 月正式开展了第一次全国农业普查，普查前后统计指标的口径发生了变化，前后统计数据不存在连贯性。基于此，笔者以 1996 年为界限分为两部分对中国农村劳动力转移的历史及其阶段性特征进行分析。

1）改革开放前的农村劳动力非农转移（1949～1978 年）。作为一个农业大国和农业人口大国，中国从事工业的劳动力比重极低。以 1952 年为例，工业劳动者占社会劳动者的比重只有 6%（郝国彩，2004）。"一五"计划实施后，大批农村劳动力进入城市（镇）就业，城市（镇）人口以年均 523 万的速度快速增长。之后，伴随国民经济的大起大落，该阶段的劳动力转移水平也产生剧烈波动，1957～1978 年城镇人口占比仅增长 2.46%。很显然，该阶段的劳动力转移速度已经慢于中国经济结构的调整。受国家优先发展重工业和城市的倾向性发展战略影响，中国社会总产值中的农业所占份额快速下降，1952～1978 年由 45.4% 下降至 20.4%，年均下降速度为 3%。农村劳动力非农转移进程也完全服从于政府主导型工业化发展的需要，即当工业化发展需要农村劳动力时，则从农村抽走部分劳动力；当工业化发展不需要农村劳动力时，由政府出面强行阻止农村劳动力自发流入城市；当城市出现严重失业问题时，还可以将城市劳动力下放到农村。

2）严格控制期（1979～1984 年）。该阶段，中国经济发展战略和经济体制开始发生根本性变化，农村家庭联产承包责任制的实施提升了农业生产效率，客观上为农村劳动力非农转移提供了条件，农村劳动力向城市的转移开始出现。但农业转移人口的进城就业加剧了当时的城市失业问题，为缓和进城农民与城镇人口的就业冲突，维护社会稳定，中共中央、国务院于 1981 年 10 月明确规定，"严格控制农村劳动力流入城镇，继续清理来自农村的计划外用工。"同年 12 月《国务院关于严格控制农村劳动力进城做工和农业人口转为非农业人口的通知》（国发〔1981〕181 号）发布，少数流动进城的农民又被"清理"回农村。按照童玉芬（2010）的研究，农村劳动力非农转移规模在 1978～1984 年净增加 2 371 万人，由 1 912 万人增加到 4 283 万人，平均每年新增约 395 万人。

3）政策松动期（1985～1988 年）。该阶段，三资企业（在中国境内设立的中外合资经营企业、中外合作经营企业、外商独资经营企业）和东部乡镇企业的快速发展推动了劳动力需求的不断增长，城市劳动力供求格局明显改善，控制农村劳动力乡城转移的制度环境不断放宽：根据《中共中央关于一九八四年农村工作的通知》（中发〔1984〕1 号），各省、自治区、直辖市可选若干集镇进行试点，允许务工、经商、办服务业的农民自理口粮到集镇落户。政府对农民进城的作用持肯定态度，人口流动限制政策开始松动。1984 年《中共中央关于一九八四年农村工作的通知》（中发〔1984〕1 号）和《国务院关于农民进入集镇落户问题的通知》（国发〔1984〕141 号），以及 1985 年《中共中央、国务院关于进一步活跃农村经济的十项政策》《公安部关于城镇暂住人口管理的暂行规定》等文件的发布，逐步明确城镇流动人口管理制度。政策松动及大量农村劳动力通过非农转移进城的示范效应，使越来越多的农村劳动力试图通过非农转移提升生计水平，逐渐形成大规模的农村劳动力乡城转移，转移人口从 1985 年的 6 714 万人增加到 1988 年的 8 611 万人，平均每年新增 632 万人。

4）"重堵轻疏"的有效控制期（1989～1991 年）。针对 1989 年大规模"民工潮"爆发，1989 年《民政部、公安部关于进一步做好控制民工盲目外流的通知》（民电〔1989〕124 号）、1990 年《国务院关于做好劳动就业工作的通知》（国发〔1990〕28 号）都要求对农民进城务工实行有效控制、严格管理，防止大量农村劳动力盲目进入城市。加上 20 世纪 80 年代末乡镇企业发展进入低潮期，其对农村转移劳动力的吸纳能力大幅减弱，乡镇企业从业人员出现负增长，农村劳动力非农转移的步伐大大放缓，3 年间平均新增人口转移规模仅为 98 万人。

5）合理引导下的加速转移期（1992～1994 年）。1991 年下半年开始，中国经济进入高速增长的新时期，尤其是 1992 年邓小平南方讲话后中国再次掀起工业化热潮，对劳动力需求大幅度增加，国家开始通过政策引导农业转移人口的有序流动——1994 年发布的《农村劳动力跨省流动就业管理暂行规定》（劳部发〔1994〕458 号），对用人单位、农村转移劳动力和各类服务组织都提出了具体要求，农村劳动力乡城转移出现加速趋势，从 1992 年的 9 765 万人增加到 1994 年的 11 964 万人，平均每年新增 1 099 万人。

6）新一轮规模收缩期（1995～2000 年）。1996 年之后，中国实施宏观调控政策，城市对农村剩余劳动力的吸纳能力急剧减弱。同时，这一时期的乡镇企业受到了结构性冲击，对农村劳动力的吸纳能力也被削弱。这一阶段，中国农村劳动力非农转移速度再次放缓，转移劳动力规模从 1995 年的 12 707 万人增至 2000 年的 14 965 万人，平均每年新增 452 万人。

7）新一轮的快速发展阶段（2001 年至今）。2001 年以来中国经济高速发展，为农村劳动力向城市的流动提供了大量的机会。同时，党的十五大提出中国已经到了由农业国逐步转变为非农业人口占多数的工业化国家的历史阶段，党的十五届三中全会提出要引导农村劳动力合理有序流动。国家开始逐步通过制度改革减少对农村劳动力进城就业的不合理限制：2002 年，《中共中央、国务院关于做好2002 年农业和农村工作的意见》（中发〔2002〕2 号）提出，对进城农民要公平对待、合理引导、完善管理、搞好服务，各地要认真清理对农民进城务工的不合理限制和乱收费，纠正简单粗暴清退农民工的做法。2002 年，党的十六大报告明确指出，农村富余劳动力向非农产业和城镇转移是工业化和现代化的必然趋势，要逐步消除不利于城镇化发展的体制和政策障碍，引导农村劳动力合理有序流动。2007 年，党的十七大报告再次指出实施扩大就业的发展战略，加强农村富余劳动力转移就业培训，建立统一规范的人力资源市场，形成城乡劳动者平等就业的制度。2008 年 10 月，党的十七届三中全会审议通过了《中共中央关于推进农村改革发展若干重大问题的决定》，指出要统筹城乡劳动就业，加快建立城乡统一的人力资源市场，引导农民有序外出就业，鼓励农民就近转移就业，扶持农民工返乡创业。

3.2.2　农村劳动力转移的适度性评价

对劳动力转移"度"的把握直接或间接影响其对经济、社会发展的影响方向及其程度，是否存在适度临界点？中国目前处于一个什么样的水平？目前处于什么阶段？要达到最佳状态需要采取什么样的措施？这些问题都有待深入探讨和研究。而对这些问题的探讨和研究，将影响中国农村发展和城镇化进程的持续推进，甚至影响社会稳定及国家的和谐发展。

Lewis（1954）最早对劳动力要素在农业部门和非农部门之间转移配置展开专门研究并提出刘易斯模型，后哈里斯-托达罗模型（Harris 和 Todaro，1970）突破了刘易斯模型的部分局限，成为分析劳动力转移的主流范式。Jorgenson（1966）采用二元经济模型分析了日本经济，研究结果表明，经济增长过程中的产业部门的相对变动必然伴随着生产要素从一个部门转移到另一个部门，而且要素转移配置的成本或者效率会影响总量的增长。Maddison（1987）和 Temple（2005）的研究表明，发达国家在其发展过程中也伴随着大规模的产业部门间的劳动力转移配置现象。龚关和胡关亮（2013）利用 1998～2007 年中国制造业微观数据得出以下结论：如资本和劳动均为有效的配置，1998 年我国的制造业全要素生产率将提高57.1%，而 2007 年将提高 30.1%；此外，在这 10 年中，资本配置效率的改善促进全要素生产率提高 10.1%，而劳动配置效率的改善促进全要素生产率提高 7.3%。

1. 农村劳动力转移适度性评测模型构建

从经济发展角度看，适度的劳动力要素流动要与经济系统的特定发展水平相对应，应有利于劳动力资源的合理配置和经济效率的提高，从而有利于经济发展。要素资源配置状况的评价方法主要有以下几种。

1）比值分析法。该方法以要素配置规模、强度、结构等作为分析指标，对不同区域要素的配置状况进行横向对比。卢元（1998）用生产要素贡献率的方法对上海市三次产业中劳动力配置效率的情况进行了初步分析，并在对 GDP 劳动力弹性分析的基础上，探讨了如何实现上海市劳动力在三次产业中的优化配置问题及其有关理论问题。该方法的最大优点是简洁实用，缺点是主观性因素对参照系或标准确定影响较大。

2）生产函数法。该方法通过生产函数的确定，明确产出与投入之间的函数关系。朱希刚（1997）在《农业技术经济分析方法及应用》一书中，利用边际分析方法对农业生产要素投入决策进行了详尽的阐述。

3）DEA（data envelopment analysis，数据包络分析）模型。该方法使用数学规划模型，比较决策单元之间的相对效率，并对决策单元做出评价。此方法思路简单，但计算相对复杂。本书采用柯布-道格拉斯（Cobb-Douglas）生产函数对河南省劳动力要素城乡配置状况进行适度性评价。其计算公式为

$$Y_t = AK_t^\alpha L_t^\beta \qquad\qquad (3-2)$$

式中，Y_t 为第 t 期的人均 GDP（分为农业部门和非农业部门）；L_t 为第 t 期的劳动力要素投入（农业部门用单位面积的劳动投入表示，非农业部门用总的劳动投入表示）；K_t 为第 t 期的资本投入（农业部门用单位耕地面积机械动力表示，非农业部门用固定资产投资额表示）；A 为除劳动力、资本投入以外的其他综合生产要素；α、β 分别为劳动力、单位耕地面积机械动力的弹性系数。

根据经济学理论，在劳动力数量一定时，当劳动力要素在不同部门的边际产出相等时，整个经济系统达到最大收益值，或者经济系统的收益值一定，各部门劳动力要素耗费数量最少，即经济系统实现了用最少的劳动力要素投入获得了最大的经济产出，劳动力要素在不同部门间的配置是有效率的。假设整个经济系统中只有两个部门，即农业部门和非农产业部门，本书将利用上述经济学原理对中国劳动力要素的配置效率进行评价。

2. 农村劳动力转移的适度性评测——以河南省为例

在农业生产领域，农业技术涉及土壤改良、耕作制度、栽培技术、良种培育及排灌、化肥、农机、农药、农膜等诸多方面，技术进步不仅可以大大提高耕地的生产能力，使耕地利用的集约化程度提高，粮食单产增加，还可以在不影响粮食总产量的基础上促进农村劳动力的非农转移。以农业机械化水平为代表的农业技术进步引起农业资本有机构成提高，这种趋势使农业必要劳动量相对减少和剩余劳动力增加。陈开军等（2010）借助拉尼斯-费景汉模型，运用西部地区 8 个样本村的农户微观调查数据，得出农村劳动力流动与转移带来农户收入增加的结论。本书使用农用机械总动力表明农业劳动的机械化水平，该水平越高则农业劳动的机械化水平越高，农村隐性剩余劳动力越多，农村劳动力转移压力越大。

（1）劳动力要素对农业 GDP 的影响及其表达式

对柯布-道格拉斯生产函数取自然对数，采用统计软件进行回归，回归方程为

　　　　LNGDP=0.52*LNLDL+1.41*LNJXZDL+[AR(1)=0.63]

从回归结果看，方程的判定系数高达 0.99，且回归系数都可以通过 1%显著性水平下的 t 检验。回归方程表明单位耕地面积的劳动投入及机械动力对农业经济

增长具有显著的影响，且后者的影响远大于劳动力要素的影响。

（2）劳动力要素对非农业 GDP 的影响及其表达式

采用同样的方法得到劳动力要素对非农业 GDP 的回归方程为

$$LNGDP=0.38*LNTZ+1.80*LNLDL-3.27$$

从回归结果看，方程的判定系数高达 0.999，表明劳动力、固定资产投资额对经济增长具有显著的影响。从回归方程的弹性系数看，在整个经济发展中，劳动力要素对非农部门的拉动作用尤其明显，其影响力大于固定资产投资额的影响力。

对两部门的回归方程求导得到劳动力要素在两部门的边际产出，利用效益最大化的等边际原理展开分析。计算结果表明，虽然不同年份之间差异很大，但总体上 1993 年以前的绝大多数年份，劳动力变动引起农业 GDP 的同向变动。二者的相关系数分析结果支持该结论（相关系数为 0.957 4，呈高度正相关），说明劳动力的增加带来农业收益的增加。而 1993 年后的大多数年份，劳动力的农业边际收益为负值（二者的相关系数为-0.283 2），表明农业劳动力的增加导致农业收益的减少，说明农村劳动力仍处于过度剩余状态。劳动力对非农业 GDP 影响的分析结果则刚好相反，表明 1993 年以来的多数年份劳动力的非农流动可以带来社会总产出的增加。尽管农村劳动力一直呈减少态势，但随着农业生产力水平的提高，农业生产的劳动力需求以更快的速度递减，劳动力在乡城间的配置仍有很大的优化空间，通过农村劳动力转移实现城乡劳动力资源的配置优化是必然选择。

3.3　农村劳动力转移成果及其贡献

改革开放以来，农民人均纯收入快速增长，农村劳动力转移起了非常重要的作用。这里引入农村劳动力转移成果对农民人均纯收入贡献率的概念，利用农村劳动力转移成果及其对农民人均纯收入的贡献来测算我国的劳动力转移贡献率，为优化城乡劳动力数量配置结构奠定基础。

3.3.1　农村劳动力转移成果

考虑到目前的农村劳动力转移仍然以非农转移为主，所以其转移成果衡量和贡献分析也主要围绕非农转移展开。该阶段的主要特征是劳动者职业的非农转移，强调农村劳动者劳动能力的非农领域转移。国内相关研究中，多数学者把农村劳动力转移定义为农村劳动者从农业生产部门向非农业生产部门的流动。转移劳动力则被定义为从事非农劳动达到一定程度（如从事非农劳动半年以上）的农村劳动者。笔者认为这种定义方法在研究劳动力转移这一问题时主要有三个缺陷：第一，这个概念把农村劳动者转移的方向定位于非农产业，在目前中国农业生产规模和产业化水平比较低的情况下使用不会出现大的问题。但随着中国农业生产规模和产业化水平的提高，可能会有更多的农村劳动者成为农业产业工人，至时这一概念的适用性将会被质疑，也会影响研究的历史可比性。第二，按照上面的定义，农村劳动力转移是一个渐进的过程，是农村劳动者劳动时间配置不断向非农领域倾斜的过程，这里的"一定程度"作为划定劳动力转移与否的标准，其量化标准及制订该量化标准的规则都值得继续探讨。第三，建立在这个概念基础上的相关研究可能更侧重于对农村劳动力转移"量"的研究，即更关注有多少农村劳动者转移到了非农生产领域及影响这种转移数量的原因，而忽视了对劳动力转移"质"的研究，即农村劳动力转移是否是可持续的，这种转移是否给农村劳动者带来切实的经济效益。为了解决这些问题，笔者提出了自己的农村劳动力转移概念。

中国农村的生产经营活动基本以家庭为单位进行，农户是最小的生产单位。农户家庭成员中有人专门从事以农业为主的家庭内部经营事业，有人既从事家庭内部经营的事业又从事家庭外劳动——成为兼业的雇佣工人，还有人成为专门的雇佣工人。考虑到农业比较利益低下，这些家庭外劳动以非农劳动为主。

本书中的劳动力转移成果主要涉及农民将家庭劳动能力转移到非家庭劳动领域，实现就业形态由家庭自我雇佣向雇佣工人转移的成果，劳动者由家庭生产经营者转变为专业或兼业的产业工人，以分享分工和专业化生产经营的好处。其主要标志是以获得收入为目的的非家庭劳动的出现，外在表现形式为以收入为目的的非家庭劳动时间由无到有，其最终结果是获得工资性收入。对中国农村劳动力非农转移成果的衡量需要把握以下几点。

1）对劳动力转移成果的衡量强调从定性的角度分析问题，将是否发生了以收入为目的的家庭外劳动作为判断劳动力转移与否的唯一标准——只考虑农民是否从事了以收入为目的的非家庭劳动，而不考虑这种劳动的强度大小、时间长短。这时，农民可能实现了全部的劳动力转移（完全从事以收入为目的的非家庭劳动），也可能只是实现了部分的劳动力转移（包括只投入了少部分时间、精力在以收入为目的的非家庭劳动）。劳动力转移的界限不再是劳动者从事的行业，而是是否发生了以收入为目的的家庭外劳动。相应地，本书将要提到的兼业化是指在从事家庭内部经营的事业、家庭外劳动之外，同时受家庭需要的限制尚不能完全脱离家庭劳动，从事非家庭劳动的现象。

2）以货币收入的绝对量与相对量作为劳动力转移成果的衡量标准。判断农民是否进行了劳动力转移的唯一标准为是否获得了工资性收入。一个国家或地区劳动力转移水平的高低一方面取决于转移的数量，即总体非家庭劳动时间的长短；

另一方面则取决于转移的质量，即每个劳动者单位时间获得的工资性收入。在笔者看来，对于中国农民相对收入低下的问题，不仅要考虑劳动力转移的数量，还要关注转移的质量——非家庭劳动就业的稳定性及收入水平，采用该指标可以综合反映劳动力转移的数量与质量，这里的劳动力转移只考虑存量而不考虑流量。

3）劳动力转移的内容比形式重要（是否离开农村不重要，重要的是能否获得工资性收入及其收入的量）。与其他研究相比，本书的研究基础是劳动者是否服务于家庭经营，考量指标为劳动者是否获得工资性收入。

4）农村劳动力转移水平或转移程度可以用两个指标表示，一是劳动力转移的绝对量指标——劳动力转移成果，即农民人均工资性收入，该指标值越大，表明劳动力转移的绝对水平越高，反之越低；二是劳动力转移的相对量指标——劳动力转移成果系数（等于农民人均工资性收入与其人均纯收入的比值），表明农民人均纯收入中劳动力转移的地位，其值越大，则表示农村劳动力的转移程度越高，反之越低。目前在涉及农村劳动力转移的研究中，纵向历史研究的较多，横向对比的研究相对较少，且多是涉及劳动力转移模式的比较研究，很少有对农村劳动力转移水平进行横向比较的研究，利用该指标则为劳动力转移的比较研究提供了新的标准。

另外，笔者并不同意农村剩余劳动力的说法。农户劳动力转移决策并不以家庭是否存在剩余劳动力为标准。事实上，劳动力转移（尤其是农村外劳动力转移）的动机可能是多种多样的，可能以收入提高为目的——只要劳动力转移的纯收益大于其转移前的收益就可能出现劳动力转移，也可能以开阔视野为目的或者追求与农村不同的生活方式为目的等。从转移结果看，发生了劳动力转移的劳动者并不具有"剩余"的性质。

笔者采用该衡量指标主要基于如下理由。

1）中国农村劳动力转移量化研究本身的需要。目前涉及中国农村劳动力转移的研究中，较少采用定量研究，其中一个非常重要的原因是国家统计局给出的农村劳动力及其转移概念，并没有相应的统计数据来支撑其量化研究，而笔者采用的这两个指标都可以在相关统计年鉴中找到，便于量化研究。

2）劳动力转移成果——人均工资性收入可以反映中国农村劳动力转移水平的主要方面。理论上讲，除劳动力转移的质和量外，影响劳动者工资性收入的因素还有很多，涉及劳动者所处的行业、所在区域的经济发展水平、社会因素等各方面，这些因素又可以细分为很多子因素。但笔者认为，在研究中国农村劳动力转移问题的过程中，要考虑到绝大多数农村劳动者文化层次不高、不具备市场需要的技术、在劳动力市场上可替代性强、在区域和行业间的流动性障碍相对较小、农村劳动力市场接近完全竞争市场这个现实。如果这个前提成立，则不同地区、不同行业间体力劳动的工资差异很小。而且，任何研究都不可能面面俱到，而只能考虑影响事物发展的主要矛盾的主要方面，即在研究过程中，只需要找出相对稳定的主要规律，使研究的方向不偏离实际情况即可。笔者认为工资性收入可以反映中国农村劳动力转移主要矛盾的主要方面，能够支持相关的研究。

自有据可查的 1985 年以来，农村劳动力转移的绝对量、相对量一直呈上升态势，具体如表 3-5 所示。

表 3-5　1985～2016 年全国农村劳动力转移绝对成果和相对成果

年份	劳动力转移成果/元	农民人均纯收入/元	劳动力转移成果系数/%
1985	72.2	397.6	18.16
1986	81.6	423.8	19.25
1987	95.5	462.6	20.64
1988	117.8	544.9	21.62
1989	136.5	601.5	22.69
1990	138.8	686.3	20.22
1991	151.9	708.6	21.44
1992	184.4	784.0	23.52
1993	194.5	921.6	21.10
1994	263.0	1 221.0	21.54
1995	353.7	1 577.7	22.42
1996	450.8	1 926.1	23.40
1997	514.6	2 090.1	24.62
1998	573.6	2 162.0	26.53
1999	630.3	2 210.3	28.52
2000	702.3	2 253.4	31.17
2001	771.9	2 366.4	32.62
2002	840.2	2 475.6	33.94
2003	918.4	2 622.2	35.02
2004	998.5	2 936.4	34.00
2005	1 174.5	3 254.9	36.08
2006	1 374.8	3 587.0	38.33
2007	1 596.2	4 140.4	38.55
2008	1 853.73	4 760.6	38.94
2009	2 061.25	5 153.2	40.00
2010	2 431.05	5 919.0	41.07
2011	2 963.43	6 977.3	42.47
2012	3 447.46	7 916.6	43.55
2013	3 652.5	9 429.6	38.7

续表

年份	劳动力转移成果/元	农民人均纯收入/元	劳动力转移成果系数/%
2014	4 152.2	10 488.9	39.6
2015	4 600.3	11 421.7	40.3
2016	5 021.8	12 363.4	40.6

数据来源：历年中国统计年鉴。

注：绝对数按当年价格计算。

从表 3-6 中可看出，中国农村劳动力转移成果经历了以下几个阶段。

1）总体上：在 1988 年以前，中国农村劳动力转移成果的绝对量很低（不足 100 元）。1993 年以后农村劳动力转移成果呈快速增长状态，从 1993 年的 194.5 元快速增长至 2016 年的 5 021.8 元，23 年间增长 25.8 倍，年均增长率达 15.18%。从其历年增长速度看，农村劳动力转移伴随国家经济、社会政策的变动呈波动上升态势。

2）缓慢增长阶段：1988~1993 年中国经济增长缓慢，5 年间增长不足百元。

3）快速增长阶段：1992 年以后，中国经济进入高速增长的快车道，以高投资膨胀、高工业增长、高货币发行和信贷投放、高物价上涨为特征的经济迅速增长带来了就业岗位的大量增加，1994 年农村劳动力转移成果较之 1993 年上涨 15.66%，而 1995~1997 年的增长率均在 33% 以上。

4）增长趋缓阶段：针对过热的经济形势，以 1993 年 6 月《中共中央、国务院关于当前经济情况和加强宏观调控的意见》提出的 16 条措施为起点，国家提出了适度从紧的财政政策和货币政策，实现经济"软着陆"，加上受亚洲金融危机的影响，整体经济形势呈低迷状态，1998 年劳动力非农转移增长开始进入下降通道，2001 年增长速度降到最低水平（9.28%）。

5）增长速度持续攀高阶段：2001 年以来，国家取消了对农民进城就业的各种不合理限制，农村劳动力转移就业的环境更为宽松。2003 年，农业部启动农民工培训规划、2004 年中央一号文件的颁布和阳光工程的实施等，都有效地刺激了农村劳动力的转移就业。

6）稳定阶段：2006 年以来，受多种因素的共同影响农村劳动力转移及农民人均纯收入均呈稳定增长，多数年份的劳动力转移成果系数维持在 38%~44%。

3.3.2　农村劳动力转移对农民人均纯收入的贡献

这里分析农村劳动力转移对农民人均纯收入的贡献使用劳动力转移对农村居民人均纯收入的贡献率来表示。贡献率可用于分析劳动力转移对农民收入影响作用的程度，指在农民人均纯收入的增量或增长程度中，劳动力转移因素所占的比

重，综合反映了劳动力转移对农民人均纯收入作用的大小，其计算公式为

劳动力转移贡献率（%）=劳动力转移贡献量（增量或增长程度）

/农民人均纯收入总增量或增长程度×100%

式中，贡献率越大，则表明劳动力非农转移对农民人均纯收入的贡献和作用越大，反之越小。

从表 3-6 可以看出，劳动力转移成果增量对农民人均纯收入的贡献波动较大，2010 年以来的绝大多数年份基本维持在 45%～50%，2016 年农民人均纯收入增量中的近 45%由劳动力转移贡献。

表 3-6　农村劳动力转移贡献率

年份	劳动力转移成果增量/元	农民人均纯收入增量/元	劳动力转移贡献率/%
1986	9.4	26.2	35.88
1987	13.9	38.8	35.82
1988	22.3	82.3	27.10
1989	18.7	56.6	33.04
1990	2.3	84.8	2.71
1991	13.1	22.3	58.74
1992	32.5	75.4	43.10
1993	10.1	137.6	7.34
1994	68.5	299.4	22.88
1995	90.7	356.7	25.43
1996	97.1	348.4	27.87
1997	63.8	164.0	38.90
1998	59.0	71.9	82.06
1999	56.7	48.3	117.39
2000	72.0	43.1	167.05
2001	69.6	113.0	61.59
2002	68.3	109.2	62.55
2003	78.2	146.6	53.34
2004	80.1	314.2	25.49
2005	176.0	318.5	55.26
2006	200.3	332.1	60.31
2007	221.4	553.4	40.01
2008	257.5	620.2	41.52
2009	207.5	392.6	52.85
2010	369.8	765.8	48.29
2011	532.4	1 058.3	50.31
2012	484.0	939.3	51.53

续表

年份	劳动力转移成果增量/元	农民人均纯收入增量/元	劳动力转移贡献率/%
2013	205.0	1 513.0	13.55
2014	499.7	1 059.3	47.17
2015	448.1	932.8	48.04
2016	421.5	941.7	44.76

3.3.3　农村劳动力转移阶段贡献的截面数据分析

本书中农村劳动力转移贡献仍采用贡献率指标，即农民居民人均纯收入的增量或增长程度中，以劳动力转移因素所占的比重表示，2013 年全国平均水平及各省区农民各收入来源对农民人均纯收入的贡献率如表 3-7 所示。

表 3-7　2013 年全国平均水平及各省份农民各来源收入对农民人均纯收入的贡献率

地区	农民人均纯收入/元	农村劳动力转移成果贡献率/%	家庭经营纯收入贡献率/%	财产性收入贡献率/%	转移性收入贡献率/%
全国	100	63.4	24.7	2.3	9.6
北京	100	59.0	26.5	4.5	10.0
广东	100	64.0	−26.0	16.5	45.5
上海	100	64.4	24.5	11.0	0.1
浙江	100	120.7	−3.5	−5.6	−11.6
江苏	100	108.6	−7.5	−6.0	4.9
天津	100	23.9	67.0	4.9	4.2
青海	100	50.8	33.2	3.2	12.8
宁夏	100	2.1	121.0	−20.1	−3.0
山东	100	16.9	90.4	−14.6	7.3
湖南	100	42.5	8.9	3.6	45.0
河北	100	59.7	27.5	8.1	4.7
山西	100	98.2	−34.2	8.9	27.1
福建	100	52.3	44.3	0.2	3.2
湖北	100	59.1	26.3	3.3	11.3
陕西	100	93.4	−6.2	7.4	5.4
安徽	100	62.3	32.8	2.6	2.3
辽宁	100	66.8	25.4	3.3	4.5
河南	100	80.3	6.3	3.7	9.7
甘肃	100	23.7	2.7	43.0	30.6
贵州	100	59.5	23.8	2.1	14.6
江西	100	56.3	−3.1	18.7	28.1
重庆	100	72.6	17.0	6.2	4.2

地区	农民人均纯收入/元	农村劳动力转移成果贡献率/%	家庭经营纯收入贡献率/%	财产性收入贡献率/%	转移性收入贡献率/%
广西	100	50.8	35.4	4.0	9.8
西藏	100	87.3	15.7	1.0	-4.0
四川	100	40.5	44.5	-0.6	15.6
新疆	100	31.8	55.7	-4.5	17.0
海南	100	57.2	27.7	1.7	13.4
云南	100	69.1	19.3	3.5	8.1
黑龙江	100	43.0	41.9	8.5	6.6
吉林	100	49.0	23.8	4.2	23.0
内蒙古	100	33.7	46.0	6.6	13.7

总体来看,农村劳动力转移对农民人均纯收入的贡献率在区域间的差异很大。2013 年贡献率最大的浙江高达 120.7%,而家庭经营性收入、财产性收入和转移性收入对农村人均纯收入的贡献均为负值。宁夏虽然农村劳动力转移对农民人均纯收入的贡献率最小只有 2.1%,但其家庭经营性收入的贡献高达 121%,财产性收入和转移性收入对农村人均纯收入的贡献均为负值。

3.4　河南省许昌市大墙王村劳动力转移实况调查

作为农业大省和农业人口大省,河南省的农村劳动力转移任务更加艰巨、迫切。为了进一步了解河南省农村劳动力转移的实况,笔者开展了为期一个月的调查。主要采用三种调查方式:①走访村委会成员,主要走访了村委会主任和几个小队队长;②走访部分农户;③问卷调查,考虑到时间、精力的有限性,对该村大部分村民采用问卷调查,问卷以户为单位发放。

大墙王村共计 1 470 人,劳动力 672 人。本次共发放问卷 398 份,其中有效问卷 352 份。通过走访村委会成员,与农户进行面对面的交谈,以及对调查问卷的分析,得出如下主要结论。

1)转移劳动力以男性为主。441 位转移劳动力(以是否获得工资性收入为标准衡量)中有男性 338 人,占比高达 76.64%,表明该村在劳动力转移过程中男性就业的性别优势是比较明显的。按照国家统计局的统计标准,16~60 岁的男子、16~55 岁的女子为适龄劳动者,笔者调查发现,该村有相当部分 16 岁以下(计件工资,每天 20 多元)、60 岁以上(年收入为 3 000~4 000 元,有技术特长且与年轻劳动力收入基本相当)的"非劳动力"实现了非农转移。

2）劳动力综合素质较低，相关培训效果不明显。据调查，该村劳动力转移人员的受教育水平普遍不高。441 位转移劳动力中，432 人填写了"文化程度"一栏，9 人该项缺失。其中小学文化程度、初中文化程度和高中文化程度的转移劳动力分别有 75 人（占比达 17.00%）、308 人（占比达 69.84%）和 49 人（占比达 11.11%）。该项调查表明，该村转移劳动力文化程度以初中及以下为主，占比高达 87%，高中毕业者仅占 11.11%。441 位转移劳动力中没有任何技术特长者占比高达 71.20%。据村民反映，虽然国家和地方政府有专门政策支持农民进行各种技能培训，但在多种因素的共同作用下效果不明显。被调查者称，一般培训项目要收取数额较高的培训费用，而接受培训对其增收的作用存在不确定性，因此很多人不愿花费时间和金钱去参加培训。完全免费的培训基本流于形式，并不能真正给农民带来实惠（很多被调查者反映用这些时间去打工挣钱更实惠）。

3）就业意向和实际打工地均以本地为主。相对于周围有产业优势的其他村庄，大墙王村基本属于农业村——全村仅有 6 家私营企业（加工和销售钢材，吸收本村劳动力 79 人）和 24 户个体经营户，但因地理位置的优势（紧临长葛市旧钢材市场），经济水平在董村镇处于中等水平。借助此优势，64.63% 的农民选择以就地转移的方式增加收入。调查结果显示，该村 64.63% 的劳动者愿意在本地就业，15.65% 的劳动者愿意在省内经济发达城市就业，14.06% 的劳动者愿意到省外就业。事实上，73.47% 的劳动者实现了就地转移，9.75% 的劳动者实现了省内经济发达城市的劳动力转移，还有 12.02% 的劳动者实现了省外转移。2008 年，金融危机对外出打工者收入（有一定的技术特长）的影响相对较小，但当地有一部分小企业受其影响导致关闭或业务量下降，减少了对劳动力的需求。劳动力虽然单位工资水平并没有下降，但因为市场对劳动力总体需求下降，因而对劳动力本地转移劳动者的收入影响较大。

4）相当部分劳动者处于隐性失业状态。全村人均占有耕地面积为 0.7～0.9 亩（有一部分集体用地）。据了解，随着机械化水平的不断提高，每户在田间作物中投入的劳动时间全年为 10～20 天。调查结果表明，该村实现劳动者打工时间不足半年（低于国家统计局劳动力转移标准）的占转移劳动力总数的 30%，打工时间为 7～9 个月的占比为 28.8%，常年在外打工的占比为 30%，因此有相当一部分劳动力处于隐性失业状态。就业机会不足是根本原因——该村 50% 以上的农户认为非农就业机会不多，而本地农村和附近城市提供更多的是非农就业机会。访谈和问卷结果均显示，村民认为就近就业的机会较多，认为工作机会更多是在本地农村和附近城市的农户占比高达 71.55%，认为在省城和省外发达城市有工作机会的农户仅占 28.45%。

5）劳动力转移收入差距较大，收入水平相对较低。调查结果显示，该村劳动力收入最高者每年可达 20 000 元，最少者只有数百元，平均收入水平为 5 736 元。441 位转移劳动力中，423 人填写了"打工收入"一栏，18 人该项缺失。转移劳动力工资性收入多在 10 000 元以下（含 10 000 元），其中，年工资性收入在 5 000元以下（含 5 000 元）的转移劳动力有 277 人，占转移劳动力总数的 62.81%；年工资性收入为 5 000～10 000 元（含 10 000 元）的劳动者有 140 人，占转移劳动力总数的 31.75%。年工资性收入超过 10 000 元的劳动者仅有 24 人，占比为 5.44%。352 份有效问卷中，89 户工资性收入占家庭总收入比重低于 50%（含 50%），164户的工资性收入占家庭总收入比重为 50%～80%（含 80%），99 户工资性收入占家庭总收入比重高于 80%。

　　6）劳动力以自发转移为主。调查结果表明，在该村发生了劳动力转移的劳动者中，近 40% 的农户靠自己外出找到工作，近 40% 的农户依靠亲朋好友介绍找到工作，通过人才市场和单位招聘找到就业的农户不足 2%。这种依靠自己外出寻找和亲朋好友介绍方式进行的劳动力转移缺乏稳定性和可持续性，表明该村还没有形成良好的农民就业体系，农户的就业渠道仍不畅通，具体如表 3-8 所示。

表 3-8　农村劳动力非农转移途径

途径	人数	有效百分比/%	累计比率/%
自己外出寻找	139	39.83	39.83
亲朋好友介绍	137	39.26	79.09
人才市场	2	0.57	79.66
单位招聘	4	1.15	80.81
就业所在地朋友介绍	38	10.88	91.69
其他	29	8.31	100.00
总计	349	100.00	100.00

　　7）受教育状况、技术特长和工作经验成为影响农民就业和收入水平的主要因素。调查结果显示，50.57% 的劳动者认为受教育状况是影响其能否获得非农就业机会的核心要素，26.14% 的劳动者认为有无技术特长是主要影响因素，近 12% 的劳动者认为工作经验是主要影响因素，认为身体状况、有无人际关系、居住位置等是影响农村居民获得非农就业机会主要因素的合计为 11.36%。访谈过程中，村民多次提到，即使有人推荐，受教育状况、技术特长和工作经验仍是影响其获得非农就业机会的主要因素。该结果表明，市场在劳动力资源配置过程中已经起到重要作用，具体如表 3-9 所示。

表 3-9　影响农村居民获得非农就业机会的主要因素

影响因素	人数	有效百分比/%	累计比率/%
受教育状况	178	50.57	50.57
技术水平	92	26.14	76.71
工作经验	42	11.93	88.64
身体状况	17	4.83	93.47
有无人际关系	12	3.41	96.88
居住位置	3	0.85	97.73
其他	8	2.27	100.00
总计	352	100.00	100.00

　　获得非农就业机会后，影响工资性收入水平的主要因素仍然是这三个因素，但重要性次序有了较大改变，具体情况如表 3-10 所示。从表 3-10 可以看出，27.09%的农户认为受教育状况是影响工资性收入的主要因素，50.13%的农户认为有无市场需要的技术是主要因素，11.53%的农户认为工作经验是主要因素，认为身体状况、有无人际关系、居住位置等是影响工资性收入主要因素的合计为 11.25%。在调查中为区分城镇和农村工资发放的主要标准，笔者专门进行了调查，结果表明影响城乡农民工资性收入水平的因素几乎无差别。

表 3-10　影响城乡农民工资性收入水平的因素

影响因素	人数	有效百分比/%	累计比率/%
受教育状况	94	27.09	27.09
有无市场需要的技术	174	50.13	77.22
工作经验	40	11.53	88.75
身体状况	18	5.19	93.94
有无人际关系	8	2.31	96.25
居住位置	6	1.73	97.98
其他	7	2.02	100.00
总计	347	100.00	100.00

　　因此，要想提高农村劳动力转移水平，近期应以提高非农就业率解决农民隐性失业问题为主要方向。而从长远来看，则要通过提高其教育水平和职业技术水平逐步提高农民就业的稳定性和工资报酬水平。

第 4 章　中国农村劳动力转移核心问题——农业转移人口"半市民化"

　　农村劳动力转移是世界各国工业化发展中的必经之路，尽管不同国家或地区的发展水平和基本国情不同，但其劳动力转移表现出一定的共性特征，即农村转移劳动力及其家庭人口大多实现了由农民向市民的转化，从此彻底告别农民的身份。

　　中国农村劳动力转移呈现明显的职业非农化与身份非农化两阶段特征。一方面，截至目前，第一个阶段即从农业就业到非农业就业的职业转换已无障碍。20世纪70年代末至今，随着中国经济社会不断发展，城镇化水平不断提升，农业转移人口乡城转移取得了傲人的成绩。国家统计局发布的《中华人民共和国 2016年国民经济和社会发展统计公报》中指出，2016 年中国常住人口城镇化率达到57.35%，较 2006 年的 44.34%增长了 13.01%。国家统计局于 2017 年 4 月发布的《2016 年农民工监测调查报告》显示，2016 年，我国农民工总量达到 28 171 万人，比 2015 年增长 1.5%，占全国总人口的 20.37%。但另一方面，制度变革的滞后使第二阶段即由农民到市民的身份转换步履维艰（蔡昉，2011a）。户籍人口城镇化率远低于国家统计局公布的常住人口城镇化率。而据《国家新型城镇化报告 2016》显示，2016 年约 1 600 万人进城落户，户籍人口城镇化率仅为 41.2%，与常住人口城镇化率相差 16.15%（较 2015 年的 16.2%略降）。可见相当一部分进入城市（镇）的农业转移人口不能或不愿转化为城市人口实现"永久性迁移"。数以亿计的农业转移人口大部分时间在城市工作、生活，却被隔离于城市公共服务、社会保障之外，难以实现以家庭为单位的城市迁徙定居模式，不得不选择"候鸟式迁移""两栖式流动"，在家乡与其从业城市（镇）之间往复循环流动（陈藻，2013）。赖涪林（2009）指出，中国农村劳动力转移既有别于欧美和日本等经济发达国家的"市民化转移"模式，也不同于巴西和墨西哥等发展中国家的"贫民化转移"模式，是一种独特的非稳态转移，即通过一定的制度安排，有序地引导农村劳动力外出打工、兼职和就地转移等，避免农村劳动力盲目无序地流入城市，产生大规模贫民化现象的转移模式。

　　目前中国农村劳动力转移面临的核心问题在于"市民化"，让农民工能够"进厂又进城、离土又离乡"，使"候鸟式"的农民工永久性地成为城市市民（简新华和黄锟，2007）。从人口流动与城市人口的增量上也可以反映农村劳动力转移的阶段性特征。2011～2016 年，我国农村人口向城市流动的人数呈不断上升趋势，进城务工农民超过 3 亿，从中可以看出，农村劳动力转移的第一个阶段进展良好。但是，第二个阶段即"市民化"阶段进展缓慢。根据国家统计局相关统计，2011～2016 年，我国城镇常住人口数从 6.91 亿增长到 7.93 亿，共增长 1.02 亿，平均每年仅增长 0.2 亿人，远远少于同期的农民工增长数量。如果以户籍人口计，增长则更少。从中可以看出大量的农村劳动力走出农村，实现了"非农化"，但绝大部分并不能长期留在城市，成为常住人口直至实现"市民化"，只能主动或被动选择"两栖式流动"模式。

选择"两栖式流动"模式，转移人口既可以避免承担放弃农村集体成员权的风险——如果在城市难以生存还可以回到农村，又可以利用农闲时期（机会成本为零）到城市打工获得工资性收入，享受城市公共基础设施和部分公共服务，是一种风险和成本相对较小的迁移方式。这种非稳态转移模式很好地避免了因劳动力无序流入城市而产生大量城市新贫民的问题（赖涪林，2009），但也产生了转移劳动力流动性强、对农村和土地依赖性强等问题。农业转移人口（含农村转移劳动力及其家庭人口）的"半市民化"选择与土地退出动力不足，使加快人口城镇化进程的政策诉求出现"农转非"态度冷淡甚至"非转农"热潮。

4.1　农业转移人口"半市民化"现象

人多地少、人地关系极度紧张的现实与农村土地和劳动力等要素市场的不发展、不健全等因素组合，使农村劳动力的非农转移与农村劳动力身份及与之相关的就业、收入、社会保障的"市民化"相脱节。据 2007 年国务院发展研究中心对劳务输出县 301 个村的调查，从户籍制度改革到 2007 年累计迁移落户的外出就业农民只相当于目前外出就业农民工的 1.7%。农民从农村永久性迁移到城市中定居的渠道主要有四种：教育、参军、土地征用及购房入户（邓曲恒和古斯塔夫森，2007），而通过在城市（镇）劳动力市场就业来实现"永久性迁移"（获得户口、配套福利保障等）的比例微乎其微（杨云彦，2004）。

劳动力转移过程中，多数农业转移人口难以在城市特别是大中城市获得就业、社会保障、子女教育、住房保障、医疗卫生等方面的平等权利，不能在城市实现定居，从而形成中国特有的"半城市化"现象（王春光，2006；白南生和李靖，2008），或者说"非典型性的城市化"（蔡昉，2010）。其具体表现为农民已经离开农村到城市就业与生活，但他们在劳动报酬、子女教育、社会保障、住房等诸多方面并不能与城市居民享有同等待遇，在城市没有选举权和被选举权等政治权利，无法真正融入城市社会。王春光（2006）将其特征归结为三点：非正规就业和发展能力的弱化、居住边缘化和生活"孤岛化"及社会认同的"内卷化"。左学金（2011，2010）则将这种情况称为"浅度城市化"或"浅城市化"，指出目前有两类非常态和不稳定的"准城市人口"大量存在：一是国内大多数城市普遍采取"外劳模式"（类似欧洲对待外籍劳工的做法）对待的农民工群体；二是数量日渐庞大的失地农民群体。蔡之兵和周俭初（2014）提出，大城市日益提高的落户难度和生活成本逐步将农业转移人口推出城外，而发展日益良好的小城镇和新农村则将越来越多的外出人口拉回。如果不采取有力措施，这两种力的合力最终将导致逆城镇化危机。"半市民化"使农民不能真正融入城市，这些社会不公引发诸多经济社会问题，其危害性越来越明显。

中国农业转移人口的"半市民化"，特指中国城镇化过程中以农村劳动力及其家庭人口的"两栖迁移"状态，主要表现为一种临时性、钟摆式的乡城迁移，城市就业与农村置业等基本特征。绝大多数农村转移劳动力在城市只是实现了就业转移，且一般与企业没有稳定的契约关系，能实现身份转移的极少，其突出表现为就业流动性很大。农村转移劳动力依然享有农村的土地权益是中国农村劳动力转移的基本特点，而且这种"半市民化"状态，已经呈现结构化、长期化甚至是永久化的特征，如不及时纠正，会使不少转移劳动力失去完全融入城市的能力（王春光，2006）。总体上，"半市民化"人口具有以下几个特征。

1）对农村土地的依赖性强。郑州大学课题组 2016 年 12 月的调查数据显示，在被调查的 385 名转移劳动力中，不再承包耕地的占比为 21.0%，仍然承包土地的转移劳动力也并不都能对自己的承包地进行有效的经营，在农忙时期回乡耕种的占 72%，16.1%的转移劳动力选择抛荒，13.8%的转移劳动力选择租给别人耕种。从中可以看出大部分转移劳动力仅实现了劳动力转移的第一步——非农化，而没有选择退出农村、退出土地成为市民。

2）强流动性。这种流动性直接表现为就业的流动性或非稳定性。首先，多数进城农民有过职业流动经历。郑州大学课题组调研数据显示，仅有 28.1%的被调查者无失业经历，超过七成的被调查者有过失业和更换工作的经历。福建农林大学公共管理学院于 2016 年 4 月开展的进城务工人员就业与城市融入状况实地调研结论表明，近期更换过工作的被调查者占比高达 47.3%，即近五成进城农民有过职业流动经历，其中更换一次工作的占总被调查者的 25.7%，更换 2 次工作的占9%，更换 3 次工作的占 6.9%，更换 4 次及以上工作的占 5.7%。其次，劳动合同签订比率低。国家统计局发布的《2016 年农民工监测调查报告》显示，2015 年和 2016 年没有签订劳动合同的农民工占比分别为 63.8%和 64.9%。与 2015 年相比，2016 年农民工签订无固定期限劳动合同、一年以下劳动合同和一年以上劳动合同的比重均有所降低，就业缺乏稳定性，具体如表 4-1 所示。

表 4-1　农民工签订劳动合同情况

单位：%

年度	无固定期限劳动合同	一年以下劳动合同	一年以上劳动合同	无劳动合同
2015	12.9	3.4	19.9	63.8
2016	12.0	3.3	19.8	64.9

数据来源：国家统计局网站《2016 年农民工监测调查报告》。

3）乡城迁移的不完全性。"半市民化"人口乡城迁移的不完全性具体表现在以下三个方面。

第一，非举家迁移。《2012 年农民工监测调查报告》显示，2008～2012 年，我国外出农民工数量从 14 041 万人快速增加至 16 336 万人，其中举家外出的农民工数量也从 2 859 万人上涨至 3 375 万人，占比由 20.36%增加至 20.66%，仍有近 80%的农民工采取非举家迁移模式，具体如表 4-2 所示。

表 4-2　2008～2012 年外出农民工及举家外出农民工数量

数量＼年份	2008	2009	2010	2011	2012
外出农民工/万人	14 041	14 533	15 335	15 863	16 336
举家外出农民工/万人	2 859	2 966	3 071	3 279	3 375
举家外出农民工/%	20.36	20.41	20.03	20.67	20.66

数据来源：《2012 年农民工监测调查报告》。

2015 年，我国外出农民工数量增至 16 884 万人，举家外出农民工数量为 3 582.7 万人。另外，郑州大学课题组 2016 年的调研数据也进一步证明了该结论，在被调查的 385 名转移劳动力中除去 63 位家中无子女上学，剩余的 322 名被调查者中，仅有 101 位转移劳动力的子女随父母进入城市接受教育，仍有超过 2/3 转移劳动力的子女依旧生活在农村，未实现举家迁移。

第二，无法真正融入城市。大量农民进入城市后以"边缘人"状态在城市生存，长时间游走于城市和农村之间，无法永久性定居并真正融入城市生活。国家统计局发布的《2016 年农民工监测调查报告》显示，除家人外，在进城农民工业余时间人际交往对象中，同乡人占比最高（达 35.2%），比 2015 年增加了 1.6 个百分点；其他外来务工人员占 3.1%，下降 1.1 个百分点；基本不和他人来往的占 12.7%，下降 1.6 个百分点；而交往对象为当地朋友的较上年上涨 0.8 个百分点，但仅占 24.3%。总体看来，进城农民工城市融入感不强。

第三，最终选择回到农村。作为"两栖"农民，他们在城市中承受着高昂的生活成本，并且城市融入感低，承担着沉重的经济和心理压力。受惠于国家最新

"三农"政策，大量农民工选择放弃"两栖迁移"状态，最终回到农村。

　　"永久性迁移"是内涵型经济社会发展的需要，外部正效应巨大。当前，微观主体的市场化选择与政府人口城镇化促进的诉求出现背离，"两栖迁移"成为主流模式，释放制度红利、支撑发展转型成为当前人口城镇化的首要任务。

4.2　农业转移人口"半市民化"演进历程

　　待遇"市民化"是中国农村劳动转移第二阶段的核心内容，考虑到数据的可得性与可靠性，本书中的"市民化"以农业转移人口（包括转移劳动力及其家庭成员）的户籍是否发生变化作为判断依据，以历年户籍人口数量（用非农业人口数量）的增量表示当年的"市民化"成果。采用该指标的隐含前提是城镇原户籍人口保持稳定，新增人口全部是农业转移人口"市民化"后的新市民。该阶段的劳动力转移成果主要用中国城镇户籍人口占比来衡量。使用按常住人口统计的城镇人口总数与按户籍统计的中国非农业人口数量的差额来衡量中国"半市民化"人口数量，具体如表 4-3 所示。

表 4-3　中国城镇人口、非农业人口、"半市民化"人口数量及占比

年份	城镇人口/万人	城镇化率/%	非农业人口/万人	非农业人口占比/%	"半市民化"人口/万人	总人口数/万人
1982	21 480	21.13	18 334	18.04	3 146	101 654
1983	22 274	21.62	18 378	17.84	3 896	103 008
1984	24 017	23.01	19 686	18.86	4 331	104 357
1985	25 094	23.71	21 054	19.89	4 040	105 851
1986	26 366	24.52	20 902	19.44	5 464	107 507
1987	27 674	25.32	21 592	19.75	6 082	109 300
1988	28 661	25.81	22 551	20.31	6 110	111 026
1989	29 540	26.21	23 371	20.74	6 169	112 704
1990	30 195	26.41	23 887	20.89	6 308	114 333
1991	31 203	26.94	24 418	21.08	6 785	115 823
1992	32 175	27.46	25 298	21.59	6 877	117 171
1993	33 173	27.99	26 068	22.00	7 105	118 517
1994	34 169	28.51	27 318	22.79	6 851	119 850
1995	35 174	29.04	28 235	23.31	6 939	121 121
1996	37 304	30.48	29 139	23.81	8 165	122 389

续表

年份	城镇人口/万人	城镇化率/%	非农业人口/万人	非农业人口占比/%	"半市民化"人口/万人	总人口数/万人
1997	39 449	31.91	29 891	24.18	9 558	123 626
1998	41 608	33.35	30 465	24.42	11 143	124 761
1999	43 748	34.78	31 242	24.84	12 506	125 786
2000	45 906	36.22	32 499	25.64	13 407	126 743
2001	48 064	37.66	33 452	26.21	14 612	127 627
2002	50 212	39.09	35 184	27.39	15 028	128 453
2003	52 376	40.53	37 677	29.16	14 699	129 227
2004	54 283	41.76	39 140	30.11	15 143	129 988
2005	56 212	42.99	41 128	31.45	15 084	130 756
2006	58 288	44.34	42 286	32.17	16 002	131 448
2007	60 633	45.89	43 077	32.60	17 556	132 129
2008	62 403	46.99	43 971	33.11	18 432	132 802
2009	64 512	48.34	45 029	33.74	19 483	133 450
2010	66 978	49.95	45 964	34.28	21 014	134 091
2011	69 079	51.27	47 058	34.93	22 021	134 735
2012	71 182	52.57	47 922	35.39	23 260	135 404
2013	73 111	53.73	49 125	36.10	23 986	136 072
2014	74 916	54.77	50 439	36.88	24 477	136 782

数据来源:《中国卫生和计划生育统计年鉴 2015》《中国统计年鉴 2015》。

从表 4-3 可以看出,一方面,随着经济社会的发展,中国的非农业人口数量不断增加,非农业人口占比也在不断提升,2014 年已达 36.88%,较之中华人民共和国成立初期的 10.64%已经有了显著提升,表明转移劳动力的"市民化"取得阶段性成果(考虑到城镇的人口计划生育政策较农村严格,城镇户籍人口净增长数量有限,对于城镇户籍人口数量增长的影响有限,因此这里将城镇新增人口都视为新市民)。另一方面,中国经济社会的快速发展吸引了越来越多的农村劳动力涌入城市,按照国家统计局发布的数据,2014 年和 2015 年全国农民工总量分别为 27 395 万人和 27 747 万人,在城市(镇)从业人口中的比重已超过 60%,成为城镇经济社会发展不可或缺的力量。但这些涌入城市(镇)的劳动力及其家人并没有完全地真正融入城市,有相当一部分劳动力还没有成为真正意义上的城市(镇)人,没有享受到平等的市民待遇,而只能成为"半市民化"人口。从表 4-3 可以看出,劳动力的非农转移推动了中国城镇化水平尤其是按常住人口统计的城镇化水平的快速提升,2011 年起,城镇常住人口绝对数量已经超过农村常住人口数量,这对于一个在中华人民共和国成立初期农业人口占比接近 90%的农民大国而言非常不易。

　　从统计结果看，非农业人口占比远低于按常住人口统计的城市（镇）人口占比是不容忽视的问题。从纵向历史角度看，两者之间的绝对差距和相对差距仍呈快速上升态势。截至 2014 年年末，按常住人口统计的城市（镇）人口总数约为7.492 亿，即 2014 年中国的城镇化水平已经达到 54.77%。而按户籍统计的中国非农业人口数量约为 5.044 亿，占总人口比例为 36.88%，实际城镇化率远低于名义城镇化率。用 7.492 亿减去 5.044 亿得出至少有 2.448 亿人是生活在城市（镇）却没有城市（镇）户籍，无法享受城市（镇）居民享有的福利和待遇的，即 2014年年末，中国的"半市民化"人口规模达 2.448 亿，占城市（镇）居民的 32.7%，占城市（镇）从业人员的 62.3%，具体如表 4-4 所示。"半市民化"人口数量逐年递增，说明中国农业转移人口"市民化"的形势日益严峻。

表 4-4　"半市民化"人口占城市（镇）人口及城市（镇）从业人口的比重

年份	"半市民化"人口与城市（镇）人口之比/%	城市（镇）从业人员/万人	"半市民化"人口与城市（镇）从业人员之比/%
1982	14.6	11 428	27.5
1983	17.5	11 746	33.2
1984	18.0	12 229	35.4
1985	16.1	12 808	31.5
1986	20.7	13 292	41.1
1987	22.0	13 783	44.1
1988	21.3	14 267	42.8
1989	20.9	14 390	42.9
1990	20.9	17 041	37.0
1991	21.7	17 465	38.8
1992	21.4	17 861	38.5
1993	21.4	18 262	38.9
1994	20.1	18 653	36.7
1995	19.7	19 040	36.4
1996	21.9	19 922	41.0
1997	24.2	20 781	46.0
1998	26.8	21 616	51.5
1999	28.6	22 412	55.8
2000	29.2	23 151	57.9
2001	30.4	24 123	60.6
2002	29.9	25 159	59.7
2003	28.1	26 230	56.0
2004	27.9	27 293	55.5
2005	26.8	28 389	53.1

续表

年份	"半市民化"人口与城市(镇)人口之比/%	城市(镇)从业人员/万人	"半市民化"人口与城市(镇)从业人员之比/%
2006	27.5	29 630	54.0
2007	29.0	30 953	56.7
2008	29.5	32 103	57.4
2009	30.2	33 322	58.5
2010	31.4	34 687	60.6
2011	31.9	35 914	61.3
2012	32.7	37 102	62.7
2013	32.8	38 240	62.7
2014	32.7	39 310	62.3

数据来源:《中国统计年鉴2015》。

纵观世界发展历史,大多数工业化国家的人口迁移进程经历过"半市民化"阶段,但这种状态很少会在第二代身上延续。而发生在中国第一代农村转移劳动力身上的"半市民化"状态已经在第二代身上延续。国家统计局发布的《2016年农民工监测调查报告》显示,1980年及以后出生的新生代农民工逐渐成为农民工的主体,占全国农民工总量的49.7%,比2015年提高1.2个百分点,具体如表4-5所示。中国当前面临的艰巨任务就是要最大限度地防止"半市民化"永久化。

表4-5 农民工年龄构成

单位:%

年份 各年龄段占比	2012	2013	2014	2015	2016
16~20岁	4.9	4.7	3.5	3.7	3.3
21~30岁	31.9	30.8	30.2	29.2	28.5
31~40岁	22.5	22.9	22.8	22.3	22.0
41~50岁	25.6	26.4	26.4	26.9	27.0
50岁以上	15.1	15.2	17.1	17.9	19.2

数据来源:《2016年农民工监测调查报告》。

4.3 农业转移人口"半市民化"产生的经济社会问题

农业转移人口的"半市民化"既是当前中国人口城镇化进程中普遍存在的一种社会现象,也是现阶段实现人口城镇化急需解决的重要社会问题。一方面,农业转移人口多生活居住在城市中条件最简陋、环境最恶劣、区位最边缘地带或"亦城亦乡"的城乡接合部"灰色区域",与城市居民的居住空间相对隔离、反差鲜明。另一方面,农业转移人口的就业领域主要局限于次级劳动力市场,主要从事技术含量低、收入低、缺乏完备权益保护和社会保障的工作。在自身与外部力量的共同作用下,"市民化"的能力和意愿不断被弱化,城乡"两栖迁移"生存模式成为大多数农业转移人口的理性选择。这种转移模式让中国成功避免了城镇化进程中大规模贫民窟的出现,但也引发了一系列的经济社会问题。

1. 难以为中国工业化发展提供稳定的、高素质的劳动力支撑

蔡昉等(2002)指出,城市现有制度安排下,农村流动人口面对的是一系列有别于城市居民的制度,如就业制度、社会保障制度、医疗制度、教育制度等,使绝大多数农村劳动力及其家属不能得到城市永久居住的法律认可,他们的迁移预期只能是暂时的和流动的,难以在城市定居下来。"半市民化"状态下的农业转移人口多数只能将自己的城市非农就业作为增加收入的一种临时性手段。即使已经完全放弃农业生产的转移劳动力,也不敢或不愿放弃农村的土地权益,农业转移人口选择"两栖迁移"生活并将农村的土地权益作为自己和家庭生计的最后保障。农业转移人口由于缺乏对城市非农就业的归属感,也就难以为工业化发展提供稳定的劳动力供给。2003 年以来,始于珠江三角洲并在沿海经济发达地区多次出现的"民工荒"现象充分说明了这一点。2012 年春节前后国内最大的务工在线职业介绍服务平台——新华社联合工众网的一项调查表明,"民工荒"现象正在向中西部等内陆城市扩展,招工难问题在局部地区已经常态化。另外,转移劳动力总体文化素质较低,专业技能较差,主观上缺乏自学成才、改变命运的意识和动力,因此主要就职于劳动密集型的低端制造业,企业有限的利润空间限制了他们工资性收入的提升空间和渠道。这样的职业平台和收入根本无法为其自我提升提供支撑,难以为工业化发展提供高素质的转移劳动力。

2. 严重妨碍土地资源利用效率的提高,加剧城镇化过程中尖锐的用地矛盾

一方面,中国人多地少的矛盾造就了部分农户以家庭农场的方式经营农业,生产效率低,农产品同质性高,农业生产的利润远低于非农产业利润。在生产资料报酬上,劳动力是重要的生产资源,但农业劳动力并不贵重,资本是稀缺资源,由此导致劳动力报酬低于资本报酬,农民从事农业的收入远远低于非农产业从业人员的收入。出于"经济人"的理性选择,相当一部分农民选择放弃农业生产,将劳动力和资金转移到非农产业中去,选择"半市民化"状态并仍保留农村的耕地承包经营权和使用权。由于缺乏顺畅的耕地流转机制,农村劳动力的减少并没有产生土地集中耕作的结果,导致大量土地被抛荒的同时,耕地碎片化、小规模

经营的问题并没有得到彻底解决。转移劳动力并不愿意放弃农村耕地使用权和经营权，绝大多数选择成为"两栖"人口。更为甚者，农村宅基地不仅没有随着人口的城镇转移而减少，反而还有继续增加的趋势，严重影响了土地资源利用效率的提升，加剧了城镇化进程中的用地矛盾。在工业化和城镇化的推动下，土地作为不可再生资源的稀缺性日益凸显，利益主体的奋力争夺导致了大量的土地冲突。"半市民化"人口对土地的依赖程度很大程度上取决于其在城市（镇）非农就业对其生计的支撑作用，这种支撑作用越大则其选择"市民化"的可能性越大。

3. 或增加中国"中等收入陷阱"①风险

"两栖迁移"模式不能从根本上改变城乡总产出的分配格局并缩小城乡收入差距，通过直接或间接影响经济增长的动力机制，如投资、消费、经济结构的调整、技术进步等起作用。投资、消费和出口作为拉动经济增长的"三驾马车"，其合理结构对经济增长的良性发展态势至关重要。中国经济增长已经由供给约束转向需求约束，投资与净出口对经济增长的贡献率日益下降。但中国目前面临的问题是，消费率过低已经成为制约下一步经济增长的重要因素。根据"短板"理论，过低的消费率不仅会削弱消费需求本身对经济增长的作用，还会影响投资需求和出口需求对经济增长作用的发挥。消费作为拉动经济增长的第三驾马车，在中国经济

---

① 所谓"中等收入陷阱"，是指当一个经济体从低收入状态进入中等收入状态后，经济发展初期推动经济快速增长的动力机制边际效应递减，新的动力机制尚未形成或发展尚不完善，而经济发展初期积累的经济社会矛盾集中爆发，导致经济发展推动力与阻碍因素的力量对比格局发生变化，经济长期处于低水平徘徊的状态。对"中等收入陷阱"概念的理解可以从以下几个方面把握：第一，"中等收入陷阱"实质上仍然是经济增长问题。根据不同学者的"中等收入陷阱"定义，"中等收入陷阱"主要表现为经济增长长期停滞，或徘徊于某一水平（拉丁美洲的巴西、阿根廷、墨西哥等国家是典型代表）。尽管表述不一，但人均国民收入或人均 GDP 水平长期徘徊在某一范围难以突破是这一概念的基本落脚点。第二，"中等收入陷阱"是经济发展特定阶段的一种可能状态。不同经济发展阶段的经济体面临着不同的问题，处于低收入阶段的经济体面临陷入低收入陷阱的风险、高收入阶段的经济体面临陷入高收入陷阱的风险，处于中等收入阶段的经济体需要面对这个阶段特有的问题。如果处理得好，就可以顺利跨越"中等收入陷阱"，进入高收入阶段；如果处理得不好，就会落入"中等收入陷阱"。第三，"中等收入陷阱"是一种动态均衡状态或胶着状态。经济发展是其推动力量与阻碍力量对比的结果，当动力大于阻力，二者的合力表现为对经济发展的牵引力；当动力小于或等于阻力，经济则会长期徘徊停滞不前。随着经济体从低收入状态进入中等收入状态，要素与投资的驱动效应不断弱化，新的驱动尚未形成或尚不完善。与此同时，快速发展中积聚的经济社会矛盾集中爆发，由矛盾累积引发的发展阻力逐渐增强，当两种力量相当或当阻力大于动力时，经济发生停滞或倒退，陷入"中等收入陷阱"。第四，"中等收入陷阱"具有相对性。一方面，经济发展阶段的划分本身具有相对性，不同历史时期，中等收入阶段的标准不同。另一方面，以人均 GDP 或 GNP（gross national product，国民生产总值）保持在特定范围的时间长短作为判定一个经济体是否落入"中等收入陷阱"的标准，应该考虑人口规模的影响，即不同人口规模的经济体应该采用不同的时间标准。从当前的情况看，顺利跨越"中等收入陷阱"的都是人口很少的国家或地区，这些国家和地区提高人均经济发展水平的难度远远小于人口大国，用同样的标准判断一个人口大国是否陷入"中等收入陷阱"的合理性值得商榷。第五，理论上讲，经济体跨越"中等收入陷阱"可从增加经济发展动力和减小经济发展阻力两个方面入手，通过突破"中等收入均衡"，跨入更高级别的"高等收入均衡"。

增长中的作用没有得到充分发挥,包括农业转移人口在内的农业人口消费不足是重要原因之一。发达国家经验表明,人口城镇化是促进内需的有效途径,农村人口大规模的进城就业定居,其提升生活质量的内在需求将极大促进城市房地产、家装、家电、文化娱乐等行业的发展,为城市经济的可持续发展提供长期的、稳定的内需市场。而在"半市民化"模式下,转移劳动力的劳动收入有限,且无法享受与城镇居民等同的社会保障和社会福利,这些都会影响他们的消费倾向和储蓄倾向,进而影响国内总需求的扩张。

4. 容易引发政治风险

大量农业转移人口进入城市后,因无法真正融入城市社会而缺乏对城市的归属感,这个庞大的缺乏归属感的群体会成为城市发展、社会和谐稳定的隐患。对城市而言,如果农业转移人口的"半市民化"问题不能得到有效解决,将有可能如巴西、印度等国一样,演变为一个结构性问题,即"城市贫民窟"。当他们无业或失业又想留居城市,却无法获得相应的救济和保障时,就容易出现"自我救济式犯罪"。

第5章 农业转移人口"市民化"面临需求约束

"市民化"需求研究散见于"市民化"其他研究中，系统的理论与实证研究比较缺乏。廖丹清（2001）最早涉及农民迁移意愿研究，提出农民并非都希望做市民。国务院发展研究中心课题组等（2011）指出农民工"市民化"意愿强烈，但不愿意以"双放弃"换取城镇户籍。陈广桂（2009，2008）指出我国农民"市民化"整体意愿不高，现有制度框架下各主体利益博弈的结果是"农民工化"。

郑峰和陈学云（2014）指出，"市民化"有效需求由意愿和能力共同构成，各主体在"市民化"问题上的利益诉求不同，并提出"市民化"均衡点是存在的，且中央政府的政策偏向会使该均衡点移动。黄锟（2011）、周蕾等（2012）指出意愿和能力不匹配是人口城镇化的最大阻力。诸多研究表明，现有制度框架下，农业转移人口"市民化"的意愿与能力均不足。制度约束制约了各主体的"市民化"需求，最终都归结为对农业转移人口"市民化"意愿和能力的抑制两个方面。从制度功能看，制度规定了人们的行为框架，具有降低交易成本、激励收入分配（徐英吉，2008）和减少行为不确定性（李文祥，2008）等功能，但制度缺陷或缺位、制度变迁导致行为的不确定性损失（林梅湘，2008）。农业转移人口"市民化"进程的推进面临诸多制度约束，对各主体的"市民化"有效需求制约是根本——地方政府的"市民化"意愿与能力直接决定了市民待遇有效供给的数量、节奏和水平；进城农民的"市民化"意愿和能力则决定其市民待遇的有效需求水平。如何将"市民化"进程中的制度约束效应转换为激励效应关系到国家城镇化战略大局。

5.1 "市民化"意愿约束——收益最大化目标与风险厌恶冲突

一方面，城市经济以现代化大工业生产为主，劳动生产率较高，在经济发展过程中又可以通过获取廉价的农村劳动力资源获得超额利润，这些都有助于推动城市经济的持续快速增长，进而为农村转移劳动力提供更多的就业机会和更高的收入水平。以职业转换为核心的劳动力非农转移阶段，转移劳动力的选择以获取比较利益为出发点，以尽可能实现其即时性的收入为行动目标。城乡收入差距是促使农村劳动力向城市（镇）转移的直接原因。按照推-拉理论，转入地能够使转移劳动力生活改善的因素成为他们进入城市（镇）的主要拉力。诸多研究表明，进城后的生活水平[①]（熊波和石人炳，2009）、提高自身社会地位、子女成长发展前景等都是吸引农村劳动力向城市（镇）转移的重要因素（吴兴陆和亓名杰，2005）。另一方面，转移劳动力在分享城市经济社会及城市文明发展成果的同时，也会受到城市制度、社会文化等方面的冲击和排斥。高生活成本[②]（熊波和石人炳，2009）、失业风险、社会地位低下又会成为将农业转移人口推出城市的重要力量。对城市（镇）生活的向往与其转移到城市（镇）后对生计水平提升的信心不足成为农业转移人口"市民化"决策中面临的主要矛盾，这就使流动性成为农业转移人口乡城迁移的主要特征之一。相应地，转出地不利于生活条件改善的经济社会因素，如农业比较利益低、非农就业机会少、教育水平低等成为其进入城市的推动力量。农村生活的闲适、长期农村生活形成的社会网络等则形成其回流农村的重要力量。农业生产的季节性特征，农业比较利益低下为农村劳动力的非农转移提供了条件和动力，大量农村劳动力从报酬较低的农村农业向报酬较高的城镇非农产业转移，农民家庭总收入中非农就业收入的比重不断提升。尤其是近年来，非农收入水平直接决定了农民家庭的总体收入水平，农民收入对土地的依赖性不断降低，但这并不意味着农业转移人口愿意放弃农村土地使用权和承包经营权。周其仁（2004）认为土地使用者通过土地使用权获得收入是其放弃土地使用权的机会成本，来自转出地与转入地的推力和拉力的合力直接促成了该阶段劳动力的流动方向。

以户籍身份转换为核心的"市民化"阶段，农业转移人口的选择将从更长远的角度判断其转移价值，从更长的时间框架来计算自身的收益，以追求自我价值的长期最大化为目标做出更为理性的选择。对于追求效用或收益最大化的农村劳动力来说，是否转移、向哪里转移及以何种方式转移等决策都要受到该选择所获得的收益、必须支付的成本、不同转移方式下需要面临的风险等因素的共同影响，最终通过"成本—收益—风险"的比较做出选择。正如舒尔茨指出的，全世界的农民在处理成本、报酬和风险时是进行计算的"经济人"。Putterman 和 Chiacu（1994）指出，在劳动力市场不完善和非农就业机会有限的条件下，农村土地为农民充分利用家庭劳动力创造了条件。Roberts（1997）指出，为避免巨大的生存风险，"两栖"人口必然倾向于选择与土地保持永久联系。Giles（1998）则进一步指出，在丧失非农就业机会情况下农村土地更是一种保险。

发达国家经验表明，农民是风险回避者，在农业生产资料得到保障的情况下

[①] 熊波和石人炳的研究结果表明，生活水平远高于农村的进城农民工永久性迁移的意愿高达 50%，而目前生活水平与农村相当的只有 29.1%，前者有永久性迁移意愿的人数是后者的 5.984 倍。

[②] 居住成本是进城农民的主要成本之一，熊波和石人炳的研究结果表明，有稳定住所的农民工的永久性迁移意愿明显比较高，其中有自建住房或者已购住房的"市民化"意愿分别占该类别农民工总量的 66.7% 和 52.9%，租赁住房和住亲戚家的比重分别为 38.7% 和 38.6%，居住在工地工棚的仅为 27.1%。

他们不愿意进城成为市民接受竞争。风险回避、竞争回避等成为农民"市民化"选择的重要影响因素。风险与增量净收益变化成为农业转移人口"市民化"的核心决策因子——处于"半市民化"状态的农村劳动力因为有土地保障,其决策行为往往忽略了风险因素的影响。相对于"两栖"选择,进城农民的"市民化"选择则属于净收益基本稳定情况下的风险选择,目前的"市民化"政策虽然并不要求进城农民一定退出农村土地,但依附在农村户籍之上的集体成员权成为进城农民"市民化"选择的关键影响因素。集体成员权是农民拥有土地保障的根本依托,其他条件不变情况下,失去该依托的进城农民生计风险大大提升。农业转移人口退出农村、退出土地后能否获得稳定的高水平就业,"市民化"以后的绝对生计水平、相对生计水平,土地退出过程中能否获得足额补偿等都存在不确定性。事实上,当前农业转移人口面临较高的失业风险:城市就业本就存在不确定性,当前国际国内经济环境、转移劳动力自身教育、技能水平都加剧了转移劳动力在城市的就业风险。相对于城市(镇)原有市民,农业转移人口转换为新市民面临更多的风险及更弱的风险承受和风险规避能力,这些都会通过影响其预期收益而影响其转移决策。而且,转移劳动力城市就业期间普遍缺乏劳动合同保护和失业保障,不仅在有形和无形中提高了他们"市民化"选择的心理成本,也会在一定程度上降低其"市民化"选择的收益预期。

林海(2003)指出,利益是农民经济活动的动力,风险则是农民经济活动行为的阻力,农民经济行为的决策机制是在资金制约下的利益-风险机制。作为理性"经济人",农业转移人口的"市民化"意愿及迁移决策都取决于"市民化"净收益的大小。进城农民"市民化"的净收益等于"市民化"收益减去"市民化"成本后的余额。选择的不可逆性与收益的不确定性加剧了进城农民"市民化"选择的风险,避险需求下的进城农民会更倾向于通过兼业经营、调整家庭收入结构、保留农村土地来减少未来收益的不确定性。只有当可预见的净收益足够大时,进城农民工才会有强烈的迁移意愿,否则就会采取"两栖迁移"模式。随着户籍及相关制度改革的推进及劳动力市场供求格局的改变,农村劳动力转移成本不断下降,农业转移人口的城市生活能力在不断提升。但农业转移人口"市民化"仍面临诸多风险,主要包括城市就业风险及其本身就业能力形成的就业机会、就业质量的不确定性,土地社会保障功能丧失风险与城市社会保障供给数量和质量的不确定性,土地增值收益预期与土地退出机会成本提升风险,城市居住高生活成本风险等。这些风险使农业转移人口对"市民化"以后的城市就业与生活充满担忧。这种担忧一是源于对自身知识经验、经济条件、就业的实力与能力的信心不足;二是对国家相关政策及其持续性的担忧。这些担忧提高了他们对"市民化"以后生计水平变化及生活把控能力的不确定感,而且随着经济快速发展、城乡建设步伐不断加快及城乡利益格局的持续调整，农业户口及其土地权益背后的利益链不断延长，农民收入对土地依赖性的降低更多的只是激发农民的土地流转需求，而不是退出土地转移到城市（镇）成为市民的需求。在农村土地退出补偿机制尚不健全的情况下，农业转移人口不会轻易选择放弃农村的土地权益。

城市居民主要由雇主和城市政府提供医疗保险、社会保障及住房补贴等。在户籍制度改革取得突破性进展之前，城市居民仍享有进城农民无法享受的福利。这些以户籍为基础的城市福利安排将转移劳动力及其家庭随迁人口排除在外，绝大部分农业转移人口无法享受与市民相当的养老保险、失业保险和医疗保险等福利安排，仅由雇主而非城市政府提供有限的社会保障权利，而在很多情况下这些权利并不能或不愿被兑现。现阶段与城市户籍相关的主要是由城市政府提供的社会救助（如最低生活保障）、政府补贴住房（如公租房和廉租房）及子女在城市公立学校就学的机会等。城乡社会保障体系、保障制度的巨大差异也成为转移劳动力"市民化"选择的重要障碍，而目前的政策机制调整尚未做足准备。农村转移人口抵御失业和生计风险的能力很低，如果不能在较短的时间内重新就业，他们就会迫于生计而回到农村。

目前，中国农村社会保障体系主要包括农村社会救济、社会优抚、社会福利、社会互助、社会保险和农村居民最低生活保障制度（康文杰，2005）。目前，最低生活保障制度、养老保险制度和医疗保险制度是发展重点（陈艳，2004）。但是，由于农民的绝对和相对收入水平都比较低，基层政府财政紧张，农村社会保障的水平仍然非常低。农民仍然主要以自我保障为主（陈艳，2004）。调查表明[①]，90%的被调查者认为在农村主要由土地为其提供基本生活保障，45%的村民认为拥有土地才有安全感和归属感。农民进城后的社会保障体系，包括社会保险、社会救助和社会福利等主要组成部分。从目前转移劳动力的现状看，有些转移劳动力的基本工资难以保障，参加社会保险、享受社会福利等一系列社会保障更是无从谈起，农业转移人口社会保障制度缺失现象严重。多数农业转移人口被排除在城市（镇）福利体系之外，对现行社会保险制度缺乏信任。城市（镇）单位基于成本考虑也不愿主动承担这部分员工的社会保险义务，地方政府也基于投资环境等方面考虑不愿增加企业负担，相关社会保障制度门槛高、转移难等问题长期得不到解决。而城市工作的不稳定性、临时性和收入低等特点也使农民难以隔断与承包土地之间的"脐带"关系。在保留农村土地权益的基础上谋求更多的非农收入成为现行制度约束下农业转移人口的理性选择，是其在预期净收益和未来风险之间充分权衡后的理性决策。

郑州大学课题组的调研结果在一定程度上验证了如上判断，2016 年 1～2 月

---

① 2016 年 1 月 24 日～2 月 6 日河南省禹州市方岗镇杨庄村调查。

该课题组实地调研了永城市和许昌市辖下的 8 个村庄，获得有效问卷 822 份，并采用二元 Logistic 回归模型分析了"两栖"农民宅基地退出意愿及其主要影响因素，结果如下。

1）农村土地处置方案、目前对土地价值的看法、就业问题是最显著的三个因素。其中农村土地处置方案的回归系数为-1.076，sig 值为 0.000，Exp（B）优势比为 0.341，即农村土地处置方案与农民土地退出意愿呈明显负相关，表明农村土地处置方案多样化会削弱农民直接退出土地的意愿，土地补偿提高、土地流转、土地抛荒等都会降低其退出土地的可能性，但其他土地处置方案的优势比只有 0.341，说明农民在选择土地补偿、土地流转、土地抛荒来代替直接退出土地时没有明显的偏好差异。目前对土地价值的看法与农民退出土地意愿同样呈负相关，回归系数为-0.811，sig 值为 0.011，农民将土地视为基本生活保障和失业保障，因土地使用权而产生的归属感和安全感提高了他们对土地的重视程度，土地增值预期也使他们更倾向于选择保留而不是退出农村土地权益。就业问题的回归系数为-0.595，sig 值为 0.006，"两栖"农民实质上也是兼业农户，高水平的城镇非农就业有助于其放弃农村闲置或低收益的土地使用权，摆脱兼跨两种或多种身份和阶层的尴尬境界、结束"一家两制"，成为他们"永久性迁移"的重要动力。

2）住房成本、医疗问题、政策获知方式是影响农民土地退出决策的重要因素。住房成本、医疗问题的解决与"两栖"农民土地退出意愿呈较强的正相关，回归系数 B 分别为 0.468、0.332，Exp（B）优势比分别为 1.596 和 1.393，说明住房成本与医疗问题是影响农民土地退出意愿重要的因素，控制进城农民的居住成本、加快城乡医疗接轨是推动农民退出土地的关键因素。政策获知方式对"两栖"农民的土地退出意愿也有重要影响，回归系数为-0.440，sig 值为 0.006，村委会宣传、电视广播宣传与亲朋好友告知的口碑效应对"两栖"农民土地退出产生负面影响。说明通过这些途径获取的政策信息越多，"两栖"农民在土地退出决策中，针对不同宣传途径获取的补偿标准、利益分配等信息反而使他们更容易产生迟疑和犹豫。此外，对土地本身价值及其增值空间的认识也会影响其土地退出决策。

3）性别、年龄、受教育程度、家庭年收入、政策了解程度、其他因素对"两栖"农民是否选择退出土地影响不明显。原因可能如下：①"两栖"农民的土地退出意图通常需要以家庭为单位进行讨论和权衡，个人的性别、年龄在土地退出决策过程中不起决定性作用。无论教育程度高低，政府通过何种方式宣传，农民对土地重要性和升值空间都会有自己的认识。②养老问题、基本生活支出、退出政策执行、土地退出补偿金未来上涨的回归系数较小，说明相对于住房、就业和医疗问题，其他因素对"两栖"农民的土地退出决策影响相对较小。调查中笔者发现，土地退出意愿较强的农民多数有子女在城市安家，医疗和养老问题远不如青壮年就业、退出土地后的住房问题重要。"两栖"农民的养老通常依靠家庭养老，土地退出后也有可能实现城乡养老标准接轨或对接，基本生活开支、土地补偿短期内波动不大，对"两栖"农民家庭收入影响较小，也不构成农民土地退出决策的主要因素。后续对农民土地退出决策主要激励因素的调查进一步证明了前面的观点，其排序分别是以农村土地权益置换城市（镇）房屋（占比达 51.9%）、合适的土地退出补偿金（占比达 25.2%），而养老保障和医疗保障、子女因素的影响较小。调查结果表明建立畅通的农村退出机制及合理的土地承包经营权退出补偿机制和土地使用权流转的利益补偿机制，降低其土地退出环节的增值收益损失风险，将有助于提高农业转移人口土地退出的意愿，促进其割断与土地之间的"脐带"关系。

此外，市民待遇的有效供给不足也会影响农业转移人口的"市民化"有效需求。迁入地政府仅作为市民权利与待遇的供给方及"市民化"社会成本的主要承担者，其"市民化"需求被视为当然，"市民化"意愿和能力并未真正纳入现有研究视野。事实上，政府市民待遇供给决策也同样面临诸多的不确定性。相对于保持现状，增加市民待遇供给会造成地方政府施政成本的增长，而成本增长带来的收益增长具有很强的不确定性。而且，如果没有中央政府的财力和政策支持，现行分税制下的地方政府缺乏市民待遇供给的财力支撑和意愿，资源的有限性导致迁入地政府市民待遇供给的有限性。激励机制的缺失可能引发其趋利避害行为。陈义国和孙飞（2014）指出，政府一方面以土地市场垄断经营者身份获取微观个体参与城镇化生产的地租和税收；另一方面通过降低征地成本和公共品供给成本压低城镇化支出，这种趋利避害行为在降低城镇化质量的同时也损害了农民的利益。市民待遇供给不足又会进一步增加农业转移人口的"市民化"成本与收益风险，影响农业转移人口的前景预期，使其在行为上表现出异乎寻常的风险规避。

5.2 "市民化"能力约束——收入视角

刘治隆（2014）提出"市民化"能力包括经济承受能力、城市适应能力和制度保障能力。张国胜（2008）、黄锟（2011）、周蕾等（2012）提出意愿和能力不匹配是"市民化"的最大阻力，城市偏向的二元制度与过高的"市民化"成本导致了强意愿和低能力的对立。根据成本-收益分析（cost-benefit analysis）理论，各决策主体在做出决策或选择前要先衡量该决策或选择所需要付出的成本及所能够获得的收益，并通过成本和收益对比按照成本在一定情况下自身利益最大化或者收益在一定情况下的成本最小化原则做出选择。各主体的选择能力，以及对选择造成各方利益及利益格局的变动预期直接决定了"市民化"进程。

5.2.1 整个国民收入分配中居民收入分配比重较低

按照新剑桥学派经济学家卡尔多（Kaldor）的研究，随着经济的发展和投资的不断增加，国民收入分配将会越来越有利于资本要素而不利于劳动力要素，进而导致收入差距的不断扩大。中国的经济发展轨迹也表明劳动力在国民收入分配中的占比越来越低，农民纯收入占国民总收入的比重也在不断下降。2000~2016 年，政府财政收入在 GDP 中的占比由 13.35%增至 21.46%，而居民收入占比则从 46.91%降至 2013 年的 42.48%，之后又逐年提升至 45.65%。在发达国家，居民收入在 GDP 中占比一般为 50%~60%，其中美国居民收入占比 65%，日本为 60%，英国则高达 71%。我国居民收入在整个国民收入中占比较低的关键原因在于劳动报酬在初次分配中的比重过低。调查显示，我国劳动者报酬在国民收入分配格局中的地位不断下降，2017 年统计年鉴数据显示，2016 年地区生产总值收入法构成项目统计中，劳动者报酬占比最低的天津市只有 40.2%。而发达国家的劳动者报酬在 GDP 中的占比多在 50%以上（丛亚平和李长久，2010）。

5.2.2 农村居民未来收入水平预测

经过分析和试算，本书选择以增长率法进行预测。这种方法的基本思路是，根据城乡居民收入增长率的历史值来预测未来 10 年城乡居民收入的增长率水平，然后依据增长率的预测值计算城乡居民人均可支配收入，最后经计算得出农村居民相对收入水平的远期预测值。

1. 城镇居民人均可支配收入预测

对城镇居民人均可支配收入的预测可分为以下三种。

1）高位预测。假定目前城市倾向性政策惯性在 10 年内不会消失，中国整体经济形势不会发生大的变化，在多种力量的共同作用下，中国城镇居民人均可支配收入在 10 年内的年均增长率保持在其 1985 年以来的平均水平，即年均增长率为 12.88%，则 2023 年中国城镇居民人均可支配收入水平及城乡居民收入差距水平，具体如表 5-1 所示。

2）中位预测。假定目前城市倾向性政策惯性在 10 年内不会完全消失，中国整体经济增长速度放缓，在多种力量的共同作用下，中国城镇居民人均可支配收入在 10 年内的年均增长率保持在其 2013 年的增长率水平，即年均增长率为 9.7%，则 2023 年中国城镇居民人均可支配收入水平及城乡居民收入差距水平，具体如表 5-1。

3）低位预测。假定目前城市倾向性政策惯性在 10 年内完全得以扭转，中国整体经济增长速度放缓，经济增长率维持在 7%左右，在多种力量的共同作用下，中国城镇居民人均可支配收入在 10 年内的年均增长率与 GDP 增长率保持一致水平,即年均增长率为 7%,则 2023 年中国城镇居民人均可支配收入水平及城乡居民收入差距水平,具体如表 5-1 所示。

2. 农村居民人均纯收入预测

对农村居民人均纯收入的预测可分为以下三种。

1)高位预测。假定工业反哺农业、城市支持农村的发展战略都能够落到实处,目前城市倾向性的各种政策惯性在 10 年内得以扭转,各种支农政策在 10 年内不会发生变化,中国整体经济形势不会发生大的变化,在多种力量的共同作用下,农村居民人均纯收入 10 年内的年均增长率达到 2010 年以来城镇居民人均收入增长率的平均水平,即年均增长率为 14.44%,则 2023 年中国农村居民人均纯收入水平及城乡居民收入差距水平,具体如表 5-1 所示。

2)中位预测。假定目前城市倾向性的各种政策惯性在 10 年内不会完全消失,各种支农政策在 10 年内不会发生变化,中国整体经济形势不会发生大的变化,在多种力量的共同作用下,农村居民人均纯收入 10 年内的年均增长率达到 2000 年以来农村居民人均可支配收入增长率的平均水平,即年均增长率为 11.14%,则 2023 年中国农村居民人均纯收入水平及城乡居民收入差距水平,具体如表 5-1 所示。

3)低位预测。假定目前城市倾向性的各种政策惯性在 10 年内不会消失,各种支农政策在 10 年内不会发生变化,中国整体经济增长速度放缓,在多种力量的共同作用下,农村居民人均纯收入 10 年内的年均增长率与预计的 GDP 增长率持平,即年均增长率为 7%,则 2023 年中国农村居民人均纯收入水平及城乡居民收入差距水平,具体如表 5-1 所示。

表 5-1 不同情况下城乡居民收入差异系数预测值及得分情况

城镇居民人均可支配收入/元		农村居民人均纯收入/元		收入差异系数（相对收入水平）
高位预测	90 533.5	高位预测	29 878.9	3.03
		中位预测	25 579.9	3.54
		低位预测	17 499.8	5.17
中位预测	68 030.8	高位预测	29 878.9	2.28
		中位预测	25 579.9	2.66
		低位预测	17 499.8	3.89
低位预测	53 024.6	高位预测	29 878.9	1.77
		中位预测	25 579.9	2.07
		低位预测	17 499.8	3.03

从表 5-1 可以看出，当城镇居民人均可支配收入处于高位预测水平时，只有农村居民人均纯收入也处于高位预测水平，农村居民相对收入水平才最高。在九种不同的预测方案中，笔者更倾向于第五种方案，即城乡居民收入均处于中位预测水平，城乡居民收入差异系数在 2.66 左右，该判断主要基于如下两个理由。

1）一方面，未来 10 年中国城镇居民人均可支配收入一直保持高增长速度的可能性不大，具体原因如下：一是城镇居民人均可支配收入已经经历多年的高速增长，再持续高速增长的空间有限；二是前面的分析表明，居民收入与国家整体经济增长水平密切相关，中国整体经济发展水平和城镇居民人均可支配收入基数已经达到一定高度，继续保持高速增长的难度加大；三是中国国际化程度的提高，使中国经济增长面临的不确定因素更多，受国际经济增长态势的影响更大，居民收入作为国家收入分配的一部分，其增长速度会在一定程度上受到国家经济增长速度的影响。另一方面，城镇居民人均可支配收入增长速度快速回落的可能性也不大。基于中国目前面临的国际国内形势，其未来 10 年的经济增长速度较目前会有所回落，但增长的态势不会改变。而且，拉动一国经济增长的"三驾马车"中，投资和出口对中国经济增长的拉动潜力已经基本达到极致，且负面影响已经显现，消费对中国经济增长的作用还未达到其应有的水平，为了保证国家经济发展的平稳性，国家有可能会逐步提高居民收入在国家收入分配中所占的比重，以刺激消费。

2）一方面，虽然社会各界都已经认识到城乡协调发展的重要性，国家也制定了一系列支持乡村发展和农村居民增收的政策，但中国乡村人口的绝对数量及其占全国总人口的比重、农村居民收入能力提高的长期性、国家整体经济发展的态势决定了农村居民人均纯收入持续高速增长的难度也比较大。另一方面，考虑到城乡协调发展的经济与社会效应，国家不会任由农村居民人均纯收入持续低增长，加上农村居民自身发展意识的觉醒、城镇化水平的不断提高，农村居民人均纯收入在未来 10 年内处于中位预测水平的可能性要大一些。

实践中，发达市场经济国家农业和农民受到保护成为一种常态，而许多发展中国家的农民却不得不面临"城市偏向"的城乡关系（Yamazawa，1987）。这种城市偏向的城乡关系与形成并巩固这一关系的政策与制度体系造成的城乡收入差距是发展中国家普遍存在的现象。以库兹涅茨为代表的学者提出，收入分配不平等将伴随经济增长轨迹呈倒"U"形变动，在经济增长早期阶段迅速扩大，之后是短暂稳定，在增长的后期收入差距逐渐缩小。该理论是很多当政者的重要施政依据。笔者曾经对联合国开发计划署《2001 年人类发展报告》《2007 年人类发展报告》中基尼系数数据进行整理分析，结果表明，人均 GDP 水平较高的国家（按折合成美元的购买力平价计）的基尼系数并不明显低于人均 GDP 水平低的国家，即收入差距并没有随着经济发展水平的发展而呈自然缩小趋势。因而，促进经济增长不应继续成为解决收入分配问题上不作为的理由。相反，国家应该通过制度和政策设计，让农村居民与城镇居民一起分享经济发展的成果。中国居民收入差距的大格局与国家发展战略及与之相关的政策措施密切相关。而且，这种存在差异的收入格局不会随着经济发展水平的提高而自动缩小，相反，它会随着积累因果效应的作用而逐步扩大（相应的计量分析结果也表明，居民收入差距具有强自回归特征）。因此，缩小收入差距要从国家发展战略及相关政策的调整入手。

2004 年以来，国家为农村居民收入的提升做了多方面的努力，但该差距依然远远超过国际平均水平，虽然相对差距呈现缓慢下降趋势，但绝对差距仍在不断扩大。卢向虎等（2006）提出城乡收入差距的扩大及城市就业压力阻碍了农村人口的"市民化"进程。吴业苗（2010）提出城乡差异提高了"市民化"的成本。长期以来的城市偏向性政策及其实施惯性彻底解决该问题的重点难点，如何弱化、消除这些政策及其惯性的影响，尽可能地让城乡居民共同分享改革成果，进而保证中国经济、社会的稳定、协调发展成为政府推动城镇化进程的主要任务之一。

逆转性政策的实施是解决该问题的理论方案之一。一方面，我国农村居民相对收入长期处于劣势地位，妨碍了城乡经济社会资源的合理配置，影响了城乡经济均衡而高效地发展。另一方面，长期不符合社会公平原则的收益分配制度与分配格局，容易引发社会不稳定因素的滋生蔓延，甚至引起社会动荡。因此，通过改变城市偏向的制度与政策环境提升农村居民纯收入已成为改善城乡关系，维持中国经济社会稳定健康发展的当务之急。

西方经济理论对城市倾向性政策的形成原因进行了大量研究，笔者主要从两个角度展开分析：一是从国家工业化战略目标的实现及其路径角度解释（Krueger，et al.，1991）；二是城市阶层在政治上的过大影响力（Mazrui，1977）及农民人数众多但政治影响力微弱的所谓"数量悖论"（Olson，1971）。而城市偏向性政策的转变关键在于农民人数的大幅度减少，以及城市居民占人口比重的提高（Anderson and Hayami，1986）。从统计数据看，城乡居民间及城乡居民内部的收入分化加剧了对农村转移劳动力的"市民化"能力的抑制。以 2016 年国家统计局公布的数据为例，五等份分组中 20% 的农村高收入户人均纯收入为 28 480.0 元，相当于同期城镇居民中等收入户人均可支配收入的 90%、中等偏上户的 68% 和高收入户的40.4%；20% 农村中等偏上户人均纯收入为 15 727.4 元，相当于同期城镇中等偏下户的 68%、中等户的 49.9%、中等偏上户的 37.6%、高收入户的 22.4%。这就意味着，举家进城后，只有 20% 的农村高收入群体的生活水平能与城市（镇）一般居民生活水平持平，剩余 80% 的农民进城后的相对收入水平低于城市（镇）一般水平。由中国信息报、国家统计局新闻中心和新华网共同开展的《2010 年最受关注的统计数据问卷调查》结果表明，对城镇居民人均可支配收入及其收入增长速度、城镇居民人均消费性支出及其支出增长速度的关注排在最受关注问题的第四位和第七位，而农民人均纯收入及其收入增长速度、农村居民人均生活消费现金支出及其支出增长速度分别位于第七位和第八位，表明城乡居民收入成为网民最关注的数据之一。对于关注绝对收入水平和相对收入水平的进城农民而言，提高其就业的稳定性和收入水平是使其真正脱离农村进入城市（镇）成为市民的重要推动力量。

综上，"市民化"是迁移主体净收益与风险综合平衡后的理性决策，农业转移人口自身的意愿和能力则决定其"市民化"的有效需求水平。就业与城市生活能力不足成为"市民化"的内在关键性障碍。农业转移人口"市民化"陷入由市民待遇供给不足到"市民化"对进城农民拉力不足的制度困境，强行推动可能出现城市新二元社会并引发城市问题。中国农村居民的绝对收入与相对收入格局与国家发展战略及与之相关的政策措施密切相关。而且，这种存在差异的收入格局不会随着经济发展水平的提高而自动缩小，相反，它会随着积累因果效应的作用而逐步扩大。

5.3　"市民化"能力约束——成本视角

周小刚（2010）将"市民化"成本分为两类：社会公共成本和个人成本。中国科学院《2005 中国可持续发展战略报告》也将"市民化"成本划分为个人发展成本和公共发展成本两个部分（牛文元，2009）。总体看，目前对中国农业转移人口"市民化"成本的估计很多，但由于不同研究者采用的测算方法和依据各不相同，结果差异也很大。《2013 城市蓝皮书》指出，预计到 2030 年城镇化率将达到68%左右，2020 年之前全国大约 3 亿、2030 年之前大约有 3.9 亿农业转移人口需要实现"市民化"。2012 年东部、中部、西部地区农业转移人口"市民化"的人均公共成本分别为 17.6 万元、10.4 万元和 10.6 万元，全国平均为 13.1 万元。要解决 3.9 亿人的"市民化"问题，政府公共成本需要支出约 51.1 万亿元。

5.3.1　"市民化"的社会成本及其约束机制

大量农业转移人口进入城市，必然对城市交通、住房、医疗等公共服务和基础设施带来巨大的压力，推动城镇化扩张（刘怀廉，2004）。孙瑞玲（2008）认为，城乡二元户籍制度导致农民在就业、教育、医疗、住房、子女入学等方面不能与城镇居民享受同等待遇，使农地负担起农民的各项社会保障功能，要促进农业劳动力的彻底转移，实现土地资源的高效配置，就应逐步将土地保障转变为社会保障。农业转移人口不能成为这些成本的完全承担者，其中相当一部分需要作为社会成本由多主体共同分担。

1. "市民化"社会成本

本书中的"市民化"社会成本主要是指每增加一个新市民，政府需要投入的成本额度。新增基础设施投资建设成本和社会保障成本是"市民化"社会成本的主要构成部分。城市（镇）新增基础设施建设成本指为满足新市民在城市（镇）的物质生产和正常生活需要，造成的城市各项基础设施建设投资成本及为解决这些城市新增人口就业问题所产生的投资成本。考虑到数据的可得性，本书将年固定资产投资扣除房地产投资后的余额视为城市基础设施建设成本。新市民的急速增加将导致城市尤其是大城市基础设施、土地、水及公共服务等资源紧张，不断挑战城市承载能力，也严重影响城市政府的"市民化"条件供给能力。这也使大部分农业转移人口占比较高的大城市户籍制度改革并不明显，获取城市（镇）户籍的门槛依然很高。2014 年 7 月，《国务院关于进一步推进户籍制度改革的意见》出台，明确指出要取消农业户口与非农业户口性质，区分和由此衍生的蓝印户口等户口类型，统一登记为"居民户口"。

社会保障成本指政府为农业转移人口"市民化"转型后享有的基本养老、医疗、失业等保障所必须投入的最低成本。现行城市（镇）社会保障体系仅涉及城市（镇）户籍人口，城乡社会保障差异决定了农业转移人口实现"市民化"转型的社会保障成本水平。《中国城市发展报告 2012》指出，今后 20 年内中国将有 4 亿～5 亿农民需要实现"市民化"，仅解决社会保障和公共服务的成本至少人均 10 万元（《中国城市发展报告》编委会，2013）；"市民化"进程中的社会成本根源于长期以来转移劳动力劳动的制度性贬值与基本权利尤其是发展权的缺失，具有动态累积特征（张国胜和陈瑛，2013），需要中央政府给予一定支持。

2. "市民化"社会成本约束机制

总体看，中国目前的农业人口乡城转移以市场调节为主，但迁入地政府的态度和行为无疑是农业转移人口"市民化"决策的重要影响因素。

依据哈里斯-托达罗模型，如果决策主体的预期收益大于预期成本，则倾向于做出正向选择，反之做出逆向选择。中国的干部任期制决定了政府官员的决策很难从脱离其任期的长远角度考虑。迁入地政府在衡量为新市民提供市民待遇的供给问题时，其参照系是农业转移人口保持"两栖迁移"状态而非劳动力进入城市前的状态。从短期看，相对于让其保持"两栖迁移"状态，提供"市民化"支持性政策和制度的收益并不明显，但预期成本（包括直接成本和间接成本①）的增加将会非常明显。在这种情况下的结果是显而易见的，即对迁入地政府而言，"市民化"的预期收益是小于预期成本的。这种背景下的"市民化"决策中，追求更高政绩水平的迁入地政府将会因其需要支付的预期成本而缺乏必要的供给动机。只有改变"市民化"进程中迁入地政府需要承担的成本与预期收益的对比关系才能从根本上提高迁入地政府的"市民化"动力和积极性。

（1）迁入地政府的"市民化"条件供给动机

按照古典经济学相关理论，政府应扮演好"守夜人"的角色，不应过多干预经济。但是，市场经济体制本身有诸多不完善之处，而中国市场经济体制则是从高度集权的计划经济体制转型而来的，城市倾向性制度规则仍处于深度变革之中，城市原有制度及其执行过程中的强大惯性，使迁入地政府行为具有高度的路径依赖特征，"越位、错位、缺位"现象时有发生。理论上，作为劳动力市场中的第三方，政府的主要职责是做好劳资双方的行为监督者、纠纷协调者。但是，作为利益最大化的追求者，各利益主体的选择总会以寻求最高水平的预期收益和最低水平的预期成本为目标。在政府机构的实际运行中，往往会利用其本身的权力谋求自身利益最大化，公共政策的制定、执行是多元利益主体利益最大化博弈、选择的结果，每一种公共政策都有其价值倾向性。其中，政府作为农业转移人口"市民化"进程中的一个重要利益主体，也具备"经济人"的行为动机，它们在公共政策的制定、执行过程中也会以追求自身利益最大化为目标。相对于能够快速拉动经济增长的投资要素，劳动力要素的吸引力非常有限，各地政府会积极推行土地、税收等各种优惠政策来吸引投资方，却很少愿意为了留住劳动力而为农业转移人口提供市民同等待遇。当前的行政管理体制和官员考核体系是主要原因之一。当地经济发展水平和登记失业率是政府业绩考核的核心指标，经济增长率和登记失业率水平都将影响官员政绩。截至目前，农业转移人口并未纳入当地人均 GDP 和登记失业的统计范畴，其就业与否及收入水平的高低对官员政绩影响不大。而且，作为外来人口，他们缺乏市民那样有多重利益表达渠道去影响政府决策的能力。因此，在行政管理体制和官员业绩考核体系不发生重大变革情况下，提升当地经济发展水平、降低登记失业率的核心目标不会改变，无论是允许农业转移人口进城就业还是区别于城市原有市民的管理方式无不服务于这一目标。

基于如上原因，迁入地政府缺乏强有力的动机去为农业转移人口"市民化"提供条件，保持农业转移人口的"两栖迁移"状态成为其最优选择，既可以利用

① 迁入地政府在农业转移人口"市民化"过程中需要承担的成本主要包括直接成本和间接成本。直接成本是指迁入地政府需要通过财政支出直接支付的城市人口扩容支出的总和。间接成本则是指迁入地政府为了降低农业转移人口"市民化"对迁入地的政治、社会、生态等环境造成的负面影响而不得不支付的成本总和。

他们的劳动能力发展经济，又不需要为其提供市民同等福利待遇而支付额外的成本。从决策的成本-收益角度分析，如果农业转移人口"市民化"条件供给的预期收益大于成本，迁入地政府的政策指向应是积极的。如何充分挖掘农业转移人口"市民化"的潜在收益，提高迁入地政府的"市民化"条件供给和出台支持性政策是关键。

（2）迁入地政府的"市民化"条件供给能力

"市民化"条件供给能力以财政支付能力为基础。二元经济体制下，政府在城乡居民住房、就业、教育及医疗方面的投入差异很大，迁入地政府遇到的核心问题是让"市民化"后的农业转移人口，即新市民获得相应的市民权利和福利权益。在这个过程中，要求政府财政在保证新市民福利待遇的同时又不能降低原城市居民的福利水平。但让所有新市民享有与原市民同等的公共服务和社会保障待遇需要付出巨大的成本和投入资金。由于政府的实际支出难以准确把握，对"市民化"社会成本的估计更多地只能依靠有限的公开资料，不同研究者的估算结果差异较大。例如，国务院发展研究中心（2011）对重庆、武汉、郑州和嘉兴四市的"市民化"成本进行实地调研，结果显示一个典型农民工"市民化"（包括相应的抚养人口）所需的公共支出成本在 8 万元左右。张国胜和杨先明（2008）测算出沿海地区转移劳动力"市民化"的社会成本分别为 10 万元和 9 万元，内陆地区"市民化"的社会成本分别为 6 万元和 5 万元。王美艳和蔡昉（2008）的研究表明，当前地方政府的财政能力和公共福利体系，无法承担户籍制度改革中改变户籍内生福利差别的成本。在长期积累中不断被推高的社会成本使迁入地政府面临巨大挑战：一方面，他们希望获得推动城市（镇）发展的稳定的高水平劳动力支撑；另一方面，在激励不足的情况下，又不愿意或者无力承担人口增加导致的城市运营成本的增加。

从上面的分析可以看出，无论采用哪种估算方法，农业转移人口的"市民化"条件供给都意味着迁入地政府财政支出的相应增加。实行分税制以来，地方政府的财权与事权不匹配问题一直是地方政府施政不得不面临的主要问题之一。在施政条件不变的情况下，"市民化"条件供给可能会使迁入地政府面临更大的城市运营压力，主要有以下几点。

1）迁入地政府可能不得不面临更大的财政压力。如果中央政府没有相应的财政转移支付及政策倾斜，则意味着迁入地政府要以来源不变的财政收入支撑更多人口的基础设施和福利供给，这无疑会增加迁入地政府的财政压力。张国胜（2009）、刘亚楠（2010）等人的研究表明，因为政府担心无力承担农业转移人口"市民化"社会成本，户籍制度、就业制度、社会保障制度与城乡土地制度等制度变革才被延缓。

2）迁入地政府可能面临更大的施政压力。具体表现为以下几点。

① 来自迁入地原有市民的压力。相对于农业转移人口和新市民，原城市（镇）户籍人口天然享有城市（镇）养老、住房、医疗、教育等远远优于农村的公共资源和社会福利，在劳动力市场上也有天然的竞争优势，是现有户籍制度的绝对受益者。农业转移人口通过户籍制度改革成为新市民，意味着要和原有市民共享这些优质的物质资源、福利条件和就业机会，甚至影响原有市民的生活和福利。作为城市（镇）主人，原有市民可以通过各种途径表达自己的利益诉求甚至参与并影响政府决策。如果没有来自中央政府的转移支付或政策支持，迁入地政府要为农业转移人口提供等同于市民的福利待遇，将不得不把原本要用于提高和改善城市（镇）原有市民生活质量的资金转移给新市民。一旦他们作为既得利益者的生活质量提升需求受到影响，如就业机会减少、道路拥挤、优质教育资源紧张等，就可能给迁入地政府施加压力，以延缓或控制农业转移人口的"市民化"进程。

② 来自本地企业的压力。作为理性"经济人"，企业以追求利润最大化为目标，即追求以尽可能少的投入获得尽可能多的产出。对于企业而言，农业转移人口保持"两栖迁移"状态更有助于维持其低成本运行。相对于市民，农业转移人口的社会保障意识薄弱，就业的非稳定性及当前社会保障体系自身的缺陷又进一步降低了他们的社会保障意愿，从而降低了企业的社会保障支出和用工成本。"市民化"不仅会提高农业转移人口就业和生活的稳定性，也会在一定程度上增强其参与社会保障的意识，至少在短期内，这些因素将在一定程度上提高企业的用工成本。作为地方经济发展的基本单位，企业尤其是在地方经济发展中贡献较大的企业往往在政府中有更大的话语权，一旦制度或政策变革可能增加其运营成本，他们便会运用话语权向政府施加压力。

③ 来自新市民的新增压力。以就业管理压力为例，"市民化"之前的农业转移人口主要通过市场调节，就业地点决定居住地点，若一定时间内无法就业就会自动流出，其就业状况并不纳入迁入地政府的业绩考核范畴。"市民化"后，这部分人的就业就被纳入迁入地政府的管理范畴，其失业状况也会纳入当地政府的业绩考核。

3）迁入地政府可能面临更大的社会稳定压力。如果城市经济运行及政府财力无法为新增市民提供足够的支撑，原本的城乡居民收入差距将内化为城市（镇）内部收入差距，"市民化"后的农业转移人口转变为城市新贫民，城市贫困率被动提升，严重的可能形成城市贫民区，造成更多社会治安隐患。

（3）政绩考核和财政支付能力双重约束下的迁入地"市民化"条件供给

在政绩考核和财政支付能力双重约束下，迁入地政府的"市民化"条件供给有其自身的目标函数。一方面，作为自身利益最大化追求者，迁入地政府的公共决策目标主要有两个：一是通过追求财政收入的增加实现施政能力提升；二是通过公共决策获得更多市民的认可。对于工作、生活在城市（镇）的农业转移人口，无论他们是选择"两栖迁移"状态，还是通过"市民化"实现永久性转移，都不会影响迁入地政府的财政收入水平。另一方面，按照辖区管理原则，迁入地政府只需对现有市民负责，公共政策的制定和执行以现有市民的需求为准，即迁入地政府与市民存在核心利益的一致性，因此政策制定和执行过程的市民倾向性不可避免，对户籍制度改革及农业转移人口"市民化"条件供给的动力不足。更多的迁入地政府基于利益权衡更倾向于选择"经济接纳，社会拒入"的做法，在公共政策制定和执行中选择"市民化"条件供给的不作为甚至排斥和抑制策略。《财经国家周刊》在 2012 年对 8 个具有代表性的省份的调研结果表明，户籍制度改革几乎遭到市长的反对（胡平和杨羽宇，2014）。

随着中国城镇化进程的加快，农业转移人口数量持续增加，当前的财政体制安排使城市（镇）政府缺乏为转移劳动力及其家属提供社会保障福利的能力、动力和意愿，只负责为有当地户籍的城市（镇）人口提供基本社会保障、政府补贴住房（如公租房和廉租房）和子女就学等一系列安排，没有城市（镇）户籍意味着转移劳动力无法获取这些与城市（镇）户籍挂钩的社会救助（如最低生活保障）、政府补贴住房及子女在城市（镇）公立学校就学的机会。迁入地政府在"市民化"相关制度变革中缺乏主动性，相应的政策措施也缺乏必要的整体性和前瞻性，直接的表现是基础设施、城乡社会保障对接的投入等市民待遇供给不足。

5.3.2 "市民化"的私人成本及其约束机制

由于收入水平及就业的稳定性相对较低，加上无法获得城市（镇）户籍附属的就业、住房、社会保障、教育及其他福利，农业转移人口的城市生活开支等私人成本与其经济承受能力差距巨大。而且，农业转移人口进城后的居住、交通、获取就业信息、就业培训等费用高企，近八成的被调查者认为目前的收入难以满足自身的消费需求。郑州大学课题组 2016 年 1~2 月的调研结果表明，相当一部分村民认为，生活成本是影响其"市民化"选择的重要因素之一。如果生活在农村成本很低，吃的是自己种的粮食和蔬菜，住的是自己的房子不用缴纳物业费和租金，生活成本接近零；如果居住在城市，有可能难以找到工作，吃饭、居住等基本生活都是问题。具体而言，"市民化"私人成本主要包括以下几个方面。

1）城市（镇）住房成本，即为保障农业转移人口"市民化"后的城市安居所必需的最低资金投入。在城市（镇）拥有稳定居所是农业转移人口"市民化"的基础性条件，而要获得城市（镇）稳定住房需要支付远高于农村的成本，也是农业转移人口"市民化"选择的主要障碍之一。关于"市民化"的住房成本不同学者的看法也不同。有学者提出"市民化"住房成本指农业转移人口为获得城市平均住房面积所必须支付的房租,而非相应面积的购房价格,有学者的看法则正好相反。还有学者认为"市民化"住房成本应该是城市人均住房成本。事实上,让所有农业转移人口在短期内都拥有与城市(镇)原有市民相同标准的自有住房缺乏经济支撑。徐爱东和吴国锋(2015)以重庆市为例展开的研究表明,农业转移人口"市民化"购买城市(镇)住房的成本远高于其在农村的建房成本,需要其至少在城市奋斗 15 年。刘俊博和李晓阳(2013)的研究表明,按重庆市农村土地交易所的地票交易市场价计算,转户农民若整户放弃宅基地将获得 12 万左右的补偿,尚不足以买下市区一套 50 平方米的房子。因而,笔者认为中国"市民化"的人均居住成本要分情况讨论。如果允许"市民化"的实现可以不必以土地使用权、土地承包经营权的退出为代价,短期内"市民化"的人均居住成本可以仅考虑人均房租;如果市民权利的获得必须以农村土地权利退出为代价,在城市(镇)购置自有住房所需成本就会成为"市民化"的必须成本。调查结果也支持笔者的观点,80%左右的受访者认为,城市(镇)房价及其他生活成本太高,如果能够用自己退出的宅基地在城市(镇)置换一套住房或可以考虑。住房和城乡建设部的调查表明,76.2%的转移劳动力可以承受的月租金为 100~300 元(韩长斌,2010),这样的住房成本承受力或许更支持"带土进城"的改革模式。此外,绝大多数工作生活在城市(镇)的农业转移人口短期内无法享受政府为城市低收入群体提供的廉租房等保障性住房,以"市民化"相关体制改革走在前列的重庆为例,截至 2012 年 9 月,仅有 5%左右的新市民申请到公租房,让更多农业转移人口可以享受价格相对较低的廉租房或许是更为现实的选择。2016 年,进城农民工中租房居住的占比为 62.4%,其中租赁私房的农民工占比为 61%,购买保障性住房和租赁公租房的农民工不足 3%。

2)城市生活成本。本书用城乡居民人均消费支出差额来表示新市民因"市民化"而增加的生活成本。以郑州市为例,2017 年城乡居民人均消费支出分别为24 973 元和 14 849 元,农业转移人口"市民化"将导致新市民当年生活成本人均增加 10 124 元。

3)机会成本。农村土地权益被看作是农民的一项资产,农业转移人口"市民化"选择是否要以丧失农村土地使用权、承包经营权为代价是影响其选择的关键因素。现有农村土地使用权和承包经营权是农村转移劳动力及其家庭成员基于村集体成员权而享有的权利,是绝大多数农民享有的最大资产,是他们抵御生计风险的最后屏障。现有制度环境制约了该权利在市场上的自由转让或流转,无法或很难快速有效地变现。在农村土地市场机制不完善的情况下,有学者保守估计农用地影子价格能维持在 3 300~5 000 元/亩(姚洋,2004)。经济发展与城镇化进程的推进、城乡土地制度不断完善、财政支农力度的加大等诸多原因不断推升农业转移人口对农村土地增值的预期。这种预期越高，以放弃农村土地使用权和承包经营权为代价的"市民化"机会成本就会越高。郑州大学课题组 2016 年 1~2 月的调研表明，不清楚当前国家政策会影响村民的认知机会成本。调查中，部分村民表示并不在乎土地补偿多少，拥有土地就等于拥有"定心丸"。问题在于多数村民对国家相关政策的认识模糊或者根本没认识——70%的被调查者表示从未听说过土地退出政策，剩余的 30%则表示，从电视广播或是移动媒介上听到或者看到过，但是具体内容根本不了解。这就容易造成他们对农村退出环节机会成本的错误认知或者认知误差。以宅基地为例，目前农村宅基地退出补偿主要有一次性现金补偿和实物补偿（可以以农村宅基地置换城镇住房）两种，对于前者，不少村民表示对一次性现金补偿的担忧——钱总有花完的时候，如果花完了怎么办？还有村民对宅基地置换城镇住房模式提出异议，他们认为，农村宅基地的使用期限是永久的，但城市（镇）住房只有 70 年产权，到期了怎么办？[①]这种错误认知也会在一定程度上影响农业转移人口的"市民化"选择。

综合来看，制度与成本约束下的迁入地政府的"市民化"行为响应能力有限，"市民化"支持性制度供给不足，表现为附条件与不完全的市民待遇供给，无形中又抬高了"市民化"门槛，成为"市民化"有效需求的抑制因素。

5.4　能力不足背景下的"市民化"可能带来的社会风险

一方面，在收入和成本分担问题尚未根本解决的情况下，农业转移人口的收入、财富及"市民化"成本负担能力均处于弱势，在经济快速增长期，这种收入劣势不会影响农民的进城选择，但是经济增长速度放缓是新常态下中国经济的重要特征之一。受国外经济大环境的影响，企业的不景气造成城市失业人口增多，这会在一定程度上影响农业转移人口的期望收入进而影响其进城选择。另一方面，留在城市（镇）的农业转移人口可能形成新的城市风险因素。大多数实证研究成果得出了相同的结论，如 Hsieh 和 Pugh（1992），Keefer 和 Knack（2000）、Alesina 和 Perotti（1992）、Bourguignon（2010，2000）、Cerro 和 Meloni（2000）、Fajnzylber 等（2002）、Saridakis（2004）、Nilsson（2004）、Heinemann 和 Verner（2006）、胡联合等（2005）、黄少安和陈屹立（2006）、田鹤城等（2009）、陈春良和易君健（2009）

---

① 2017 年 3 月 15 日的全国两会记者会上，国务院总理李克强明确表示，70 年住宅土地使用权到期后可以续期，无须申请，没有前置条件，也不影响交易。

等。与城市（镇）原有市民相比，他们在绝对收入水平与相对收入水平及财富水平上处于劣势，当经济环境变化造成相对剥夺感上升等状况时，容易形成对抗性社会心理并从一定程度上促进犯罪。而且，伴随城镇化进程的加快，大量农村居民涌入城市（镇），成为新的城市（镇）贫困阶层，马太效应将扩大新一轮的收入差距。逐渐拉大的收入差距会逐渐推动社会的两极化发展，贫困率增加、失业率居高不下及社会分层的板结化水平不断提升。当阶层间的矛盾集结到一定程度，而政府的经济、法律等手段无法有效解决问题时，运用暴力手段来对社会财富进行重新分配的概率就会大幅度提升。

第 6 章　劳动力转移的制度制约与"市民化"需求约束机制

　　研究中国农村劳动力转移问题不能脱离其特定的制度和社会背景，转移劳动力面临的制度环境不仅体现为激励-约束关系，还会通过认知过程影响进城农民的内在信念而改变其选择参照系，并对其决策及行为发挥重要作用。郑风田（2000）提出制度理性假说，首次将制度纳入农民经济理性分析框架内，并指出不适宜的制度会引起农民的非理性行为。孙圣民（2014）提出，农民贫困的实质是制度性贫困，实现统筹城乡发展必须根除制度性贫困。

　　长期的城乡二元制度及一系列城市倾向性的公共政策形成了中国特有的城乡二元经济社会结构，成为影响劳动力迁移决策与迁移行为的重要因素。首先，农村劳动力所处的具体生存环境对其转移决策有着重要影响。农村人多地少、农业投入不足、长期收入低下会影响农民的自我认知，使其形成较低的生活目标和行动目标，并逐步形成行为参照依赖。城乡二元制度造成的城乡收入差距推动农村劳动力从农村转移到城市，而城市的社会歧视和排斥也对农业转移人口进入劳动力市场形成巨大的排斥力。长此以往，外部约束逐渐被内化为农业转移人口的自身意识，将其境遇归为自身素质与能力低下，并形成极低的权利和自我价值认知，导致其仍然将农村作为行为参照系，形成身份的刚性和世袭制（余红，2004）。

　　国内学者普遍将城乡二元制度看作制约"市民化"进程的主要障碍，其中影响最大的是二元户籍制度，如邓英淘（1993）认为户口等相关制度安排是造成大量农民工移而不迁的最重要原因。杨云彦（1996）也提出，非正式迁移人口的存在完全是政策选择的结果，户口则是这种选择的手段。蔡昉（2001b）等指出传统发展战略及户籍制度限制了劳动力的转移行为。王春光（2006）曾指出，长期的制度冲突会使"半城市化"成为一种坚固的结构性现象，而且不断复制。俞可平（2010）认为，许多农业转移人口没有成为城市（镇）户籍居民，并不是他们自己的意愿，而是社会制度环境旳阻碍。户籍、土地、就业、社会保障等制度共同构成了中国农业转移人口"市民化"的障碍，而现有社会政策尚不足以破除城市二元体制和"各自为政"的地方行政管理体制（陈藻，2013）。熊易寒（2012）指出城市把乡城迁移者当作劳动主体、消费主体而非政治主体、权利主体，用"流动人口"而不是"城市新移民"来指代这一群体，逐渐形成了乡城迁移者的"半城市化"模式（陈藻，2013）。城市对于乡城迁移者在经济上加以吸纳，在政治上加以排斥，使其不能享有城市公民或当地村民的各项权利。张卫（2013）指出城乡二元利益与制度格局形成农民"永久性迁移"的阻力。现有研究的梳理表明，农业转移人口"两栖迁移"模式与我国的城乡二元制度密切相关。

林毅夫等（1994）用中国经验论证了发展中国家城市偏向性政策的内生性。城乡分割的二元制度体系逐渐演化为实质上的利益分配机制，这种城市偏向性政策及其执行惯性是城乡差距形成并不断扩大的最重要推动力量。而且，在其具体执行过程中城市居民还会运用其强大的政治影响力继续维系或进一步强化这种偏向性政策。一方面，不断拉大的城乡差距成为对农村劳动力乡城迁移的巨大动力；另一方面，也是将进城农民推向贫困与弱势边缘的重要推动力量。总体上，户籍制度、公共服务制度的城乡差距及农村土地制度是农业转移人口职业身份转换与户籍身份"市民化"脱节的制度背景，也是其"半市民化"选择的根本原因。

6.1　农业转移人口城市进入环节的户籍制约

诸多研究表明，中国农村劳动力转移第一阶段基本完成，第二阶段即"市民化"环节成效并不显著，这与中国二元户籍管理制度密切相关，附着在户籍制度上的住房、社会保障、教育等福利待遇的剥离困难是根本原因。蔡昉和都阳（2003）指出，尚未根本改革的户籍制度是所有阻碍劳动力流动因素中最为基本的制度约束，是妨碍城乡劳动力市场发育的制度根源。熊彩云（2007）也指出，进城农民定居转移的阻力主要来自城市以户籍制度为核心的一系列制度推力。

中华人民共和国成立初期，快速建立相对完整的工业体系是为了尽快摆脱贫穷落后的局面。但按照当时的国民经济发展水平，常规的工业化发展道路缺乏财力支撑，需要集中全国力量优先发展重工业。当时农业是优势产业，国家通过改变工农业贸易条件、阻止农业剩余劳动力的非农转移和城市转移等方式"挖农补工"推动重工业的快速发展。户籍制度应运而生，成为限制农业人口流动的制度保证。通过严格的户籍制度来干预劳动力的乡城迁移和流动成为 20 世纪 50 年代开始就采用的政策手段。

6.1.1　约束型人口迁移制度体系的形成与发展

1. 改革开放前对乡城人口流动的严格限制

中华人民共和国成立后，居民乡城流动与迁移并未受到严格限制，1954 年颁布的第一部宪法中明确规定公民具有迁徙与居住的自由。中华人民共和国成立后，城镇人口快速增长，1953 年达到 7 826 万人，比 1952 年增长了 663 万人，较 1949 年增加 2 016 万人；同年 7 月，政务院发布《关于制止农民盲目流入城市的紧急通知》，开始对农民进城进行限制。1955 年，我国建立户籍制度并逐渐从最初应对粮食问题和城镇失业问题发展为一种低成本的城市管理方式。1955 年，国务院发布《关于建立经常户口登记制度的指示》，规定在全国范围内建立经常性的户口统计制度，标志着中国户籍管理制度的确立。当时的户籍管理制度下，公民具有自由迁徙权，拥有自由选择居住地的权利。1956 年秋粮歉收，大量农民进城寻找生存与发展机会。优先发展重工业的发展战略与中国丰富的劳动力禀赋相矛盾，发展中的城市无法创造足够的就业机会，只能通过户籍制度等政策措施限制城乡人口流动来保证城市的低失业率和有限城市人口的食物配给及住房、医疗、养老保险等福利需求（林毅夫等，1999）。当年国务院发出《关于防止农村人口盲目外流的指示》，随后又两次发出类似补充指示，但并未有效阻止农民进城。1957 年中共中央和国务院联合发出《关于制止农村人口盲目外流的指示》，要求"各单位一律不得私自从农村招工和私自录用盲目流入城市的人员"。1959 年，中国进入"三年困难时期"，当时的城市居民享有商品粮油供应，粮食的严重匮乏迫使城市（镇）政府必须精简人口。中央政府也意识到人口流动必须与经济发展水平相匹配，在经济发展水平较低情况下，大规模人员流动会为国民经济运行带来无法承担的冲击和压力。1957 年，《中华人民共和国户口登记条例》（以下简称《户口登记条例》）颁布，确立了较完善的户口管理制度。此后，国家又出台了一系列政策和规定，将户口制度与市民的住房制度、人事劳动制度、社会福利制度等关联在一起（钱正武，2005），严格限制农民进入城市（镇），实质上成为一道无形的制度门槛，将农业转移人口屏蔽在城市（镇）社会资源与利益分配之外。1961 年，中共中央发布的《关于减少城镇人口和压缩城镇粮食销量的九条办法》从根本上抑制了农村人口向城市（镇）迁移，要求三年内减少 2 000 万城市人口，当年必须减少 1 000 万城市人口，户籍制度的人口迁移限制功能得以强化。1962 年，公安部出台《关于加强户口管理工作的意见》中，严格控制农村人口的城市迁移，尤其是向大城市的人口迁移，由城市迁往农村的则一律准予自由落户。1963 年后，依据是否吃"商品粮"，将人口划分为非农业人口和农业人口，二元户籍管理方式正式启动。1964 年，公安部《关于处理户口迁移的规定（草案）》明确指出，严格限制农村人口的城市、集镇迁移。自此，大量农村剩余劳动力被禁锢在农村，极少数通过参军、考学等方式成为城市（镇）居民。之后推行的以户籍制度为基础的就业、教育、社会保障、住房等城乡二元制度实质上起着城乡之间资源和利益再分配的作用。在这种再分配制度下，城市（镇）居民享有比农村居民更多的利益。而且，在各种因素的共同作用下这种利益差别被不断强化和固化。1977 年，公安部出台的《关于处理户口迁移的规定》中，仍强调要严格控制农村劳动力的非农化，要求每年"农转非"数量不得超过非农人口的千分之一点五，户籍制度壁垒再次得到强化。

按照韦伯（Weber）提出的社会屏蔽思想，不同社会利益团体为了将某些社会资源或利益聚集在特定的具有某种准入资格的领域，通过设定相关的准入标准和资格审定程序，限制某些个人或群体的加入，从而使该利益团体成员的利益达到最大化。帕金（Parkin）继承了韦伯的社会排斥思想，将其发展为社会屏蔽理论，并提出社会屏蔽的本质是一个集团采用合法手段牺牲另一个集团的利益。中国作为一个处于转轨时期的国家，既存在集体屏蔽——将某些社会群体整体性的排斥在资源享受之外，如约束性人口迁移体系，也存在个体屏蔽——社会集体利用有利于其竞争的屏蔽标准，将某个社会成员排斥在资源享受之外，而非整个具有某种身份特征的社会性群体，如考试制度、专业证书制度等。以户籍制度为核心的约束性制度体系通过设置户籍壁垒，把人口按户籍所在地划分为非农业户口和农业户口，并以此为依据实施差别化福利政策，城市（镇）户籍成为享有高水平就业、住房、教育、医疗保障的通行证，实现对农村居民的集体屏蔽，加剧了农业转移人口"两栖迁移"的固化。事实上，通过对人口乡城迁移的严格控制，不仅从根本上限制了人口的乡城迁移，还实现了对农业转移劳动力就业部门的限制、非农产业就业机会对农村劳动力的排斥，以及城市福利体系对农村人口的排斥，在客观上将城乡人口划分为享有不同权利的利益群体，造成了城乡人口的利益失衡。控制的结果是，1958～1978 年，农村人口占全国总人口的比重仅下降了 2.5%，而在没有实施严格控制的 1949～1957 年农村人口占比下降了近 5%。

2. 改革开放以来的逐步开放期

始于 1978 年的改革开放加速了中国的工业化进程，进而对劳动力产生了大量的需求，严格控制人口流动的管理方式也难以再适应生产力发展的新需求，户籍管理制度进入松动期。1980 年国家开始局部调整户籍管理制度，将"农转非"比例调至千分之二。1984 年，国务院发布的《关于农民进入集镇落户问题的通知》为农业转移人口的城镇转移提供了制度和政策支撑。1985 年，国家开始对流动人口实行暂住证管理制度。在这样的大环境下，农村劳动力的城镇转移范围不断拓宽，开始大规模向城市第二产业和第三产业转移，政府也逐步意识到农村廉价劳动力对城市经济发展的重要性，逐渐放松对劳动力流动的限制，户籍制度对农业转移人口进城就业的制约力不断下降。20 世纪 90 年代，中国逐步建立起社会主义市场经济体制，原户籍制度难以适应市场经济发展对要素自由流动的需求，户籍制度限制人口迁移的功能不断被弱化。1994 年后，国家取消按是否享有商品粮为划分标准的二元户籍结构，建立以常住人口为基础的登记制度。1996年，国家取消农业和非农业户口类型。1997年，公安部发布《小城镇户籍管理制度改革试点方案》、2000年中共中央、国务院发布《关于促进小城镇健康发展的若干意见》，允许已在小城镇有合法稳定非农职业，或已有稳定生活来源，并且在有合法固定的住所、居住已满两年的农村户籍人口在小城镇办理城镇常住户口，以促进农村剩余劳动力就近、有序地向小城镇转移。经批准在小城镇落户的人员与当地原有居民享有同等待遇。

2001年3月，公安部出台的《关于推进小城镇户籍管理制度改革的意见》指出，在县级市市区、县人民政府驻地镇及其建制镇，只要有合法固定住所、稳定职业或生活来源的人员及与其共同居住生活的直系亲属，凡持有本市农业户口的，均可根据本人意愿办理城镇常住户口。对经批准在小城镇落户的人员，根据本人的意愿，可保留其承包土地的经营权，也允许依法有偿转让。要切实保障在小城镇落户人员在入学、参军、就业等方面与当地原有城镇居民享有同等权利，履行同等义务，不得对其实行歧视性政策。不得借户籍管理制度改革之机收取城镇增容费或其他类似费用。这些涉及户籍制度改革文件的出台，有力地推动了农村劳动力的快速、有序转移。2014年，国务院发布《关于进一步推进户籍制度改革的意见》，标志着中国开始建立城乡统一的户口登记制度。

随着城市（镇）住房、教育、医疗等福利制度改革的不断深入，附着在城市（镇）户籍上的利益不断被剥离，其价值也不断下降，户籍管理制度不断放宽。人口流入地政府也在推动人口城镇化上做出了许多大胆的尝试，如上海市的外来务工人员居住证政策、山东省与湖南省尝试建立的统一户籍制度等。但是，由于在实践过程中并未真正厘清户籍制度背后所隐藏经济利益关系，很多地方的户籍制度改革流于形式，难以从根本上解决农业转移人口的"半市民化"问题。

截至目前，一方面，转移劳动力向县级及以下城市（镇）的永久性迁移已无障碍。但是，由于这些城市（镇）的资源、福利、教育等优势并不明显，能够为农业转移人口带来的潜在收益非常有限，却要其承担失去农村诸多权益的风险。农业转移人口选择"半市民化"，即保留农村户籍的同时选择定居城市（镇），农业转移人口既可以享受到城市（镇）的公共基础设施及服务，又能够保留农村户籍带来的各种潜在收益，是农民个人及家庭利益最大化的体现，这影响了进城农民的"市民化"选择动机。伴随户籍制度的改革推进，城乡户籍差距逐渐缩小，农业户籍的价值开始体现。保留农业户籍能够为农民带来更多的收益，并且拥有土地增加了对可持续生计的保障，减少了不确定性的风险。在利益得失的权衡之下，农民个体作为理性的"经济人"，不愿意转户且退出土地就成了情理之中的事情。

另一方面，农业转移人口在大中城市落户难的问题依然突出，根本原因在于大中城市的户籍制度变革尝试并未取得根本性突破——虽然逐渐松动了户籍限制，实行了与外来人口有关的蓝印户口政策，但发放标准仅限于在当地进行投资、购买商品房或具有专长技能的外来人口。由于户籍制度及其一系列附加制度的存在，城市规划和发展政策多基于户籍人口设计，大多数农业转移人口在城市的就业和迁移仍是游离于政府体制机制之外的"自发"行为，很少受惠于现行的城市教育、医疗、社会保险等福利制度（陈藻，2013）。其自身就业的高度流动性决定了他们无法成为稳定的产业工人，也难以达到城市居民的平均收入和消费水平，不得不徘徊于城乡之间保持"两栖迁移"状态。农民在迁移决策中追求满意标准，而非最优标准，其行为既包含了对利益最大化的理性追逐，也包含了对风险厌恶的坚持。古典经济学把人假定为理性"经济人"，认为追求个人利益最大化是经济理性最基本的假设。所谓理性，是指人们在各种可能的选择中，总是根据所获取的信息进行计算、分析和判断，选择最有利于自身利益目标的行动方案，以获取利益或效用的最大化（陈宁，2014）。新制度主义学派提出了有限理性的概念，认为社会环境的复杂多变、人们的环境判断及信息把握能力的有限性，都决定了其行为不可能是完全意义上的理性。以斯科特（Scott）和恰亚诺夫（Chayanovan）为代表的学者认为农民是非理性的。尽管农民有追求物质利益最大化的倾向和趋利避害的"经济人"本质，但是考虑到他们自身文化素质和所处社会、经济、制度大环境的限制，他们事实上只能是有限理性的"经济人"，其行为也应是一种有限理性行为。农民的价值取向并非一成不变，其目的往往是多元的，没有统一的标准。因此，作为农民个体，其有限理性限制其做出完全理性的决策，他们只能尽力追求在其能力范围内的有限理性（许庆建，2009）。

6.1.2　户籍制度的乡城迁移阻碍效应

户籍制度对农业转移人口乡城迁移的阻碍效应主要体现在两个方面。

1）直接阻碍。户籍制度本身就是农业户口与非农业户口转换的直接屏障。对于迁入地政府而言，转移劳动力为城镇经济社会发展的主要贡献体现在人力资源的经济发展效应上，该效应通过保证进城农民顺畅的职业转换就可以实现，而接纳其成为市民需要支付更多成本，在缺乏有效激励的情况下城市（镇）政府的市民待遇的供给动力是不足的。城市（镇）政府基于自身管理成本及绩效考核的需要，常通过设置比较高的入户门槛——附条件（如积分入户、买房入户等）及不完全的市民待遇供给等方式控制新增户籍人口数量，在有形和无形中抬高了农业转移人口的"市民化"成本，如在拟入户城市拥有住房，凭房产证到辖区派出所办理入户手续等。这种供给模式主要通过抬高"市民化"门槛影响农业转移人口"市民化"选择。而且人口流入越多的城市，户籍转换成本越高，绝大多数农业转移人口根本无力承担。随着户籍制度改革的不断深化,大多数城市的"市民化"直接成本在大幅下降,以郑州市为例,获取郑州市户籍的途径不断多样化,除常规的落户直系亲属或凭借房屋产权证落户外,还可以凭借与郑州市企事业单位的劳动合同及半年社会统筹证明入户,符合郑州市引进人才条件的可根据要求直接办理入户手续。有些地方如河南省试点人地挂钩激励,将城市(镇)建设用地增加规模与吸纳农村人口进入城市(镇)定居规模挂钩,通过新增建设用地的土地财政效应激励迁入地政府提高市民待遇供给。

2)间接阻碍。户籍制度的间接阻碍效应主要通过附着在户籍制度上的就业、医疗、住房、养老、公共服务等制度的排他性实现。首先,户籍和人口固化导致就业结构、产出结构(周天勇,2010)及受益分配结构的扭曲。1978年以来,我国第一产业就业比重不断下降,从1978年的70.5%降至2015年的28.3%。第一产业增加值比重也从1978年以来的最高点33.4%(1982年)降为2015年的8.8%,即由近1/3的劳动力创造的不足10%的GDP在43.9%的人口间进行分配。其次,作为一种人口治理手段,不断发展的二元户籍制度实质上还承担了制度载体的功能,承载着完全不同的城乡社会福利结构。以依附于户籍制度的社会保障制度为例,中国现有的城乡社会保障制度存在较大差异,在参保率、缴费标准、投保年限、资金发放与管理方面都存在不同(姚明明,2015),这都会增加农村转移人口"市民化"的成本支出,影响其迁移决策。按照国家统计局公布《2014年全国农民工监测调查报告》,2014年农民工参加工伤、医疗、养老、失业和生育保险及缴纳住房公积金的比例分别为26.2%、17.6%、16.7%、10.5%、7.8%和5.5%。2016年12月郑州大学课题组的调查表明,在被调查的385位转移劳动力中仅有23位参加了失业保险,具体如表6-1所示,而有失业经历的共有277人(占比高达71.9%)。过低的参保率增强了农业转移人口对农村土地保障功能的依赖。郑州大学课题组2016年1~2月的调研数据显示,90%的被调查者认为土地最重要的价值在于其基本生活保障功能,60%的被调查者认为土地是农民的"命根子",拥有土地会给予他们安全感和归属感。医疗保险方面,2015年新型农村合作医疗已基本覆盖全部统筹地区,但由于城乡之间及不同地区之间的医疗保障对接依然不顺畅,医疗保险的使用率并不高,59%的被调查者一年的医疗费用支出为1 000~5 000元,但在外出期间使用过医疗保险的占比仅为27.7%。进城农民的养老保险参保率高达89%,其中一个很重要的原因在于农村缴费标准低,成年人每年最低只需缴纳100元即可,申领养老金也不受缴费年限的限制。而进城后的农业转移人口选择"市民化"就意味着要脱离农村社会保障体系,转入城市(镇)社会保障体系并按照城市(镇)相关缴费标准进行缴费,缴费支出会明显增加。而且,城市(镇)养老保险至少需要缴纳180个月即15年在退休时才可享受养老金待遇。

城乡保险费水平差异及城市（镇）缴费年限限制都会在一定程度上影响其"市民化"选择。而且，由于社会保障收益具有生命周期性和不确定性，农业转移人口的流动性和就业的非稳定性更容易使其忽略城市（镇）社保利益的长期性和滞后性，最终选择不参保或退保。

表 6-1　2016 年进城农民参保状况

项目	养老保险	医疗保险	失业保险	工伤保险	生育保险
人数	343	382	23	27	16
占比/%	89	99	6	7	4

数据来源：郑州大学课题组 2016 年 12 月调研报告。

　　城乡分割的二元经济社会结构对城乡间物质、信息、技术等生产要素的合理流动形成阻碍，严重影响了农村劳动力获取公平的就业和收入机会。

　　随着户籍制度改革的推进，其对乡城迁移的直接阻碍效应正在不断弱化，但间接阻碍效应依然很强烈。农业转移人口的"半市民化"选择是多种制度和多种因素共同作用的结果，户籍制度强化了这种"两栖迁移"选择，简单的户籍制度改革难以从根本上解决该问题。

6.2　农业转移人口农村退出环节的制度障碍

　　如果给予转移人口城市（镇）户籍，他们是否就会愿意由以"两栖迁移"为主要特征的"半市民化"状态转向以永久性转移为主要特征的"市民化"状态？劳动力进城阶段因为有土地保障，其决策行为忽略了风险因素的影响，转移行为是在风险一定条件下成本-收益综合衡量后的选择。"市民化"以农村退出为前提，户籍转换行为的核心决策因子变为风险提升情况下的增量净收益变化。预期、风险回避、竞争回避等成为农业转移人口"市民化"决策的重要影响因素。农村土地权利是农民的最大资产，具有收入、就业和社会保障功能，土地是农业户籍人口"市民化"绕不开的"坎"。黄忠华和杜雪君（2014）的研究表明，农村土地制度安排影响转移劳动力"市民化"意愿，进而影响转移劳动力"市民化"进程和土地集约利用。中国城镇化进程中，不断有农民土地权益受到侵害的现实，弱化了"市民化"进程中农业转移人口的土地退出意愿，延缓了"市民化"进程。据国务院发展研究中心课题组（2016）的调查，73%的农民工希望进城定居后能保留承包地，67%的农民工希望能保留宅基地。调查表明，城市（镇）户籍并不能给予工作及生活在城镇（市）的农业转移人口更多安全感，绝大多数农业转移人口并不愿意放弃农村户籍，村集体成员权及依附于其上的农村土地权益起决定作用。农村土地产权制度是农业转移人口"市民化"选择中最为关注的制度安排，它直接决定农业转移人口在该环节可以分享的土地收益水平。农村土地使用权和承包经营权实质上是具有特定区域村集体成员权的农民的最主要资产，是其获取经营性收入的重要生产要素。从农民收入来源看，尽管近年来农业经营性收入在农民人均纯收入中的比重不断降低，通过非农就业获得的工资性收入比重不断提升，但经营性收入在农民总收入中仍充当非常重要的角色。以 2015 年为例，农村居民人均工资性收入（4 600.3 元）超过人均经营性收入（4 503.6 元），但二者在农民人均可支配收入中的比重并无明显差异，经营性收入仍然是农民最重要的收入来源。这种经营性收入更多依赖于农村土地使用价格的低廉——自有宅基地和承包地可以免费使用，甚至获得一定的政府补贴。凭借这种不具有所有权的资产，农村转移人口可以通过自己经营或者将土地使用权、承包经营权出租获取一定收益。在城乡居民保障性收入差距巨大的情况下，土地仍然是农民规避生计风险的最后屏障，现有土地退出制度难以形成对"两栖"农民退出农村的有效激励与推动。曾昭盛（2010）提出从农村退出土地并获取相当的补偿是"两栖"农民获得"市民化"必需的原始资本。但滕亚为（2011）等人的研究表明，地方土地退出制度设计缺陷严重影响了农民土地退出的意愿。当前土地制度下，农村土地产权归村集体所有，这种土地制度决定了为村集体成员的农民仅拥有农村土地使用权、部分收益权和极小的处分权，法律赋予农民的土地物权有限，制约了他们通过土地物权分享城镇化和工业化成果的权利，在一定程度上影响了农业转移人口的农村退出。王兆林等（2013）提出，退地补偿及相关政策是影响农户农村退出意愿的重要因素，而土地经营与利用、社会保障、生计与生活则是影响农户农村退出意愿的根本因素。国内学者在研究中更强调制度缺陷造成的制度风险，认为土地制度、户籍制度及附加的福利制度影响了农民的农村退出决策，提出通过制度创新减少农民农村退出选择带来的生计风险，最终将农民农村退出的意愿转换为退出行为。

6.2.1　现行农村土地制度下农业转移人口农村退出环节面临的风险

理论上，技术水平不变情况下，农村劳动力与土地之间存在一定最佳组合比例，土地与劳动力的变动都会影响这一比例，达到最佳或适度配比就成为另一种要素变动的主要动力。相关学者的直接或间接研究成果表明，中国农村劳动力转移与农村土地退出的这种作用关系并不显著。农村劳动力转移进程中劳动"非农化"与农民身份"市民化"、各种社会保障"市民化"的脱节成为阻碍土地退出的重要因素。在各种社会保障问题充分落实之前，他们对土地的依赖性不会降低，不会轻易放弃土地。而且，在各种惠农补贴政策的实施，以及种种原因造成的城市就业环境恶化等拉力和推力的共同作用下，越来越多的农村转移劳动力回到农业部门要回自己的土地承包经营权。

按照现行土地政策，具有农村户籍就有资格享有相应的宅基地使用权及耕地（林地）承包经营权，而城市（镇）户籍人口则不具有这种权利，即使是有偿情况下也无法在农村获得宅基地并且建造住房或是购买已建成的住宅。承包地对于农民有以下三个主要功能：①保证生产并获得收益。②生计保障与养老保障。农村土地实质上承担着农民就业保障、养老保障的功能，是农民生计安全的重要支撑，是"两栖"农民最后的安全屏障。受个人条件、城镇高生活成本、高房价及其房租效应的影响，绝大部分外出务工农民打工只是为了获取较高的劳动收入。选择保持"两栖迁移"状态，不仅能够获得基于土地的生产收益（或土地流转收益），同时还能降低未来生计的不确定性，维持生计的可持续性。③固定资产。随着土地流转平台的不断完善，农村土地流转规模不断扩大，土地流转价值直接影响了土地承包权和经营权价值，土地流转的市场化加速了农村土地承包权和经营权的资本化。基于这种制度规定，农民不具有主动放弃农村户籍及相应土地权益的冲动，兼业农户即使拥有农村退出条件，也不会产生退出行为，主要原因在于农村土地的资本价值没有得到体现。因此，在我国的大多数农村，土地尤其是宅基地闲置、空置是普遍现象。

土地是农民诸多权利（如使用权、承包经营权、收益权等）及政府技术、资金、农资等支持的物质载体。而且，土地也是多数农民感情的寄托与依靠，是其生活在农村的一种身份标志，土地为其带来强大的归属感和心理安全感。更重要的是，土地的稀缺性和不可再生性决定了土地供给缺乏弹性，土地需求的不断增加必然导致土地均衡价格的上涨，土地价值不断上升的过程也是农民土地保障水平不断提升的过程。根据现有制度，农业转移人口由农业户口转变为非农业户口是一个单项不可逆的过程，退出农村退出土地可能面临可持续生计风险、未来失业的保障风险、土地增值收益风险、一定程度的养老保障风险等诸多风险。成本和风险共同构成了抑制进城农民退出农村退出土地的主要因素。

6.2.2　不确定性条件下农业转移人口的农村退出选择

史清华等（2002）对浙江、河南、山西、青海和新疆 5 个省份的 65 个乡镇 277 人的调查表明，3/4 的愿意进城的农民准备保留和暂时保留承包地。朱启臻（1996）在北京市海淀区对来自 18 个省、直辖市的 237 名进城农民工就土地流转问题进行的随机抽样调查表明，58.2%的农民工认为土地是农民的"命根子"，21.1%的进城农民工表示保有责任田是为了留"后路"，两者相加近 80%；认为责任田是累赘和保留与否无所谓的仅占 20%。

对于转移人口而言，农村退出实质上是对进城农民自身及其家庭人口村集体成员权及依附于其上的农村权益的重新安排，他们主要面临以下三种选择。

1. 完全退出

完全退出是一种永久性的彻底退出，转移劳动力及其家人选择"市民化"，即放弃村集体成员权，同时放弃依附于该成员权之上的永久（承包期到期后自动续期）的农村土地使用权和承包经营权。理论上，农业转移人口是否选择退出农村集体成员权及相应的土地使用权及承包经营权，主要取决于这种土地退出方式所获得的净收益是否大于零。在其他条件不变的情况下，净收益越高，农业转移人口选择"市民化"并退出农村、退出相应土地权益的可能性越大，选择回流农村的概率会越小。反之，他们会选择兼业、抛荒或者回农村耕种。现行土地制度缺乏对进城农民土地退出环节的有效激励，没有涉及进城农民土地退出及合理的补偿规则，对进城农民的土地抛荒行为也缺乏相应的约束机制。在这样的制度环境下，进城农民持有土地（无论他们是否耕种）几乎没有成本，但放弃土地使用权和承包经营权的收益很低[①]，且由此带来的风险很大。

首先，退出农村土地使用权和承包经营权意味着农业生产收入的丧失。从统计数据看，虽然农民的经营性收入占比不断下降，但目前仍是其第二大收入来源，占农民家庭纯收入的比重仍超过 1/3。其次，农村宅基地是保障进城农民"居者有其屋"的最后屏障。高昂的城市居住成本是影响进城农民"市民化"选择的重要因素，需要以稳定且高于一定水平的收入为前提。如果该前提条件丧失，对于回归农村的进城农民而言，宅基地成为他们实现"居者有其屋"的最后屏障，也是农业转移人口的最后一道生计屏障。最后，农村土地使用权和承包经营权还是"两栖"农民抵御失业风险的工具。郑州大学课题组 2016 年 12 月的实地调研结果表明，一半以上的劳动力返乡主要受就业状况影响。除正常的摩擦性失业的影响外，农业转移劳动力本身的文化水平和职业技术水平是影响其非农就业的核心因素。作为典型的风险厌恶型"经济人"，农业转移人口客观上对失业保险的需求更加强烈，农村土地使用权和承包经营权长期以来在客观上承担了该项保障功能。一旦失业且在短期内再就业水平比较低，回到农村重新成为农民就成为其理性选择。村集体成员权是农业转移人口获取土地使用权和承包经营权的依据，只要不丧失

---

① 2015 年 1 月，中共中央、国务院发布的《关于农村土地征收、集体经营性建设用地入市、宅基地制度改革试点工作的意见》中，明确提出要探索宅基地自愿有偿退出机制；2015 年 8 月，国务院办公厅发布的《关于加快转变农业发展方式的意见》（国办发〔2015〕59 号）明确提出要稳妥开展承包地有偿退出试点。但截至目前，如何有偿退出、退出补偿主体、补偿标准、补偿期限等问题有待进一步明确。

其在农村的集体成员权,他们就可以长期拥有该村的土地使用权和承包经营权。因而,农业转移人口大多不愿彻底放弃农村户籍及相应的村集体成员权,在土地流转渠道不畅通或价格很低的情况下,他们甚至宁愿选择抛荒土地也要保留其土地承包经营权。

目前《中华人民共和国土地管理法》(以下简称《土地管理法》)和《中华人民共和国物权法》都没有具体规定农村土地使用权和承包经营权的收回程序、补偿标准等,各试点地区补偿标准的差异很大,这增加了农业转移人口彻底退出农村的疑虑。以农村宅基地退出为例,当前试点中无论是实物补偿还是货币补偿大多只能体现宅基地之上房屋的价值,宅基地的基本价值常被忽略。城镇化进程中农用地和农村居民点用地转换用途成为非农业用地后,其市值可以上涨数倍甚至数百倍。在这个过程中,土地的价值不再取决于其肥沃程度,而主要取决于其所在的位置。如果农业转移人口落户城市意味着要放弃村集体成员权,相应地,以成员权为基础的,长久以来为其提供生活保障、就业保障等功能的土地使用权和承包经营权也就失去了依托。从成本-收益角度考虑,农业转移人口缺乏放弃这些权益的意愿基础。

2. 部分退出

部分退出通过农村土地使用权流转实现。选择农村退出并放弃其在农村的集体成员权(选择市民化),但并不放弃当期的农村土地使用权和承包经营权,通过土地使用权流转获取收益。农村土地使用权流转是指农业转移人口保留农村土地承包经营权,但将土地使用权转让出去的一种农村退出方式。这种退出方式使农业转移人口在保留农村土地承包经营权的同时每年可以获取一定的收入。但与彻底退出相比这种退出方式只能获取较低收入。以四川省龙门村为例,选择永久性退出的农民可以一次性有偿转让农村土地使用权和承包经营权并获得转让费 3 万元/亩,具体是每亩每年补偿 1 000 元,共补偿 30 年;选择长期部分退出的补偿标准略低,每亩每年 850 元,共补偿 14 年。这种退出方式的最大优势是为农业转移人口保留退路,如果无法在城市生存发展,可以选择返回农村。位涛和闫琳琳(2014)的研究表明,农村土地使用权流转收入占农村家庭经营纯收入的 20%~30%,一定程度上在增加农业转移人口"市民化"选择机会成本的同时,也增加了其转移收益。因此近年来,土地流转面积、土地流转的农户数都呈不断增加态势,具体如表 6-2 所示。

表 6-2　2009～2015 年耕地流转面积及参与流转出承包耕地的农户

年份	农户家庭承包耕地流转总面积/万亩	流转出承包耕地的农户/万户
2009	15 154	2 924
2010	18 668	3 321
2011	22 793	3 877
2012	27 833	4 439
2013	34 102	5 261
2014	40 339	5 833
2015	44 683	6 330

　　2016 年，国务院发布的《关于实施支持农业转移人口市民化若干财政政策的通知》（国发〔2016〕44 号）明确提出，要依法维护进城落户农民在农村享有的既有权益，维护进城落户农民土地承包权、宅基地使用权和集体收益分配权。

　　农村长期社会保障发展不足不断强化着土地对农民生计的底线保障功能，导致农业转移人口即使离开农村也无法或不愿割舍与土地的联系。如果他们可以将土地的隐性价值（保障价值）带到就业和居住的城市（镇）中去，则会对其"市民化"选择产生积极影响。2016 年 1 月 24 日～2 月 6 日，笔者对河南省禹州市方岗镇杨庄村的调查显示，61%的受访村民表示，如果补偿合理他们愿意将耕地和宅基地退还给集体。对于常年工作、生活在城市（镇）的进城农民而言，他们常年在外打工，希望能够居住在城市减少奔波。而且，城市（镇）服务业发达、交通便利、就业机会众多、医疗条件优越、教育资源丰富，能够满足他们生活的各种需求。更重要的是，单纯耕种经济效益太低，仅能维持温饱等基本需求，难以获取太多收益，歉收时甚至会发生亏损，从而他们愿意退出农村土地以获得一定补偿作为城镇生活的启动资本。在当前的制度环境中，农业转移人口在城市（镇）能够获取的社会保障水平有限，而其在农村的土地权益又很难完整变现——农村土地集体产权属于全体成员共有，农民土地使用权和承包经营权的转让要受其成员权制约①。如果选择到城市（镇）定居并转化为市民，就有可能因为丧失村集体成员权进而丧失以成员权为基础的土地使用权及附着在农村土地上的稳定的隐性保障功能。对于大多数农业转移人口而言，生存仍是第一需要，土地作为其规避生存风险的屏障是不容有失的。在土地为其带来稳定的隐性保障功能等现实收益、

---

　　① 农民对土地的转让权"必须经村民会议三分之二以上成员或者三分之二以上村民代表的同意"（《土地管理法》第十五条）。另外，农村土地包括农用地和宅基地转变为建设用地都要受到严格控制，其中宅基地等农村集体建设用地转变为城市建设用地必须先征为国有。

因城镇化发展可能带来较高的土地预期收益与当前的土地补偿价值①之间进行权衡，选择栖息于城市（镇）与农村之间的"半市民化"状态成为必然。如果可以将土地的保障价值带到他们工作、生活的城市（镇），可能会推动农业转移人口改变户籍性质选择"市民化"。依据国务院颁发的《关于实施支持农业转移人口市民化若干财政政策的通知》（国发〔2016〕44 号）相关政策，选择"市民化"并不意味着必须让出农村宅基地使用权和农用地的承包经营权，却意味着放弃了村集体的成员权，本期承包经营权到期后继续获得相应的土地权益也便失去了成员权支撑。

3. 不退出

不退出，即农业转移人口主动选择"半市民化"状态。农业转移人口的农村退出很大程度上取决于该决策的成本-收益对比。其农村退出决策不仅要受土地抛荒成本、流转净收益或彻底退出净收益的影响，还会受到各种三农补贴等优惠政策的影响，只有当彻底退出的净收益远高于其他选择，退出土地进而彻底退出农村才会成为他们的理性选择。相当一部分农业转移人口对"市民化"仍持观望态度，甚至在经济较为发达的地区，城市（镇）郊区农民因为拥有农村户籍而获得不菲的征地补偿款，在示范效应的作用下，很多农民对农村户籍产生了新的认识。如果进城农民的"市民化"选择使其因为丧失村集体成员权而失去或逐步失去农村土地使用权和承包经营权，考虑到农村土地的生存、社会保障等功能，以及土地转让受限情况下失去土地使用权和承包经营权无法得到相应的补偿，这使失去村集体成员权的损失远大于其"市民化"选择带来的收益。对于绝大多数进城农民而言，"市民化"选择需要面临的更可能是生计水平不变情况下的风险水平的提升。而保持"两栖迁移"状态则可以满足其风险不变情况下生计水平提升的需求。至少从目前来看，"市民化"选择的净收益尚不具备足够的吸引力。在转移方式（永

---

① 世界上许多国家对土地征收补偿原则给予了明确规定，如美国宪法第 5 修正案明确规定："未经公正补偿私有财产不得充作公用。"中国 1998 年修订的《土地管理法》规定，耕地征收的补偿费用包括土地补偿费（为该耕地被征收前 3 年平均年产值的 6～10 倍）、安置补助费（补助标准为该耕地被征收前 3 年平均年产值的 4～6 倍）及地上附着物和青苗补偿费。2004 年，中国宪法修正案也明确规定："国家为了公共利益的需要，可以依照法律规定对土地实行征收或征用并给予补偿。"但是并没有就补偿的原则、标准等问题做出明确规定。2004 年 11 月 3 日，国土资源部印发《关于完善征地补偿安置制度的指导意见》（国土资发〔2004〕238 号）规定，如果土地补偿费和安置补助费合计按 30 倍计算，尚不足以使被征地农民保持原有生活水平的，由当地人民政府统筹安排，从国有土地有偿使用收益中划出一定比例给予补贴。如果农地每亩年产值为 1 000 元，则最高补偿不超过 3 万元。实际操作中每征一亩地，铁路、高速公路等交通线工程补偿一般为每亩 5 000～8 000 元；工商业用地对农民的补偿一般为每亩 2 万～3 万元，发达地区和城市郊区相对高一点，最多达到每亩 3 万～5 万元。但征地后土地出让的市场价值往往达到补偿价的几倍乃至 10 倍以上。

久性转移或者"两栖转移")可以自由选择的情况下,让农业转移人口以当前相对较低的土地价值补偿换取村集体成员权及相关收益,主要包括当前收益(如农业产出、三农补贴等)和远期收益(如土地增值收益等),"市民化"选择缺乏经济理性支撑。为了规避风险,农业转移人口必然更倾向于选择与土地保持永久联系(Roberts,1997),即选择"半市民化"状态。

缺乏有效的激励机制是农业转移人口不愿退出农村的主要原因,主要体现在退出补偿过低、补偿方式不明确等方面(郑兴明,2012)。农业转移人口在农村的土地使用权和承包经营权价值无法在其农村退出环节充分实现。选择"半市民化"状态则是进可攻(由兼业农民转换为市民)退可守(由兼业农民转换成职业农民)。2016年1月24~2月6日,笔者对河南省禹州市方岗镇杨庄村的调查显示,26%的村民表示无论如何也不愿意放弃土地权利。在郑州大学课题组2016年12月的调研结果中,有16.1%农业转移人口宁愿抛荒土地也不会选择退出土地。总体上,农民不愿放弃农村土地权利的原因主要体现在以下三个方面:①根深蒂固的恋土情结。有不少村民表示,自己一辈子生活在农村,并不想离开这片土地,况且晚年讲究叶落归根。②城市生活压力太大。农村生活成本很低,因为对自身城市就业能力信心不足,不少村民担心自己或家庭无法担负城市高昂的生活成本,住房是很重要的影响因素。③将土地看作一项固有资产。部分受访村民表示并不在乎补偿多少,现金补偿总有用完的时候,而拥有土地权利就等于吃了一颗"定心丸"。作为典型的风险规避者,大多转移劳动力更倾向于兼业方式——进城务工的同时保留其村集体成员权,进而长期保留农村土地使用权和承包经营权。而且,征地补偿标准的提高及农村土地经营权流转的改革等一系列改革措施,不断推高农民对土地的估值,农村土地使用权和承包经营权逐步升级为农民资产保值和增值的重要载体。这种功能对于已经完全融入城镇生活的农民家庭而言更为明显,调研结果也表明,农村土地升值潜力成为"两栖"农民保留农村土地承包经营权的重要原因。现阶段我国实行承包地自愿有偿退出机制,农民可以根据自身禀赋及生活条件自由选择土地退出方式。选择退出部分年限的土地经营权而保留承包权,不仅能够获得由土地流转带来的收益,同时还可以保留获取土地未来增值收益的权利。

综上,农村退出环节的土地权益问题是关键,不愿意退出农村退出承包地和宅基地相关权益从一定程度上反映了农业转移人口迁移决策中的经济与行为理性。这个环节不仅涉及农村土地退出的激励问题,还涉及土地退出过程中的利益分配及退出土地后的生活出路问题。因此,退出农村、退出土地必须以其在城镇可以获得稳定的非农收入和住所,保证其可以立足并在城镇发展为前提。

6.3　农业转移人口城市融入环节的制度障碍

严燕等（2012）的研究表明，家庭非农就业人数比、家庭非农收入比等因素对农户土地退出意愿有显著影响。农业转移人口城市融入环节的制度障碍集中于现有制度对其获得城市可持续生计的机会和能力的影响，主要体现在对他们城市（镇）就业及教育程度的影响上。

6.3.1　就业制度的影响

就业制度是国家关于劳动者就业的各项政策和法律法规的总称，直接影响劳动者的就业行为及就业成果。就业制度变革的方向和速度直接影响农村劳动力转移的速度及农业转移人口迁移方式的选择。中国就业制度服务于其总体发展战略，带有明显的城市（镇）倾向性和二元特征，具有保护城市（镇）就业的功能。当然，不同时期的就业制度具有不同的特点，对农业转移人口乡城迁移决策的影响程度也有所不同。

1. "统包统配"的计划就业时期（1949～1979 年）

从中华人民共和国成立到党的十一届三中全会前中国实行计划经济体制，劳动力资源配置与就业管理也采取计划方式。城乡居民被人为划分为农业人口和非农业人口，对农业人口实行"三级所有，队为基础"的生产生活管理模式，这种模式下的农村劳动力被牢牢地控制在农村土地上。而非农业人口在各级城市（镇）接受"单位制度"管理。城市（镇）居民成为计划就业的最大受益者，享有就业的统包统配及与之相应的住房、医疗等福利特权，农业人口被排除在外。

2. "双轨制"就业时期（1980～1992 年）

20 世纪 80 年代，政府对农村劳动力流动的限制性政策开始松动，最开始主要是就业制度的增量改革：1980 年政府推行"三结合"就业模式（蔡昉，2008），即在国家统筹规划和指导下，劳动部门介绍就业、自愿组织就业及自谋职业三者的结合，第一次突破了城市（镇）劳动力配置的完全计划化。随着农村劳动力就地转移渠道日益狭窄，1984 年进一步放松对劳动力流动的控制，甚至鼓励劳动力到临近小城镇打工。城市（镇）劳动就业制度的存量改革始于 1987 年开始的搞活固定工制度，要求企业招收新工人一律实行劳动合同制，企业与职工自愿签订劳动合同，这项改革也涉及企业原有职工，标志着城市（镇）以国有企业为重点的劳动就业政策改革的全面开展。1988 年又开了先例，在粮票制度尚未取消的情况下允许农民自带口粮进入城市务工经商。

3. 流动人口就业市场化时期（1992 年至今）

20 世纪 90 年代后期，政府对农村劳动力非农就业的政策限制进一步放宽。但是，就业岗位不能依靠政府创造，事实证明这远比政府扶持本身产生的效果好。从 2000 年开始，中央政府明确提出改革城乡分割体制，取消对农民进城就业的不合理限制。2003 年，国务院《关于做好农民进城务工就业管理和服务工作的通知》中，要求取消对进城务工就业的不合理限制并切实解决拖欠和克扣农民工工资问题、做好农民工培训工作、多渠道安排农民工子女就学。该文件标志着转移劳动力流动就业政策的重大转折，从根本上明确了农业转移人口在城市（镇）劳动市场的基本权利。

尽管如此，相对于城市（镇）户籍人口，农业转移人口无论是在就业机会还是在工资待遇上都处于弱势地位。受城市二元就业管理体系的影响，进城农民工能够进入的职业受到诸多限制，不能够平等的和城市人口竞争，大多数人只能被排挤到城市户籍人口不愿意进入的行业就业。而且，一旦城市人口就业出现紧张状况，这些进城农民还要面临被"清理"的局面（胡俊波，2007）。城市政府为了维护原有市民的利益在进行管理时会对进城农民采取一些差别化的对策，实质上是对进城农民的制度性排斥。以"网约车"改革为例，截至 2016 年 12 月 30 日全国共有 42 个城市正式发布了"网约车"管理实施细则，均明确规定运营车辆为本地牌照，北京、上海等一线城市更为严格，对驾驶员户籍也进行了明确的限定，这些将不可避免地影响进城农民的就业选择。根据"滴滴"提供的数据，在上海注册的 41 万"滴滴"司机中，仅有不到 1 万人具有当地户籍，在严格执行户籍要求的区域，大量外地户籍司机只能停止该项服务。大多进城农民仍然只能进入脏、累、苦、险等非正规部门，并要承受同工不同酬、同工不同时、同工不同权等不公正待遇（王瑶，2016）。根据王美艳（2005）的估计，如果没有就业制度歧视，外来人口自我雇佣比例将减少 31.38%，而在公有单位就业的比例将上升 28.07%。

总体上，农业转移人口的"市民化"，必须以有一份稳定的收入支撑其在城市生活支出为前提。稳定的就业是保证其获得稳定收入的前提，如果城市就业机会无法满足农业转移人口的就业需求，或者转移人口自身的素质和工作技能无法满足相应的职业需求，他们不仅要面临更高的失业风险，还要面临非充分就业和就业质量差等问题。在城市劳动力市场上，外来劳动力与城市本地劳动力在职业分布上存在很大差异，一般而言，农民工是很难进入国有企业、机关事业单位等一级劳动力市场的，而只能被限制或排挤到次级劳动力市场中就业，面临就业不稳定、待遇低下、工作环境恶劣等诸多压力。以北京市为例，1995 年，通过的《北京市外地来京务工经商人员管理条例》[①]中，允许使用外地务工人员的行业仅有 13 个、涉及 206 个工种，且多为脏、苦、险、累、毒等工种，而金融、保险及各类管理、会计、出纳员、星级宾馆服务员、话务员等都限制使用外地人员（李琼，2011）。这种限制性规定每年发布 1 次。而当城市（镇）失业率较高时就会采取"腾笼换鸟"政策，清退在岗外来劳动力更换为本地失业人员。这些都会影响农业转移人口在城市（镇）的生存和发展，加大其成为城市新贫民阶层的风险。调查显示（王美艳，2005），以务工经商为目的的外来劳动力中"白领"工作者的比例远低于城市（镇）本地劳动力，两者相差近 25 个百分点。与此相反，"蓝领"工作者的比例则远高于城市（镇）本地劳动力。相应地，外来劳动力中就职于高工资行业的比例远低于城市（镇）本地劳动力，二者相差近 18 个百分点，他们在低工资行业就业的比例则远高于城市（镇）本地劳动力。

这种就业制度一旦建立，就会表现出强大的惯性，并且不断被强化，以致今天仍然严重阻碍着农业转移人口的自由流动。一方面，一些地方通过制定一系列限制性政策控制进城农民进入某些行业和职业；另一方面，通过外来人口登记管理[②]来提高农业转移人口的城市（镇）进入成本，达到限制流动人口的目的。

6.3.2　教育制度的影响

国内诸多研究表明，教育制度通过影响人力资本水平，对不同群体的就业领域或行业、就业的稳定性、收入水平等影响显著。受中国二元教育制度的影响，农业转移人口基础教育与职业教育水平较低，转移到城市（镇）后只能进入次级劳动力市场，就业水平、收入水平普遍低于城市（镇）原有市民。

在经济结构转型的大背景下，产业结构的转型升级对劳动力提出更高的要求，低教育水平、低技能的高替代性型劳动力在城市（镇）就业日益艰难。而且，有限的教育投入意识和投入能力会进一步限制其自身及后代的人力资本投资，在马太效应的作用下，农业转移人口的人力资本劣势会更加凸显。如果这种人力资本劣势不能从根本上扭转，即使保持现有的粗放转移方式也将格外艰难。想要从根本上打破农业转移人口低人力资本投入与低收入之间的恶性循环，需要外部力量的介入，打破目前的而言教育制度，逐步形成城乡一体的基础与职业教育体系是

---

① 该条例于 1995 年 7 月 15 日施行，2005 年 3 月废除。

② 外来人口登记管理，即要求外地劳动力必须领取务工证、临时居住证后，才能有进入当地劳动力市场的资格，而务工证与临时居住证等证件是有限额的，没有获得这些证件的进城农民经常遭到当地执法部门的集中"清理"，被拒之于劳动力市场之外（赵耀，2006）。

未来教育制度改革的大方向。

　　1. 人力资本对农业转移人口就业的影响

　　人力资本是一种非物质资本，在一定时期，主要表现为劳动者拥有的知识、技能、劳动熟练程度和健康状况。人力资本质量的高低与受教育程度息息相关。理论研究和实践都证实，受教育水平程度高的劳动力比较容易找到工作，收入水平也相对较高，因此，农村人力资本投资可以在一定程度上带动农业转移人口的城市（镇）就业，其影响主要体现在以下几个方面（王明杰等，2009）。

　　1）预期收入效应。按照托达罗的人口迁移理论，预期收入效应促使农村人力资本水平高的剩余劳动力向城市（镇）迁移。相对于农村，城市（镇）劳动力市场化程度更高，劳动收入对人力资本差异的敏感程度也更高，人力资本水平高的劳动力在城市（镇）有更多获取高水平就业和高收入的机会，他们的预期收入也更高，选择"市民化"实现永久性迁移的动力更足，实力也更强。因此，当城市进入环节和农村退出环节的制度环境变革带来更好的"市民化"选择机会时，拥有更高水平人力资本的农业转移人口会是最先活跃起来的群体。一方面，高水平就业和高收入机会需要较高人力资本的劳动者，另一方面，拥有较高人力资本的劳动者能够更主动地对潜在的、不确定的就业和收入机会做出反应。可以说，是否选择乡城迁移及迁移方式的选择都与农业转移人口的人力资本水平紧密相连。

　　2）信息获取效应。农村劳动力乡城转移能否成功取决于多种因素，信息捕获能力对劳动力转移影响显著。一般情况下，面临相同城市（镇）就业机会时，信息捕获能力直接决定了劳动力获取信息的准确性和及时性，而获取信息能力的大小往往与人力资本水平的高低呈同向变动。人力资本水平更高的劳动力获取信息的渠道更多样，更容易从海量信息中捕捉到对自己有用的信息，并能够更快地做出反应，根据自身实际情况做出准确迁移决策的概率更大。相反，人力资本水平相对较低的劳动者信息捕获能力相对较弱，获取信息的准确性和及时性都会受到影响，迁移决策盲目性导致较低的成功率。

　　3）环境适应效应。一般认为，劳动者的文化素质与其岗位适应能力呈同向变动，即相对于人力资本水平较低的劳动者，高文化素质的劳动力接受新知识、新观念、新技能的能力更强，相应地适应多种就业岗位的能力也更强。同等条件下需要的培训时间更短，培训效率更高。因此，具有较高人力资本存量的农业转移人口具有更高的迁移能力，迁移成功概率更高。

　　4）示范带动效应。人力资本水平高、流动性强的农业转移人口在率先迁移后，常会凭借其率先迁移积累的经验成为领导者，带动更多的转移人口形成集体转移模式。

总体上，农业转移人口的人力资本状况在一定程度上决定了其城市（镇）迁移机会的多寡、迁移层次的高低和转移区域的选择，因此农业人口乡城迁移与其人力资本水平密不可分。而受教育程度是影响农业转移人口人力资本水平的决定性因素。农业转移人口受教育程度越高，则相应的人力资本水平越高，在外就业概率、就业稳定性及相应的收入水平就越高，其"市民化"选择意愿就越强烈。

2. 农业转移人口受教育情况

目前我国农业转移人口的受教育程度仍然偏低，职业技能不高，严重制约着农业转移人口的就业水平，进而影响其"市民化"选择的经济支撑能力。郑州大学课题组 2016 年 12 月的调研数据显示：①进城农民受教育程度普遍偏低。被调查的 385 名进城农民以初中学历和高中学历为主，占被调查人数的 79.1%。②进城农民的受教育水平与其工资待遇呈同向变动。拥有初中学历的被调查者共 194 人，其中工资集中在 2 000～4 000 元的占比达 71.1%。而拥有高中学历的被调查者有 95 人，一半以上工资集中在 3 000～5 000 元。可以看出，进城农民的受教育程度与他们能够享受到的工资待遇之间存在正相关关系。

3. 农业转移人口和收入能力不足的原因

长期以来，农村教育欠账导致的劳动力素质参差不齐是中国农业转移人口就业和收入能力不足的重要原因之一。二元制度体系下城乡居民可以获得的教育资源差异巨大。中国于 1986 年 7 月 1 日开始实施九年制义务教育。但是，基础教育发展并不平衡，城乡之间教育机会、各种教育资源配置事实上的不平等是农村居民教育水平得不到有效保障的主要原因。国务院发展研究中心调查，2001 年农村的义务教育经费中央只负担 2%，省地两级负担 11%，县级负担 9%，78%的经费要由乡镇一级来负担，农村地区财政本来就很困难，难以保证这些教育经费的落实。国家统计局数据显示，近几年来，中央财政负担的教育支出占比较 2001 年有所提升，2007～2016 年基本维持在整个教育支出的 5.5%，2016 年中央与地方财政承担的教育支出分别为 1 447.7 亿元和 26 625.06 亿元，仍然存在很大差距。城乡教育资源差异显著，以城乡高中学校数量为例，国家统计局数据显示，2014 年城市普通高中 6 422 所，农村仅有 667 所，2015 年城市（镇）普通高中 6 425 所，农村仅有 688 所，可以看出城市的普通高中数量是农村的近 10 倍。而 2014 年和 2015 年城市人口分别为 7.49 亿和 7.71 亿，农村人口数分别为 6.03 亿和 6.19 亿，城市（镇）人口仅是农村人口的 1.2 倍。在城乡人口差距并不明显的情况下，城市（镇）居民人均占有的教育资源接近农村的 10 倍，可见农业转移人口人力资源匮乏有着深刻的制度背景。从实际调研结果看，进城农民接受的职业技术培训更少。郑州大学课题组 2016 年 12 月调研数据显示，在被调查的 385 名进城农民中有 59 位接受过职业技术培训，仅占被调查人数的 15.3%，而没接受过培训的人数占比高达 84.7%。从他们接受职业培训的资金来源看，农村转移劳动力的职业培训以自费为主（占比高达 76.54%），而来自企业和政府的资金分别占 16.05% 和 7.41%。一方面，企业没有承担起对进城农民的职业培训义务。进城农民进入具有完善培训体系的体制内单位的机会微乎其微，而私营企业对职工的职业技术培训经费投入很少，甚至没有。另一方面，企业极端压低工人工资的做法也导致进城农民自身教育培训投入不足。按照马克思的观点，工资不仅应该包括维持劳动力自身及家庭日常生活所需，还应包括自己及子女接受教育所需的部分。但是，目前大多数农业转移人口所能获取的工资性收入仅能够保证他们及家人在城市（镇）的日常生活支出。稳定的工作和收入是农业转移人口在城市（镇）生存的主要保障。但实际情况是，尽管他们的工资性收入是不断增长的，国家统计局发布的《农民工监测调查报告》显示，2013～2016 年农民工工资性收入不断增加，从 2013 的 2 709 元增加至 3 275 元，但其收入来源仍然具有很大的不确定性，且只能在低端劳动力市场就业。

在就业水平和工资水平都不高的情况，工资拖欠问题依然很严重，具体如表 6-3 所示，这已成为影响农业转移人口"市民化"选择的一项重要制约因素。郑州大学课题组调研数据显示，2016 年存在工资拖欠问题的进城农民占被调查人数的 60.8%，工资拖欠程度影响其城市（镇）就业的实际收入水平，进而影响其城市（镇）生存能力。

表 6-3　农民工工资拖欠状况

工资/元　　　　　　　　　年份	2013	2014	2015	2016
农民工平均月工资	2 709	2 864	3 072	3 275
人均被拖欠工资	8 119	9 511	9 788	11 433
外出农民工人均被拖欠工资	9 084	10 613	10 692	11 941
本地农民工人均被拖欠工资	7 098	8 148	8 667	10 518

数据来源：国家统计局历年《农民工监测调查报告》。

城乡教育资源分配不公严重影响了农村劳动力的人力资本积累，而且城市（镇）高收入群体有更多的资源可以用于对其后代的人力资本投入，从而获得更多的发展机会和收入，因而，城乡人力资本投入差异导致的收入差距及城市（镇）生存能力还具有代际传递效应。在市场经济中优胜劣汰是自然法则，机会不平等与自身人力资本的约束是农业转移人口收入较低的初始原因，现实的低收入反过来使其缺少提高自身素质的能力和机会，并逐步陷入低收入恶性循环。这种由人力资本投入不足引起的低收入恶性循环很容易被误认为是市场竞争的结果。事实上，这种低收入恶性循环并不仅仅是市场的产物，更是制度化剥夺的后果。为避免进城农民的发展及上升通道受阻、城市（镇）社会阶层固化进一步加剧及新市民低收入恶性循环的代际传递，必须通过城乡教育制度变革提升农业转移人口的城市（镇）就业及收入能力。加强农村基础教育及职业技能教育是解决由人力资本瓶颈引起的农业转移人口就业能力与收入不足问题，进而提升其"市民化"能力的有效途径。

6.3.3　不同时期城市（镇）融入环节的制度约束效应

本书采用城乡工资性收入绝对差距来衡量农业转移人口城市（镇）融入环节的制度约束效应。工资性收入在农村居民纯收入中是第二大收入来源，并对农村居民纯收入的贡献逐年提高，截至 2016 年其比重达到了 40.62%。城乡居民工资性收入的绝对差距一直呈扩大态势，1985 年城镇居民人均工资性收入为 612.7 元，农村居民为 72.2 元，前者是后者的 8.49 倍，远高于当年的城乡居民收入差异系数，之后绝对差距一直呈快速增长态势。而城乡居民工资性收入的相对差距呈现降—升—降的变化趋势，依据这一变化态势，可将 1985 年以来城乡居民工资性收入差距的演变大致划分为五个阶段。

1）第一阶段（1985～1989 年），城乡居民工资性收入相对差距持续缩小。这一阶段，虽然 1986 年的城乡居民工资性收入相对差距有所扩大，但基本上呈缩小趋势。从 1985 年相对收入差距的 8.49 缩小至 1989 年的 7.56。这一时期，在农村经济体制改革（如国家允许农民从事农业之外的其他行业）的推动下，长期被束缚于土地之上的农民得以解放，农民工资性收入大幅度提高，1989 年，农村居民人均工资性收入达到 136.5 元，是 1985 年的 1.89 倍。而同期城镇居民工资性收入增幅较小，城乡居民工资性收入相对差距缩小。

2）第二阶段（1990～1994 年），城乡居民工资性收入相对差距逐渐扩大。该阶段，城市经济体制改革推动了城市经济的快速发展，城镇居民人均工资性收入提高更快，城乡居民工资性收入相对差距由 8.19 扩大至 10.20。数据显示，1994 年，中国城镇居民人均工资性收入达到 2 683.1 元，较 1990 年多出 1.36 倍，而同期农村乡镇企业发展的投资力度减小，农民工资性收入增长缓慢。1990～1994 年，农村居民工资性收入增长速度明显低于城市居民，两者相差超过 6.61 个百分点。

3）第三阶段（1995～2001 年），城乡居民工资性收入相对差距快速缩小。这一阶段，城乡居民工资性收入相对差距从 9.24 缩小至 6.21。这一阶段由于 1993 年以后中国政府实施了大规模的宏观调控政策，乡镇企业从治理整顿中迅速发展，农村劳动力流动就业快速发展，从而提高了农民的工资性收入。经过计算可知，这一阶段农村居民工资性收入的年均增长率为 13.89%，而同期城镇居民工资性收入年均增长率为 6.61%。可见，这一阶段城镇居民工资性收入增长速度放缓，农村居民工资性收入提高显著，二者差距呈下降趋势。

4）第四阶段（2002～2004 年），城乡居民工资性收入相对差距小幅扩大。这一阶段，城乡居民工资性收入的相对差距由 6.44 扩大至 6.66。城乡居民相对收入差距再度扩大，主要原因在于农民工资性收入增长速度下降。而国家通过农业税费减免、种粮补贴等措施，提高了农民外出务工的机会成本，因此农民工外出就业的人员相对不多，且工资水平较低。2002～2004 年，农村居民人均工资性收入平均增长速度小于城镇居民。

5）第五阶段（2005～2016 年），城乡居民工资性收入相对差距平稳缩小。这一阶段，城乡居民工资性收入相对差距由 6.15 缩小至 4.11，虽然 2007 年的城乡居民工资性收入绝对差距有很小幅度的上升，但总体来看这一时期呈平稳缩小的趋势，这主要得益于国家的人力资本投资和城镇化进程的加快。中国已经成为经济大国，继续剥夺农业和农民对中国经济发展的作用甚微，中央"两个趋向"论断的提出揭示出中国工业反哺农业、城市支持乡村时代的来临。然而目前的户籍管理制度、就业制度、教育制度等构成的城乡二元社会经济体制仍在不同程度地限制农业转移人口实现永久性乡城迁移的能力，这一点在工资性收入方面体现得尤其明显。城乡二元经济、社会制度导致的城乡劳动力就业政策、就业服务、劳动力市场、劳动用工管理和失业登记等多方面存在的明显区别，使农业转移人口在工作机会和工作能力上天然处于劣势。另外，农村居民自身组织化程度低造成了收入谈判力量薄弱，收入的稳定性和公平性很难保证。

6.4　相关制度变革的路径依赖及其锁定效应

长期以来的二元经济结构和城市（镇）倾向性政策，政府在城乡就业、教育、卫生、文化、公共设施等方面投入的二元理念与行为进一步强化了城乡劳动力就业机会与就业能力差异。一方面，在这些制度安排下，城镇居民不仅成为能够持续获得制度设计带来的各方面利益的既得利益集团，而且会采取以加强这些制度安排（余轶，2012），阻碍改变这一格局为目的的制度变迁的各种措施。另一方面，政策执行者的行为惯性、既得利益集团政治影响力的不断巩固与强化，制度的自我强化效应成为相应制度变革障碍。

6.4.1　锁定效应及其形成机理

Arthur（1983）认为"锁定指系统一旦达到某个解就很难退出"，并将"锁定-路径依赖"理论系统化，指出回报递增是导致锁定的核心动力，而导致回报递增主要有四种自我强化机制：规模经济（scale economics）、学习效应（learning effects）、网络或协作效应（network co-ordination effects）、适应性预期（adaptive expectations）。具体内容如下。

① 规模经济。一方面，随着原有制度的推行，其运行成本和追加成本都会下降；另一方面，设计新的制度需要大量初始设置成本，两种成本的对比影响政府的选择。

② 学习效应。如果通过学习和掌握制度规则有助于降低成本或提高预期收益，制度将更容易被人们接受。

③ 网络或协调效应。通过适应制度而产生的组织与其他组织缔约会进一步增强制度及其运行的自我强化功能。

④ 适应性预期。制度运行带来的收益促使人们产生认同心理，进一步巩固新制度的地位。

6.4.2　农村劳动力转移过程中的制度约束及其锁定效应

1. 初始条件与正反馈机制的启动

Sewell（1996）指出早先发生的事情会对随后发生的事件的可能结果产生不可预测的历史作用。

按照路径依赖理论，初始条件和历史至关重要。一种制度或政策一旦启动，政府在重新进行政策选择的过程中存在惰性。随着某种政策或制度沿着某个既定的方向不断发展，其影响力在外延和纵深方向不断扩大，要改变其发展轨迹代价必然十分高昂，即使寻找到一种更好的政策或制度选择，但虑及改变初始制度的各种成本，新制度也可能会遭到扼杀。中华人民共和国成立之初，面临饱经战乱的以传统农业经济为主体的贫穷落后的经济局面，以及西方国家的政治孤立和经济封锁，中国选择了优先发展重工业的发展战略。基于此，中国采取了一系列城乡分割的行政管理体制及其手段：以户籍制度为中心，制定了一系列倾向于城市居民的财政、税收、教育、医疗、社会保障等政策，以牺牲农民、农村的利益为代价从国家政策上保证了国民收入再分配向城市居民的倾斜。这些政策的实施势必会影响社会分配关系（余轶，2012）。

1958 年，国家颁布《户口登记条例》，开始实行城乡二元户籍制度，与居民就业、粮油供应、社会福利保障等政策一起，成为农民获得工资性收入的制度障碍。户籍制度从根本上形成了一种社会屏蔽,将农民直接屏蔽在城市社会资源之外。城乡二元用工制度,更是直接成为转移劳动力工资性收入提升的制度壁垒。1958年开始实行的人民公社体制,限制了农村劳动力在农村内部及城乡之间的自由流动,进一步强化了政府对农村劳动力等生产要素的配置管理,城乡之间劳动力的自由流动被完全禁止。农村内部、农业内部,甚至农民家庭经营内部的生产要素配置也受到国家行政手段和政策的严格控制(郑有贵,2008)。正是借助城乡分割的身份制度安排,将农民的工资性收入及其相关福利待遇降低至比市民低得多的水平。相关统计数据显示,凡是农民工输入省,农民收入水平特别高;凡是农民工输出省,农民收入特别低(许经勇,2012)。原因是农民工所创造的价值大部分留在输入省,其劳动所得仅仅是其所创造价值的一小部分。

2. 正反馈机制的加强

随着给定条件的成立并产生收益递增,制度变革的巨大初始成本或者原有政策和制度长期的时间成本投入逐步形成具有复杂制度的体系。这一体系中的组织在制度框架内抓住机会获得学习效应,通过组织间的关系网络,实现协调效应;随着收益的递增,适应性预期产生,而破坏制度的不确定性因素的干扰的影响越来越小。从这个角度讲,路径依赖绝不仅仅是指初始格局决定最终命运,而是演化过程中在正反馈机制的不断自我强化下逐渐形成制度惯性,存在某种锁入的可能性。路径依赖的累积性效应强调系统行为的渐进式变化带来的巨大后果。

既得利益集团为了能够持续地获得制度设计带来的各方面利益,会通过各种途径加强该制度安排并逐渐形成强大的制度网络,不断提高制度变革和创新的成本。所以即使最初的政治制度设计是好的,随着经济社会的发展,原制度设计总会有和经济社会发展不相适应的地方。其主要会出现以下几种路径依赖。

1)政府政策选择的路径依赖——国家城市偏向性政策的延续。按照路径依赖理论,初始制度的选择、制度变革的时间安排和顺序变化都会导致不同的结果。改革开放以来,伴随户籍制度的松动,农民进城就业的限制逐步减少,大量农村劳动力涌入城市获得工资性收入。但户籍制度是目前农民"市民化"的制度屏障,并与就业制度、教育制度、社会保障制度等其他制度一起造成了城乡人口权利的严重不平等。尽管国家采取了一些具体措施来改变这种状况,但城市倾向性政策格局依然没有根本改变。而且,城市利益集团作为强势集团和各种利益既得者,对国家政策的执行及变革有较强的影响力,农民作为最大的弱势群体,其政治影响力很弱,在推动制度变革的过程中也处于弱势。因此,工业化初期特定条件下有损农民权益的政策也得以继续"巩固",有些方面还有所"发展"(李琦,2005)。其中,教育制度对就业和工资性收入的影响最为深远。首先,在以技术为主要推动力的现代经济中,教育投入直接决定了不同群体技术创新资源的丰裕度,更是其收入增长的关键。其次，教育投入对劳动者的生产技能和就业选择机会、选择能力的提升方面影响深远。最后，教育投入的增加可以提高物质资本的产出弹性，使物质资本边际收益下降的临界点推后。而且，知识存量能够直接参与新知识的生产，通过人力资本特有的扩散性和累积性（郭剑雄和吴佩，2006），又使其呈现为一种自我强化的持续发展过程。

2）政府行为的路径依赖。无论哪一种制度框架，最终都要转化为决策者和执行者的具体行动。政府权力部门作为国家的化身行使资源调配权，它拥有依据社会需要和市场需要做出决策，且在做出决策之后仍有根据实际情况决定取舍的权力（孙成军，2006）。虽然执行的过程中要遵循一定的规则和规定，但这些规则和规定都是由人来执行的，在制度框架内具体如何执行，完全取决于责任人的意志。在规则和责任人之间，责任人比规则更具主导性，能够将规则做出有利于责任人倾向的调整，或者对违反规则的行为予以默认。而且，制度具体实施的过程中具有超强自主性和自我实施性，原来在制度架构中的主要受益者发展成为既得利益者。当制度变革发生时（无论是渐进式的还是颠覆式的），既得利益者便从原有制度思想上的拥护者转变成行动上的自觉维护者。而后进来者则不断被同化，成为同盟并结成更大的既得利益集团，这股力量成为阻止制度变革的重要力量。

3）农民意识与行为的路径依赖。西方发达国家农民人数占比较低，农业产值占 GDP 比重也很小，但农民组织在国家政治生活和农业政策制定方面一直发挥着巨大的作用（李成贵，2004）。虽然中国目前是农民大国，但中国农民是最大的弱势群体。经过两千多年封建社会的洗礼，他们对于自身基本权利被剥夺、被践踏的事实，很少从法律的角度去考虑其是非，至多只在伦理的范围内分辨善恶（王亚南，1981）。在这个过程中，农民对政治压迫和经济剥削形成了极强的忍耐性，直到忍无可忍才会爆发为不可抑制的反抗。同时，受小农意识影响和自身文化素质的制约，他们缺乏有组织地进行合法利益表达的意识和行为。这也是为什么中国城乡差距如此大，却很少听到农民自己声音的根本原因。要素分配的实质是不同利益主体之间的利益博弈。不同利益主体的力量强弱不一，在要素收益分配的博弈中，必然有一部分群体由于自身的力量较弱而成为弱势群体，而力量较强的群体则处于优势地位，成为强势群体。强势群体凭借着其自身的优势地位影响要素收益分配政策的制定和调整，并进一步向强势群体倾斜，导致收入分配差距被不断拉大。差别化的城乡管理制度实施过程中产生扩散效应、渗透效应与马太效应，最终形成强者越强、弱者越弱的发展态势。

4）市场机制的马太效应。市场经济条件下，劳动者体能和智力上的差别决定了其所提供的劳动数量和质量的差别，并进而决定了劳动报酬的差别，这必然导致城乡贫富差别。首先，农民的文化素质、职业素养普遍较低，能够提供的劳动数量较少和质量较低，同等劳动时间内获得的报酬受到限制。其次，农民在劳动力市场的信息捕获能力及其在非农领域的社会网络资源占有量等,都会影响其平等劳动权利的实现。而劳动力市场的价格机制会对劳动力的供给和需求产生一种正反馈性的激励。高收入群体及其后代通常能享受到更好的教育和发展机会,而低收入群体则可能由于种种原因缺乏优质的教育和发展机遇,这也会导致高收入群体逐渐进入收入—教育—发展机遇—收入的良性循环,而低收入群体则陷入恶性循环的马太效应。农民的文化素质与劳动技能普遍偏低很难在城市找到稳定的较高收入的工作。城市政府因虑及自身降低区域失业率的本能又对城市户籍以外的人员做出种种限制。城市就业政策几乎完全将农民排除在城市正式就业体系之外,他们不得不从事那些几乎不受任何保护的体制外工作,而一些针对性的带有明显歧视性的用工规定,又加大了其失业风险。

3. 农村劳动力转移的锁定效应检验

本书中农村劳动力非农就业特指农民将家庭劳动能力转移到非家庭劳动领域,就业形态全部或部分由家庭自我雇佣向雇佣工人的转移。在这个过程中,农村劳动力由家庭生产经营者转变为专业或兼业产业工人以分享分工和专业化生产经营的好处。其主要标志是以获得收入为目的的非家庭劳动的出现,最终结果是获得工资性收入。

选择这一指标来衡量农村劳动力非农就业情况的原因有两个:①大多数农村劳动力非农就业具有不稳定、临时性强的特征,进行传统的就业率分析缺乏相应的数据支撑。②建立在通常意义就业或失业概念基础上的相关研究可能更侧重于对就业"量"的研究,而忽视了对就业"质",即就业是否可持续、能否给劳动者带来切实经济效益的研究。考虑到农村劳动力非农就业不同于一般城镇居民就业的特殊性①,笔者认为,选择就业结果作为衡量其非农就业情况的标准可以兼顾"量"和"质"。

从农村劳动力非农就业成果的绝对水平看,1985 年中国农村居民人均工资性收入为 72.2 元,1990 年为 138.8 元,2000 年为 702.3 元,2017 年达 5 456.2 元(由 2017 年国家统计局统计公报的农村居民人均纯收入 13 432 元及 2016 年的工资性收入占比 40.62%推算),30 多年增长近 75 倍,年均增长率为 14.47%。尽管这样的增速高于城镇居民 2.57%(城镇居民人均可支配收入中工资性收入年均增长率为 11.90%),但由于农村居民工资性收入基数小,城乡居民工资性收入的绝对差距一直呈扩大态势,2014 年达到 13 733 元。从非农就业成果的相对水平看,这里用城乡居民工资性收入差异系数来表示,据统计年鉴相关数据计算,发现城乡居民工资性收入差异系数的变动大体可以分为五个阶段:第一阶段为 1985~1989

---

① 农民工就业全过程面临以"农民"身份为依据进行的差别待遇。

年，呈下降态势，该差异系数由 8.49 缩小至 1989 年的 7.56，主要得益于农村经济体制改革，国家允许农民从事农业之外的其他行业；第二阶段为 1990～1994年，该差异系数由 8.19 扩大至 10.20，主要原因在于城市经济体制改革和农村乡镇企业发展投资力度的下降；第三阶段为 1995～2001 年，该差异系数从 9.24 降至 6.21，主要原因在于乡镇企业的快速发展和同期城镇国企改革造成的职工分流下岗，这一阶段农村居民工资性收入年均增长率为 13.89%，城镇居民年均增长率为 6.61%；第四阶段为 2002～2004 年，该差异系数由 6.44 扩大至 6.66，实现小幅扩张，主要原因在于农村居民工资性收入平均增长速度低于城镇居民；第五阶段为 2005～2016 年，该差异系数平稳下降由 6.15 至 4.11，主要得益于国家的农村人力资本投资和城镇化进程的加快。

考查农村劳动力非农就业中的制度变革是否存在路径依赖与锁定效应，该依赖性与制度变革的关系如何？主要看其就业成果（人均工资性收入）相对于城镇居民就业成果（用城镇居民人均工资性收入表示）差距及其变动趋势与制度变动之间的关系。因此，本书主要用农村劳动力非农就业相对水平，即城乡居民工资性收入差异系数及其变动轨迹，判断农村劳动力非农就业水平提升中的制度变革是否存在锁定-路径依赖效应。

在此，笔者用自回归模型来检验城乡就业成果差异是否对其历史值存在依赖性。利用 Eviews 6.0 统计软件按以下顺序进行计量模型的分析。首先对数据进行平稳性检验，然后针对回归数据进行协整检验，最后进行回归模型的拟合。只有产生时间序列的随机过程是平稳的，用自回归模型进行分析才有意义。因此，首先要研究自回归过程的平稳条件。序列的平稳性可以用自相关分析图判断，如果序列的自相关系数很快地（滞后阶数 K 大于 2 或 3 时）趋于零，表明时间序列是平稳的，反之非平稳，如图 6-1 所示。

自相关	偏相关		AC	PAC	Q-Stat	Prob
		1	-0.037	-0.037	0.0463	0.830
		2	-0.377	-0.379	4.9214	0.085
		3	0.094	0.071	5.2352	0.155
		4	-0.009	-0.171	5.2383	0.264
		5	-0.363	-0.367	10.288	0.067
		6	-0.073	-0.245	10.499	0.105
		7	0.162	-0.217	11.592	0.115
		8	0.008	-0.206	11.595	0.170
		9	0.127	-0.001	12.336	0.195
		10	0.077	-0.182	12.621	0.246
		11	0.034	-0.001	12.680	0.315
		12	-0.178	-0.320	14.379	0.277
		13	0.033	-0.005	14.441	0.344
		14	0.102	0.025	15.065	0.374
		15	-0.124	-0.051	16.053	0.379
		16	0.009	0.126	16.059	0.449

图 6-1　城乡就业成果差异系数二阶差分值自相关图

从图 6-1 可以看出，城乡居民工资性收入差异一阶差分值序列中当 K 大于 2 时自相关系数趋于零，说明该时间序列是平稳的，选定 AR（2）作为样本生成自回归模型。鉴于本书主要探讨就业制度变迁对农村劳动力非农就业的影响，因此，将涉及劳动力转移的户籍制度作为虚拟变量加入模型。1958 年，全国人民代表大会常务委员会通过的《户口登记条例》是中华人民共和国第一个限制城乡人口自由流动的法令，它对于农村人口具有的制度性壁垒作用影响深远。1992 年，社会各界关于户籍制度改革的呼声日益强烈，户籍制度的逐步松动促进了农民的自由流动，农民大规模进城务工时代来临。为分析制度变革对非农就业相对水平的影响，引入虚拟变量 D_1，并以 1992 年的转折点作为依据，设定了加法模型引入虚拟变量，其中制度发生变革时 D_1 为零，制度未发生变革存在制度障碍时 D_1 为 1，回归方程为

$$GZCY = -1.41 * D_1 + [AR(1) = 1.50, AR(2) = -0.52]$$

通过对该模型的稳定性检验（在 AR 根图中，落入单位圆内的点越多，表示模型越稳定，否则表示模型稳定将对脉冲响应函数的误差精确度产生影响），AR 根图所有点均落在圆内，因此，本书建立的自回归模型比较稳定。自回归结果表明，滞后 1 期到滞后 2 期的城乡就业成果差异对后期城乡就业水平差异的影响显著（在 1% 置信度下），可以解释城乡居民就业成果差异系数的 90% 以上，即该系数存在很强的自强化效应。同时政策变量对农村劳动力非农就业相对水平影响显著，二者呈反向变动，即随着制度变革的深入城乡居民就业成果的差异呈缩小态势。如果想要增大农村劳动力非农就业的数量和提高其就业质量，必须改变当前城乡劳动力资源的差异化配置方式及其要素收益分配模式，通过足够的外部力量消除阻碍非农就业的惯性力量。

选择历年"市民化"户籍人口占比作为因变量，制度因素作为自变量，采用虚拟变量模型测度制度变革的"市民化"效应。诸多研究表明，户籍制度、农村土地制度等制度变革对中国农村劳动力转移有显著影响，本书中笔者选择影响最大的户籍制度和农村土地制度展开分析，即将户籍制度 D_1，农村土地制度 D_3 作为虚拟变量。

关于 D_2 的取值，基于前节内容相同的理由，D_2 在 1990 年以前的政策影响取值为零，1990～2012 年的政策影响取值为 1。

关于 D_3 的取值，1985 年及 1992～1993 年，中国曾两度出现耕地面积大幅减少，农村土地矛盾引发了一系列经济社会问题，对此，全国人民代表大会常务委员会于 1998 年对《土地管理法》进行了全面修订。这部法律对中国农业转移人口的"市民化"决策有重大影响，因此农村土地制度这一虚拟变量取值以 1998 年为界，即 D_3 在 1998 年以前的政策影响取值为零，1998～2012 年的政策影响取值

为 1。

通过 Eviews 6.0 统计软件的计算，得到多元线性回归模型如下：

$$Y=18.6+4.1*D_2+7.7*D_3$$

得出回归结果 R^2=0.799，调整后的 R^2=0.787，F 统计量对应的 P 值等于 0，表明模型整体上拟合度很好，回归系数的 P 值都小于 0.005，说明模型是有效的。从回归结果可知，户籍制度改革的启动和《土地管理法》的全面修订对农村劳动力"市民化"水平影响显著，并呈同向变动，即随着制度变革的深入农业转移人口的"市民化"水平呈上升态势，也就是说随着改革进程的推进，原有户籍制度和土地制度对农业转移人口"市民化"的约束效应在不断弱化。

6.5　制度创新需要关注的几个重点问题

6.5.1　农业转移人口"市民化"是一个渐进的过程

农业转移人口的绝对数量与相对数量、"市民化"选择带来的生计风险、"市民化"私人成本与公共成本及各主体的成本负担能力，都决定了中国农业转移人口"市民化"将是一个长期的过程。这个过程中将会面临各种现实问题。例如，通过制度创新实现"市民化"后，农业转移人口户籍身份的变更并不能从根本上改变其就业能力及相应收入能力不足等问题，城市（镇）生存能力不足问题也并没有从根本上得到解决，人力资本不足的现实将进一步影响其"市民化"后的就业选择，或许仍将从事简单的无法获得人力资本积累的工作，这些先天不足仍将在很长的时间内影响其就业水平和就业的稳定性。农业转移人口依然在原有行业就职，职业发展惯性会进一步加剧其作为城市底层就业群体的板结化，隐性限制依然存在。但就当前而言，选择具有稳定劳动关系并有一定年限城市（镇）居住经历的转移人口率先实现"市民化"是必然的。以重庆市为例，目前主要推动在城镇稳定就业的转移劳动力"市民化"，入户主城要求必须务工经商 5 年以上，入户区县必须务工经商 3 年以上。这种选择性的"市民化"推进方式，不仅能够满足那些有"市民化"需求、又具有一定人力资本和城市生活能力的转移劳动力，又不会因为大量转移人口的突然涌入造成迁入地基础设施和政府财政的不堪重负。在当前"市民化"成本高企，而各主体成本担负能力有限的情况下，这种择优推进的方式无疑更适合中国当前的现实，可以有效避免城市贫民窟现象，保证"市民化"质量及"市民化"进程的可持续性。设定科学合理的落户门槛，完善跨区域城乡权益的转移衔接将成为重点。

6.5.2　生计水平变化是农业转移人口"市民化"决策的重要影响因素

城乡差距一方面会成为吸引农村劳动力向城市（镇）转移的巨大动力，另一方面又会因为相对收入过低而影响其在城市（镇）就业生活的信心，对退出农村成为市民后提升生计水平的信心不足。而且，随着城乡利益格局不断发生变化，城市倾向性制度政策带给城市（镇）户籍人口的"红利"日减，城镇失业率、物价水平和生活成本不断攀升，导致城市（镇）生存压力随之增大。而选择继续保持农村户籍不仅可以分享部分城市（镇）惠民政策，还可以继续享有农村的许多优惠政策，如不用再缴纳农业税等税赋且能享受多种"三农"补贴；缴纳少许保费就可以享受基本养老保险和新型农村合作医疗保险。城市（镇）就业生活的能力与信心、对农村现有既得利益和未来预期收益的难以割舍都会成为农业转移人口"半市民化"选择，即选择在城市（镇）就业生活，但落户城市（镇）成为市民的积极性并不高的重要原因。利益格局的不断调整使城市（镇）户口对农业转移人口吸引力不断下降，除非户籍身份的变动能够为其带来生计水平的提高，否则他们会更倾向于保持目前的"半市民化"状态。

6.5.3　农业转移人口的土地权益是问题的关键

截至目前，农村退出环节的农民利益保护仍是农业转移人口"市民化"进程中的关键问题。诸多研究表明，绝大多数转移劳动力不愿意退出农村成为市民，想保留承包地是主要原因（张翼，2011）。实际上，目前有些地区的"带土进城"试点也存在隐患：一般土地的承包期限是30年，但只要拥有村集体成员权，土地承包期届满就可以继续承包。但如果转变为市民就不再是村集体成员，也就无法继续享有以成员权为依托的承包权。

不愿意退出农村退出承包地和宅基地相关权益从一定程度上反映了农业转移人口迁移决策中的经济与行为理性。在进行"市民化"选择时，不仅会考虑自己和家庭的主观愿望，还会全面考虑自身的客观条件；不仅会考虑转移的净收益[①]，也会考虑转移后可以预见和不可预见的风险。这个环节不仅涉及土地退出的激励问题，还涉及土地退出过程中的利益分配及退地后的生活出路问题。因此，退出农村、退出土地必须以其在城市（镇）可以获得稳定的非农收入和住所，保证其可以立足并在城市（镇）发展为前提，否则这种"市民化"将是灾难性的。

农村土地问题是一个复杂且敏感的问题，不仅是每个农民家庭生计收入的重

---

① 理论上，当转移劳动力永久性转移后的净收益大于零时，农业转移人口才会愿意"市民化"；当其永久性转移的净收益等于零时，他们持观望态度；当永久性转移的净收益小于零时他们不愿意"市民化"。

要影响因素,还关乎农村经济、社会、政治稳定的大局。2011 年《政府工作报告》明确提出,要充分尊重农民在农民进城和留乡问题上的自主选择权,"市民化"推进过程中应充分尊重农民的土地退出意愿。可以通过合理可行的土地退出激励机制促使农民做出理性决策,最大限度地降低改革成本。

6.5.4　科学合理的成本分担机制是保障

无论是退出农村、退出土地环节的土地制度改革,还是进城环节的就业制度、户籍制度及其相关制度改革都需要支付大量的成本。在这个过程中,构建合理可行的成本分担机制是有效推进"市民化"进程并保证其可持续性的前提。目前来看,由农业转移人口自身、企业和政府共同承担"市民化"成本已经达成共识,但具体分担的数额与比例及其合理性、可行性仍有待探索。

第7章 劳动力转移典型模式解析

农村劳动力转移是各国城镇化进程中的共性特征，其转移模式的形成受到发展阶段、转移背景和转移条件等诸多因素的影响。本章通过对中国劳动力转移典型模式及国外劳动力典型模式进行解析，为处于"半市民化"阶段的中国劳动力转移提供借鉴和参考。

7.1 国内劳动力转移典型模式

7.1.1 被动型劳动力转移模式

被动型转移主要指因失地造成的农村劳动力转移，失去土地成为农村劳动力职业非农化的前提和主要推动力量，一般伴随农业人口的户籍非农化。改革开放前，全国普遍通过"谁征地、谁招工"手段实现失地农民的非农转移。但这种转移模式与市场经济体制明显不匹配，20世纪90年代以来，随着市场经济体制的建立和完善，城市（镇）劳动用工由计划走向市场，招工补偿安置被货币补偿安置取代。在这个过程中，为了缓和土地减少甚至完全失去土地与农民生计提升之间的矛盾，各地进行了多种形式的探索。

1. 浙江模式

浙江省人地矛盾十分突出。根据国土勘探详查，浙江省陆域面积仅为 10.18 万平方千米，是全国陆域面积最小的省份。1999~2008 年，浙江省征收土地实现土地非农转移 421.07 万亩，涉及被征地农民 370.32 万人（陈施施，2010）。为解决失地农民的后顾之忧，浙江省变一次性补偿为终生补偿，推出富有自身特色的失地农民非农转移模式，具体有以下几点。

1）土地换社保，间接促进失地农民的非农转移。不再向被征地村集体及农民直接支付安置补助费，而是由政府将费用划入劳动部门社保专户，统一用于失地农民的社会保险统筹和生活补助。该做法通过引导失地农民投资与养老保障为其长远发展拓展空间，进而形成"以土地换保障，以保障促就业，以就业促发展"的良性循环模式。

2）转农为工，直接推动失地农民向非农领域转移。被动失地的农民首先面临的就是生计问题。浙江省各级政府采取多种措施促进其就业[①]。首先，提高失地农民的非农业就业能力（如浙江省宁波余姚市为促进失地农民就业开展"企业下单、政府埋单、被征地农民接单"的订单式培训）。其次，通过成立社区股份合作社为失地农民创造非农就业机会。浙江省不少村组织建立社区股份经济合作社，用征地得来的补偿费建村居、办市场、造饭店、兴企业，使农民不仅有机会按股份获得收益，还能获得更多非农就业机会。

2. 湖南咸嘉模式

湖南省长沙市岳麓区咸嘉湖街道咸嘉新村与开发管理部门大胆尝试"留地集中安置，综合开发建设"的做法，成为失地农民非农转移的典范。具体做法主要体现在三个集中和三个统一，即全村土地集中管理，统一拆迁补偿；农民住宅集中安置，统一开发；土地补偿安置费集中使用，农民生产生活统一安排。土地补偿费和劳动力安置费由小区管理委员会统筹管理使用，一部分作为安置退养基金存入银行，另一部分用来投入小区综合开发建设，开发所得利润、物业收入及银行利息以红利形式统一分发给农民。同时，通过成立房地产开发公司、物业管理公司、建筑公司、开发商业门面和配套性经营场所等形式，广辟就业渠道，安置村民就业，使有就业能力和就业欲望的失地农民都能顺利就业。

咸嘉模式成功的核心在于充分考虑农民利益，把地留在交通便利、位置重要的地方，使咸嘉新村的房地价格以每年500元/平方米的速度增值。另外，通过创造就业岗位、培养农民就业能力等方式保证失地农民失地不失岗、失地不失业、失地不失利。

3. 广东南海模式

广东省佛山市南海区是广东省最早推行农村股份合作制的地区。其主要做法是把已经分包到户的土地和集体组织其他财产统一集中到行政村的农业发展股份有限公司（以下简称农业发展公司）。集中后的土地被划分为基本农田保护区、工业开发区和商贸住宅区，统一规划开发。农业发展公司保证按国家当年粮食收购价格的80%为每人每月供应25千克稻谷，分配主要按照土地股份展开（其中满16周岁的农业人口分配一个土地股份，16周岁以下的分配半股，一股每年给予400元以上的现金分红）。这种模式的成功之处主要体现在以下几个方面。首先，

---

① 2003年5月，浙江省《关于建立被征地农民基本生活保障制度的指导意见》规定，从各地征地调节资金中切出专项经费，对被征地农民进行职业技能培训，大力推进城乡统筹就业，开发社区就业岗位，多渠道、多形式安排被征地农民就业。

通过集体土地非农化启动工业化。灵活的土地使用方式（企业可以通过国家征用地方土地或租用集体土地获得土地使用权），促使大量企业在南海区落户、生根，形成了珠江三角洲地区著名的工业带。其次，土地非农化级差收益被保留在了集体内部。土地仅用于非农领域但并未转变集体所有权性质，土地级差收益及其增值收益全部被保留在集体内部。最后，在自愿、合法、有偿原则下将农民土地承包经营权转变为可以永久享受的股票分红权，从而有利于农民土地使用权和收益权的分离。这既保障了农民对土地的收益权，又加速了农民向第二产业和第三产业转移。这种模式的实质是将原来的土地均分权变成了土地增值收益的分红权，村集体成员权的保留也使农民愿意将土地交由集体统一开发、出租，农民则可以无后顾之忧地到农外就业，加速了农民的非农化进程①，最终实现地方政府、社区与农民的共赢。

7.1.2　制度创新拉动型劳动力转移模式

为充分发挥人口城镇化对经济社会发展的带动作用，多地政府不断尝试通过制度创新推动转移劳动力退出农村实现永久性转移。比较典型的主要有成都模式、重庆模式及嘉兴模式。

1. 成都模式

作为成渝经济区的重要中心城市，成都市于 2003 年提出并实施经济社会发展一体化的城乡统筹规划。当时成都市农业人口占人口总量的 63%，第一产业从业人员占总就业人口比重的 38.7%。同年，成都市公安局出台《关于调整现行户口政策的意见》，通过取消进城户口指标限制降低城市入户门槛。2004 年，成都市公安局出台《关于推行一元化户籍管理制度的实施意见》，人口登记取消农业人口与非农业人口之分。2006 年，打破长久以来只能"买房落户"的限制，再次放宽城市户口准入条件，农民租住房屋等都可以随迁入户。同年，成都市温江区发布《关于鼓励农民向城镇和规划聚居区集中的意见（试行）》《关于放弃宅基地使用权和土地承包经营权农民参加社会保险实施细则（试行）》，鼓励农民放弃土地承包经营权和宅基地使用权，在城区集中居住并享有与城镇职工同等的社会保障待遇。截至 2006 年年底，有近 27 万农民住进城镇和农村新型社区，并通过"五化"②措施推动农民"市民化"（张焕英，2011）。2007 年，成都市被批准为全国统筹城乡综合配套改革试验区。2008 年，成都市建立一房一户，按产权登记的户籍登记制

---

① 1992～2002 年，92%的失地农民实现了非农化转移。
② "五化"措施即"三新"活动经常化、公共服务社区化、信息管理现代化、创业救助长效化、产业发展多样化。

度，放宽全域内的户口迁移条件。到 2009 年年末，农业人口占比降为 44.8%，第一产业从业人员占比降至 22.1%。2010 年，城乡综合配套改革实现新突破，成都市委和政府《关于全域成都城乡统一户籍实现居民自由迁徙的意见》（成委发〔2010〕23 号）（以下简称《意见》）提出，2012 年年底前成都全域实现统一户籍、实现"户随人走"。自愿进城的农民可以获得与城镇居民平等的就业、社保、住房等待遇，城乡居民自由迁徙，并享有平等的基本公共服务和社会福利。这些旨在破除城乡二元结构，彻底消除户籍及其背后的身份和权利差异的改革，不仅降低了农业人口和第一产业就业人口比重，还缩小了城乡差距。

尊重农民意愿、保障农民权益是成都模式的突出特点。首先是建立权属清晰的现代农村产权制度，通过对农村产权确权、登记、颁证保证农民土地权益。其次是降低进城门槛，在不剥夺其土地等权益的前提下为其提供与市民共享的就业、基本公共服务、社会保障和社会福利等权利，吸引农民自愿成为市民。《意见》明确指出，农民进城不以放弃农村宅基地使用权、土地承包经营权、林地承包经营权等已有利益为代价，其权益不会因为居住地、职业的改变而受到侵害（人民日报，2014）。宋周等（2014）的研究表明，成都市农业转移人口的"市民化"愿望较为明显，愿意入户城市的占总调查人数的 50.3%，没考虑过该问题的占 33.1%，明确表示不愿意"市民化"的仅占 16.6%。70%以上的农业转移人口认为经济负担能力是其"市民化"决策的主要障碍。

2. 重庆模式

2008 年，重庆市开始实施土地换保障的"市民化"模式，农民选择退出农村退出土地可获得政府的一次性补偿资金。退出土地可在市区两级土地流转市场参与交易，并通过鼓励社会资本参与的方式降低农民土地退出造成的资金压力。但实际操作中农民参与的积极性不高，相当一部分进城农民既期望获得与城市（镇）居民等同的福利又不愿意放弃农村的土地权益。2010 年，重庆市相继出台《重庆市人民政府关于统筹城乡户籍制度改革的意见》（渝府发〔2010〕78 号）《重庆市户籍制度改革农村土地退出与利用办法（试行）》（渝办发〔2010〕203 号），规定农村户籍转为城市户籍的其农村土地必须退出。因此，重庆市户籍改革被称为"以土地换户籍"（张蔚，2011）。为充分保障农民利益和城镇的承受能力，重庆市专门为当地农民转户进城制定了一系列政策，具体有：①农村居民转为城镇户口后，可继续保留宅基地及承包地的使用权和收益权，但最长不超过 3 年。已经确权到户的农村集体林权不强制退出。②成为新市民即可将就业、社保、住房、教育、医疗纳入城镇保障体系，在享受城镇居民社会保障和福利后的 5 年内，仍享有原户籍地生育政策、农村计生奖励扶助政策。自愿退出承包经营权之前还可以继续享有农村种粮直补、农机具补贴等土地相关惠农政策。③为解决新市民住房问题，自 2010 年起三年时间尽量实现新市民的集中居住。尽管有以上政策，但因为并没有对过渡期后的权益归属及是否可以继续享有农村计划生育政策和土地相关补贴的权利做出明确规定，农民通过转户实现"市民化"的积极性并不高。

随后，重庆市政府对相关政策做出进一步调整，允许农民"带着土地进城"，即农民可以不以土地权益的丧失为代价实现"市民化"。对于整户转为市民的，三年内继续保留其在农村的土地权益，并通过组建市区两级土地流转机构为保留土地权益的转户农民提供条件，完全退出宅基地使用权和土地承包经营权的一次性给予补偿，着力将满足条件的农民"市民化"。但是，由于补偿标准不明确，农民很难选择放弃土地进城落户。徐爱东和吴国锋（2015）的调研结果表明，现有条件下仅有 17.65%的农民愿意"市民化"，年龄、职业类型、城市房价、农村建房价格成为影响其"市民化"选择的关键影响因素，获得更高收入、提高土地补偿、接受技能培训、降低生活成本是农民的主要现实诉求。

3. 嘉兴模式

外来人口占总人口半数的嘉兴市于 2002 年就开始通过户籍制度改革降低入户门槛。按照 2002 年《嘉兴市人民政府办公室关于深化户籍管理制度改革的实施意见》（嘉政办发〔2002〕76 号），嘉兴市将满足合法固定住所、稳定职业或生活来源等作为准入条件开始按居住地登记户口，打破了嘉兴市域内的城乡界限。2006 年，嘉兴市对嘉兴新居民全面实施居住证制度，依据不同情况为外来务工人口发放临时居住证、居住证和技术员工居住证。2008 年，嘉兴市实现城乡统一的户口登记制度，并改革户籍制度及相关社会公共政策，剥离户籍制度上附加的不合理政策与制度实现城乡公共服务一体化。嘉兴市通过土地使用制度及农村集体资产产权制度改革，确保农业转移人口的经济利益，提高农业人口"市民化"的经济支付能力。2008 年，嘉兴市开始推行"两分两换"模式，即将农民的宅基地与承包地分开、搬迁与土地流转分开，以宅基地置换城镇房产、以土地承包经营权置换社会保障。具体为以下几个方面。①通过宅基地使用权、房屋所有权确权、登记和颁证工作，尝试建立宅基地使用权和房屋所有权退出机制。②在全省率先开展土地经营权抵押贷款、农民建房配套贷款，创新开展农村住房置换担保贷款等业务（嘉兴市统筹城乡综合配套改革领导小组办公室，2011）。③通过清产核资等程序将集体资产中的非土地资产按一定标准折股量化，明晰和保障村集体成员的利益，提高农业人口"市民化"的经济支付能力。④宅基地置换是"两分两换"的核心，其目的是引导农民逐步向城市和新市镇聚集。对自愿放弃宅基地和住宅到城镇购置商品房落户的农民由政府直接对原住房给予货币补贴，不再安排搬迁安置房用地。选择置换搬迁安置房的农户则依照相应政策对原住房建筑面积给予房屋补贴，同意建设后置换给农户并办理土地使用权证和房屋所有权证，还可以申请由政府贴息或建立专项担保基金的按揭贷款，不再享有申请、使用农村宅基地的权利。⑤农民入住城镇后将户籍转入社区管理，享有城镇居民同等的教育、培训、就业服务等权利，并继续享有原居住地宅基地以外的其他权利。⑥以租赁或入股形式全部流转土地承包经营权的土地流转收益归农户所有（国土资源部农村土地管理制度改革调研组，2011），还可以选择按城镇居民缴费基数缴纳社保费用，政府给予相应财政补贴。自愿全部放弃土地承包经营权的，可按农户申请——村集体同意——镇、县级政府审核审批后，依据政策规定办理相关社保手续。

这种做法不仅提高了农村土地的使用效率，促进了农业的规模化生产经营，还提高了农民收入（尤其是财产性收入）及农民进城生活的经济支付能力。但也面临一系列问题，主要有：①"两分两换"政策与之前的拆迁政策、宅基地置换政策有很大差异，多数农民认为政府的置换标准偏低，特别是和建设拆迁标准相比差距比较大。②"两分两换"政策鼓励农民放弃土地承包经营权，以土地承包经营权置换社会保障，但目前低水平的社会保障很难保证其日常生活需要（方芳和周国胜，2011）。③农民基于村集体成员权而享有土地承包经营权，如果农民选择流转土地承包经营权并落户城镇，丧失了村集体成员权之后的土地承包权属问题及相应的法律依据问题有待解决。而且，依据《中华人民共和国农村土地承包法》，耕地承包期为 30 年，到期后流转部分的土地承包经营权如何分配也没有给出明确的答案。

7.1.3　台湾农村劳动力转移模式

被誉为"亚洲四小龙"之一的中国台湾，是全球经济发展较快的地区之一。农业在中国台湾经济发展过程中作用重大，在其城镇化进程中，土地的非农化与农村劳动力的非农转移协同推进，有效推动了中国台湾经济的飞速发展。中国台湾地区的成功经验主要体现在两个方面。

1）充分发挥农业部门的资本积累功能，为工业化提供资本积累。中国台湾农业为工业化提供资本积累或者说中国台湾工业化资本积累对农业剩余的汲取方式有两个显著特点：一是通过土地改革把地主的土地资本直接转化为工业资本；二是通过土地改革、政府控制下的价格关系及加大农业扶植力度三个方面的努力，不仅实现了工业化的资本积累，也保持了农业自身的稳定增长，为劳动力顺利转移提供了条件。

2）以轻工业发展带动农村劳动力非农转移。中国台湾的农村劳动力转移与其经济转型密不可分。中国台湾两次转型分别发生在 20 世纪 60 年代中期和 70 年代末 80 年代初。第一次经济转型使中国台湾从以农业经济为主体的传统经济转变为以工业经济为主体的现代经济，并且实现了由内向型经济向外向型经济的转变。当时中国台湾采取以轻工业为先导的发展模式，优先发展劳动密集型加工制造业（最大的特点是投资少、技术含量低、劳动密集度高、对劳动力需求量大）。选择以劳动代替资本，不仅充分利用了人力资源充足的优势，还有效避免了建设资金与外汇不足的劣势。但是，随着加工制造业的发展，内需市场狭小问题越来越明显，拉动经济增长必须依赖出口。20 世纪 60 年代后半期，中国台湾从内向型经济转变为外向型经济，劳动密集型出口加工工业吸纳了大批农业劳动力，推动了农村劳动力转移。工业经济的快速发展为农村劳动力非农转移提供了充足的就业机会和就业岗位。第二次经济转型，中国台湾实现了劳动密集型产业向资本和技术密集型产业的转变，实现了劳动力从落后地区向新兴工业化地区、从旧产业向快速发展的新产业的转移。分散化的多元转移是中国台湾农村剩余劳动力转移的特色之一。在中国台湾的劳动力转移过程中，城市空间结构的多元化、农业产业化和非农产业布局的推进，以及城乡劳动市场的一体化都发挥了重要的作用。

7.2　国外农村劳动力转移典型模式

7.2.1　美国农村劳动力转移模式

1. 美国农村劳动力转移的历程

美国农村劳动力转移属于典型的"自发型"自由迁移模式，历经一个半世纪。作为一个地广人稀的发达国家，美国土地资源十分丰富，人均耕地面积高达 1.6 公顷。美国最初的农村劳动力转移以土地集中和农业的大农场式规模化经营及其生产力提升为基础。19 世纪 20～70 年代，政府主要通过土地法的制定和修改吸引农村人口异地迁移，迁移速度缓慢，1870 年以前仍有 75%的人口生活在农村，当时的美国还是一个典型的农业大国。19 世纪 70 年代后，第二次工业革命的兴起及大量欧洲劳动力流向美国，推动了美国电力、钢铁等产业发展进而推动整个经济的快速发展，吸引了农村劳动力的大规模城市转移。据 1890 年统计，宾夕法尼亚州、新泽西州、纽约市、康涅狄格州、佛蒙特州和新罕布什尔州各地的乡村人口分别在 20 年间减少了 2/5、1/4、5/6、3/5、3/4 和 2/3（朱乃肖，2006）。在此基础上，政府通过放宽土地所有权、财政补贴、税收减免和贷款优惠政策等手段进一步推动西部矿业的发展，大量工业城市随之出现。城市第二产业和第三产业的快速发展产生劳动力不足的问题，吸引了大量农村剩余劳动力，美国劳动力非农转移逐渐加速，大批农业人口转变为产业工人，并于 19 世纪末～20 世纪 20 年代出现了劳动力转移的第一次高峰，城镇化率突破 50%。20 世纪 20 年代后，美国的工业化进程已经基本完成，第三次科技革命又成为农业劳动生产率快速提升的有力支撑。现代化农业的快速发展使农业生产效率迅速提升，为城市第二产业和第三产业发展释放了大量劳动力，城市人口占比上升到 1970 年的 73.5%（库兹涅茨，1985），农村劳动力转移出现第二次高峰。

2. 美国农村劳动力转移的因素

促进美国农村劳动力非农转移的因素主要有以下几个方面。

1）工业革命为农村劳动力转移提供了充足的非农就业机会。稳定的非农就业机会和薪资收入为农村劳动力转移提供强有力的经济支撑。工业革命推动新兴工业部门的快速发展，农村剩余劳动力转移到城市中成为产业工人的速度加快，城市数量和城市人口迅速增加。

2）工业化的快速发展推动了农业现代化的进程，为农村劳动力的非农转移创造了条件。美国第二次农村劳动力转移高峰的出现以农业现代化为后盾，工业化、城镇化和农村劳动力非农转移基本同步。1850～1910 年，美国农机具产值约提高 23 倍，从 684 万美元增至 17 060 万美元，基本实现农业半机械化。机械化生产提高了农业生产效率，解放了大量农村劳动力，据美国农业部统计，1870～1910 年，农业劳动生产率提高了 32%（李胜军，1989），大量农村劳动力因为农业生产率的大幅提升而摆脱土地束缚，为后来非农转移创造了条件。农业现代化水平的提升也在一定程度上消除了农村劳动力非农转移的后顾之忧，工业化和城镇化所需的粮食完全以本国农业为基础，解决了粮食问题，劳动力转移不再受到限制。

3）职业培训对农村劳动力非农转移的支撑。政府通过《人力发展与训练法》《就业机会法》提升劳动力的整体素质，不仅为农业专业化、现代化、产业链化、农业生产率的提高提供了劳动力支撑，也为农村劳动力非农转移打下了坚实基础。

4）交通革命对农村劳动力转移的推动。交通革命是 19 世纪美国迅速崛起并成为全球第一经济大国的关键因素，公路的延伸、运河的开凿、铁路的修筑一方面吸纳了大量劳动力，另一方面也大幅度降低了农村劳动力的转移成本。

5）农民收入支持和社会保障支持。政府对农民收入的保护和支持为其永久性转移提供强有力的经济支撑。政府对农民收入的保护和支持始于 20 世纪 30 年代，支持总量和相对规模都非常可观且稳定，由于美国农业人口占全部人口的比例不足 2%，农民收入的 1/3 来自政府的农业补贴。总体上，美国政府对农民收入的保护经历了从支持农业基础设施建设到控制产量和提供高价格支持政策，再到主要依靠政府直接支付补贴[①]的转变，主要涉及三个方面（Hueth, 2000）：收入支持（保证所有农户都有一个最低的净收入标准）、专门针对农户的收入转移和扩大的收入转移（如为维持低效率的及规模很小的农户运转支付费用等）。政府对农民收入的支持为转移劳动力的迁移提供生计保障和迁移能力的支撑。此外，政府还在转移劳动力的就业、创业环节提供大量支持，并为农民提供迁移补贴，鼓励劳动力的非农转移。完善的社会保障制度则为美国农业转移人口提供了基本的生存保障和转移能力支撑，1935 年美国通过了《联邦社会保障法》，低于社会贫困线的低收入者、丧失劳动能力的人及这些家庭中的未成年人和照顾他们的母亲是主要受益群体。

7.2.2　日本农村劳动力转移模式

1. 日本劳动力转移的历程

与美国不同的是，日本政府在农村劳动力转移过程中起到了强有力的干预作用，走出了一条由政府主导的跳跃式转移和农村非农转移相结合的道路[②]（黄维民和朱盛艳，2003）。通常将日本劳动力非农转移分为三个阶段。

1）第一阶段，从明治维新到第二次世界大战结束。该阶段日本的城镇化水平较低，城市人口占比不高，战争对国内经济的影响很大，农地抛荒与粮食供应不足问题并存。当时的工业化处于初始阶段，政府主要致力于农业生产以解决温饱问题，经济社会发展对农村劳动力的吸纳非常有限，劳动力转移速度相对较慢。

2）第二阶段，从第二次世界大战结束后到 20 世纪 70 年代初。这一时期，第二产业和第三产业的快速发展对劳动力需求旺盛[③]（张季风，2003），有些年份甚至出现了劳动力供给不足的情况，如 1960 年劳动力缺口达 74.4 万人，到 1968 年这种情况更为严重，城市劳动力价格被不断推高，因此对农村劳动力的吸引力剧增。此外，《农业基本法》《农业现代化资金筹措法》的颁布促进了农业现代化。农业生产效率的快速提升大大降低了劳动力需求，使劳动力转变为就地通勤的产业工人和兼业[④]农民（张雅丽，2008）提供可能。虽然日本农村劳动力转移中兼业农民占大多数，但仍然为工业经济发展起到了"劳动力蓄水池"的作用（张焕英，2011），在保障农业生产的同时也解决了经济高涨时期非农业部门的劳动力短缺问题。与此同时，工业化推动了第二产业和第三产业的迅速发展，尤其是第二次世

---

　　① 新的农业补贴制度包括直接补贴（直接补贴额=平均支付单产×基期种植面积×85%×支付率）、休耕补贴和农业灾害补贴（每种作物缴纳 60 美元手续费就可以参加农业特大灾害保险，赔付率最高可达 55%）。
　　② 日本农村人口比重从 1955 年的 43.7%下降为 1997 年的 9.2%。
　　③ 1955～1960 年，日本全国职工增长率为 11.2%。
　　④ 在不完全脱离农业的条件下，通过向市场提供非农产品或劳务以增加货币收入的活动。

界大战结束后日本中小企业的迅猛发展，成为吸纳农村转移劳动力的重要渠道。这个阶段的农村劳动力转移速度加快，仅 1960～1968 年日本农业劳动力就由 1 228 万人下降为 878 万人（庄荣盛，2008）。

3）第三阶段，20 世纪 70～80 年代。农业合作事业的空前发展为农村劳动力转移提供了有力支撑。随着产业的不断升级优化及城镇化步入稳定期，第三产业成为吸纳农村劳动力的主力军，城市人口比例保持在 75% 以上，农村劳动力转移速度逐渐减缓，甚至出现回流农村的现象。

2. 日本劳动力转移的特点

总体看，日本劳动力转移有以下几个特点。

1）制度变革为农村劳动力转移提供便利。农民与土地的分离是农业劳动力转移的主要前提。而日本 1952 年颁布的《农地法》规定，在府、都、县居住的农户，每户可以保有的农地面积上限约为 3 公顷。该规定严重阻碍了农村土地的集中与流转，不仅影响了农业规模化经营和现代化进程，也影响了农业人口的非农转移，日本为此先后三次修改《农地法》。

2）通过发展小城镇吸纳农村剩余劳动力。《农业基本法》《农业现代化资金筹措法》促进了日本的农业现代化，合并村镇、建设农村新城市对农村劳动力就地转移起到了催化作用（张焕英，2011）。小城镇的农民兼业方式既保障了农业生产需要的劳动力，也满足了城市发展过程中工业部门的劳动力需求。

3）对农村教育和劳动力技能培训高度重视。日本政府很早就意识到教育的重要性，对基础教育和职业技能培训的支持提高了日本农业劳动力的整体素质及在非农业部门的适应能力，推动了农村劳动力的非农转移进程。

4）收入支持政策为农民城市迁移提供了经济支撑。作为典型的人多地少型发达国家，日本的农民收入支持政策以保证粮食安全和缩小城乡收入差距为目的，主要手段是严格的农产品进口制度和巨额的国内农业支持。从相对量看，按生产者补贴占 GDP 比重计，2003 年日本农业补贴为 1%，略低于欧洲联盟（以下简称欧盟）1.2% 的水平，远高于美国 0.4% 的水平。按生产者补贴占农业产值的比重计，日本为 58%，远高于美国的 18% 和欧盟的 37%（高玉强，2011）。近年来，由于其巨额农业补贴不断受到世界贸易组织和相关国家指责，日本不断改变其农业补贴方式，转向通过人才培养、基础设施更新等提升农村劳动力的非农转移能力。

5）以完善的社会保障制度消除转移劳动力的后顾之忧。城乡居民都能够平等的享受社会保障体系及其制度化管理为农村劳动力的城市转移提供了坚实的生计保障。具体包括：①惠及全部贫困人口的最低生活保障。日本政府于 1946 年颁布了《生活保护法》，由国家为所有生活贫困国民按其实际贫困程度提供最低生活保障。②为农民建立了多层次养老保障。1959 年，日本政府颁布了《国民养老金法》，将农民强制纳入公共养老保险体系（张焕英，2011），要求农民必须参加，参保实行定额缴费，低收入者可免于缴费，缴费年限满 25 年、年满 65 岁以上的参保人员可以领取养老金。为了提高农民老年生活水平，也为了实现农业生产经营的规模化和年轻化，日本于 1970 年颁布了旨在促进农民土地经营权流转的《农民养老金基金法》，不仅为满足一定条件①又自愿参加农民养老基金的农民提供一份追加养老金，还制定了专门的离农政策和土地权益转让补偿办法（牟放，2005）。为防范人口老龄化造成的农村老年生活护理风险和经济风险，2000 年日本政府推出了一项适用农业生产经营者的全新的护理保险保障制度，护理保险费用由国家财政承担 25%，地方财政承担 25%，其余 50%由被保险者实际承担。2002 年之前，农民的养老保障由国民年金、老龄年金和土地权益转让补偿金三部分组成。其中，国民年金由国库负担 1/3，其余来自保险人缴纳的保险费。2002 年 1 月，为减轻农业从业者的经济压力，日本开始实行农业劳动者年金制度，土地权益转让补偿金被取消，农民养老保障由国民年金和农业劳动者年金两部分构成（李升，2011）。③农民必须参加医疗保险。1959 年，日本颁布并于 1961 年试行的《国民健康保险法》要求全体农民必须参加。至此，没有被纳入雇员健康保险范围的日本农民全部被纳入国民健康保险，真正能够为农民提供医疗保障的医疗保险制度开始全面实施。该保险由地方政府负责运营，保险费的 50%来源于政府财政补贴。

7.2.3　英国农村劳动力转移模式

1. 英国农村劳动力转移的历程

英国是由大不列颠岛和爱尔兰岛东北部及附近许多岛屿组成的岛国，是最先开始工业革命的世界经济强国之一，也是世界上农村劳动力转移最早、规模最大的国家。

工业革命前，英国通过圈地运动迫使劳动力与土地分离，对农村劳动力的非农转移起到了很强的促进作用。在圈地运动中，大量的公用土地变为私有，新兴资产阶级强行剥夺农民的土地使用权和所有权，将农地通过暴力手段转化为私有土地，从而迫使大量的农村劳动力脱离赖以生存的土地，农业生产者被迫与生产资料相分离而不得不选择非农转移。圈地运动引发的农村经济变革促进了农业劳动生产率提高、农业生产规模化经营和农业机械化，释放了大量的农村劳动力，对当时农村劳动力的非农转移产生了巨大推力。运输业及城市第二产业和第三产

---

① 需要满足三个条件：第一，年龄未满 60 周岁；第二，保险费未被豁免的国民养老金第一号受保人；第三，每年从事农业生产经营的时间达 60 天以上。

业的发展创造了大量就业岗位，政府相关立法与优惠政策的引导对农村劳动力转移则产生了极大拉力（张焕英，2011）。总体上，英国最早期的农村劳动力非农转移带有很强的暴力强制色彩，由政府通过对流民实施残酷的镇压政策实现。这种转移方式最大的问题是加剧了社会矛盾。到 18 世纪二三十年代，政府转而对失地进城农民采取救济安抚政策，如 1846 年的《贫民迁移法（修正案）》消除了对农民自由流动的限制，1865 年的《联盟负担法》解除了对转移劳动力定居地的限制，并大量向海外殖民地移民。

18 世纪 60 年代工业革命兴起以后，英国产业结构发生了重大变化，城市第二产业和第三产业的快速发展形成了大量的劳动力需求，对农村剩余劳动力产生了巨大的就业拉力，开启了农村劳动力的大规模转移之旅。非农业部门就业人数迅速上升，农业人口急剧下降，第一产业劳动力占劳动力总数的比重从 1801 年的35%（张雅丽，2008）下降为 1901 年的 9.1%，大量的农村剩余劳动力进入了制造业、采矿业、运输业、商业和家庭服务行业（张焕英，2011），完成了农业剩余劳动力的初步转移。20 世纪后，英国的农村劳动力非农转移速度逐渐放缓，1901～1975 年，英国农业劳动人口在全部就业人口中的比重由 8.9%下降到 2.7%，20 世纪 50 年代前农村劳动力主要转入工矿业和建筑业，50 年代后主要转入第三产业（李仙娥和王春艳，2004），至此英国彻底完成了农村劳动力的非农转移（杜恒波，2004）。

2. 英国农村劳动力转移的特点

英国农村劳动力转移主要有以下几个特点。

1）通过制度创新破除影响农村劳动力流动的各种限制和障碍。在农业劳动力非农转移过程中，政府态度从最初的反对、限制到后来的鼓励、引导和扶持，经历了一系列切实有效的制度变革和创新。

第一，土地制度变革。封建制度下的小块土地所有制不仅阻碍了农业现代化的进程，也限制了农业劳动力的非农转移规模和速度，以圈地运动为主要标志的土地制度变革，使大批农民与土地完全分离，为农业劳动力向城镇和非农产业大规模转移奠定了基础。农业人口急剧下降到总人口的 25%正是圈地运动的直接结果（朱乃肖，2006）。

第二，人口迁移制度的变革与创新。工业革命以后，英国城镇化发展迅速，土地非农化与农村劳动力非农转移的规模及速度不协调问题日益突出。一方面，耕地资源越来越紧张；另一方面，农村人口的流动迁移受到严格限制。为解决该问题，同时也为了满足城镇化进程中城市工业对劳动力的迫切需求，英国政府决心通过立法和对已有法律法规的修订来消除各种限制人口流动的障碍。1795～

1846 年，英国的《定居法》经历了多次重大修改，最终扩大了农民流动和居住范围，放宽了对农民迁移的诸多限制。1865 年由英国议会通过《联盟负担法》，救济贫民的区域范围和贫民居住地范围进一步扩大（王爱华，2015），消除了一系列的约束性制度和规则，限制人口流动的制度障碍被彻底消除，大大地促进了农村劳动力非农转移和本国城镇化进程（高雅，2005）。

2）多渠道提升农村转移劳动力非农就业率，降低转移风险。首先，通过产业结构调整增加非农产业的劳动力需求。一方面，政府通过增加农业资金投入、提高农业技术创新能力、推动农业生产效率提高等方式降低对农业生产的劳动力需求，增加转移劳动力供给。另一方面，通过扶持第三产业快速发展拓宽就业渠道、增加就业岗位，对失业者再就业和自主创业的扶持等措施缓解失业问题，保障转移人口基本生活等方式提高对转移劳动力的吸纳能力。1905 年，《失业工人法》的颁布更是将农村转移劳动力纳入社会福利体系（张焕英，2011）。系统的社会保障制度为转移劳动力中的低收入群体提供了基本生活保障，降低了他们在转移过程中的生计风险。

3）高度重视农村教育和劳动力技能培训，提升转移劳动力在非农领域的就业能力。工业化水平的不断提高对转移劳动力的数量和质量都提出了更高的要求，英国政府不仅通过全国范围内的中学教育普及提高劳动力的整体文化水平，还通过加大对职业技能培训的支持力度（农民职业教育与技能培训成为英国各类培训中唯一能获得政府补贴的培训）来提高农村劳动力的职业素养和劳动技能，以满足工业化对劳动者更高的技能要求，降低转移劳动力的就业难度和风险。

4）发展交通事业降低劳动力转移成本。与美国相似，英国政府为了加大劳动力非农转移规模，通过大力发展交通事业来降低农村剩余劳动力转移的成本，为劳动力非农转移创造了良好的物质条件。

7.2.4 巴西农村劳动力转移模式

1. 巴西农村劳动力转移的问题

与中国相似，巴西的土地与人力资源存在总量优势，城镇化进程中的二元经济社会结构特征也十分明显。与中国不同的是，巴西农村土地的高度集中与农民基本生产资料欠缺是推动农民大举向城市迁移的主要力量（周志伟，2010）。城乡二元经济社会结构造成城乡差距被不断拉大，城市居民拥有的较好的基础设施及医疗、教育等社会保障对相对收入低下的农民产生巨大的吸引力。而农村无地、少地农民生活极其贫困，微薄的收入、恶劣的农村生活条件成为劳动力向城市转移的重要推动力量的同时，也使进城初期的农民缺乏城市生活的基本经济支撑。

由于缺乏必要的产业支撑，农村劳动力转移到城市后又缺乏足够的工作机会和岗位来为他们提供生活、生产必需的基本物质条件，他们与城市原有市民之间的收入差距不仅没有因为迁移城市而缩小，反而进一步扩大，原来的城乡两极分化转变为城市内部两极分化，经济发展停滞不前，产生了严重的"城市病"，导致了"拉美陷阱"。第二次世界大战后巴西工业品需求的大幅增加引起工资上涨，不仅没有缓解城市问题，反而进一步加速了农村劳动力的城市转移与城市人口膨胀。1950～1970 年，巴西农村劳动力向城市迅速集中，城市人口以年均 5%的速度增长，城市承载力受到严峻考验。

2. 巴西农村劳动力转移的解决措施及思考

巴西政府主要通过两个方面的努力来解决农村劳动力在城市的过度集聚问题。一方面，采取多种方式让农民获得土地，吸引农村劳动力继续从事农业生产，如通过土地改革赋予农民土地所有权等方式增加农村对劳动力的吸引力，试图通过将农村劳动力留在农村来减小其城市迁移的规模和降低其速度。另一方面，支持农业发展，给予农民从事农业生产的信心。1950 年前后，巴西开始推进农业现代化，政府通过多种制度创新措施推动农业发展，从而吸引更多劳动力继续从事农业，抑制农村劳动力城市迁移的速度和规模。尽管在政府的干预下农村劳动力的城市迁移速度有所下降，但农村人口仍呈负增长态势。

巴西农村劳动力转移过程中的经验和教训都充分表明，发展中经济体的农村劳动力转移是一个渐进的过程，不能一蹴而就。在这个过程中，需要第一产业的充分发展为农村劳动力城市转移提供必要的物质保障和劳动力供给保障，第二产业和第三产业的发展则为转移劳动力的城市吸纳提供条件。当第二产业和第三产业的发展还不足以为转移劳动力提供充足而稳定的就业机会和就业岗位时，贫困农民涌入城市会很快沦为城市贫民，大规模城市新贫民聚集在城市底层，成为随时会出现问题的城市不稳定因素和引发系列社会矛盾的隐患。所以，通过产业发展和结构升级推动农村劳动力适度、适时地城市迁移，才是作为农民大国的发展中经济体完成农村劳动力非农转移的可行选择。

7.2.5　典型国家和地区劳动力转移模式经验借鉴

本节分别对美国、日本、英国、巴西和中国台湾地区的劳动力转移模式进行了解析。这些模式有以下几个共同特点。

1）通过制度创新消除人口流动的各种限制是前提。诸多成功经验（如日本）表明，政府通过经济政治体制改革发展中小企业，通过产业结构调整形成劳动密集型产业，通过教育改革提高转移劳动力的职业素养等是推动农村劳动力转移的有效途径。

2）通过产业发展提高非农就业数量和质量是根本。农业的稳固发展是农村劳动力彻底转移的基础，农业的发展为工业的发展提供了大量的资金和劳动力支持，推动城市工业发展的同时使城市就业机会迅速增加，城市人口容纳量和容纳速度能够满足农村人口迁移的数量需求，为农村劳动力及其家庭人口的永久性迁移创造了条件。以英国为例，英国在工业革命以前农业发展已经处于世界顶尖级水平，农产品数量已经实现自给有余，农业生产效率的提升使大量的农业人口迁移到城市中从事工业生产，加上农业资金大量汇入工业，促进了资金密集型重工业和劳动密集型轻工业的发展，因此充足的就业机会为农民身份的彻底转型提供了可能。高质量的城市（镇）就业是转移劳动力获得稳定收入、确保其有尊严的生活并选择留在城市（镇）的根本力量。农业现代化是农村劳动力转移的坚实后盾，为农村劳动力脱离第一产业进入第二产业和第三产业提供条件。非农产业尤其是劳动密集型非农产业的发展是根本，通过多种方式促进转移劳动力的流动与就业，是推动农村劳动力永久性转移的根本途径。日本通过发展农村第二产业和第三产业实现就地转移的经验可以借鉴。巴西的教训则表明，缺乏产业支撑的永久性转移的结果可能是灾难性的。

3）农民收入影响显著。农民收入对农村劳动力转移影响显著，高收入水平可以提高其选择能力。美国、日本等国的经验表明，通过多种方式提高农民收入可以提高劳动力转移的经济支付能力，政府补贴与职业技能培训是关键。中国台湾地区经验则表明，充分发挥农业部门资本积累的功能，甚至将土地资本直接转化为工业资本对劳动力顺利转移至关重要。

第8章 需求导向的制度变革及具体策略体系构建

综合分析表明，制度约束不仅弱化了农业转移人口的"市民化"意愿，而且通过"市民化"相对门槛变化影响其"市民化"能力，阻碍并延缓了"市民化"进程。城乡分割的二元经济社会结构造成了进城农民生活的边缘化，不仅使社会问题的解决出现此消彼长的状况，导致问题解决往往处于两难境地，而且与城乡一体化的总目标相互抵触（高和荣，2003）。突破当前瓶颈加快"市民化"进程已成为新常态下中国扩大内需、转变经济增长方式的当务之急。

"市民化"是一个系统的过程，推进"市民化"进程需要突破各种制度约束及其联动效应，需要处理好各利益相关者的利益关系，兼顾农业转移人口、政府和企业利益。实现这样的目标需要通过系列制度设计，通过户籍制度、土地制度、社会保障制度和就业制度的全方位改革来激发转移劳动力及其家庭人口"市民化"的内在动力。作为有限理性"经济人"，农业转移人口的经济选择往往以其家庭生计水平提升作为根本出发点，以预期收益最大化为基本原则。无论是在产业间还是在区域间，迁移决策都是其为实现效用或收益最大化的理性选择结果。"市民化"是城乡权益资源重组的过程，涉及转移劳动力及其家庭人口基本权利和核心利益的转换。理论上，"市民化"选择主要取决于该选择的成本收益与选择风险的对比关系。"市民化"选择风险在可接受情况下，当选择净收益大于零，即收益大于成本时，"市民化"成为理性选择。反之，选择钟摆式的"半市民化"状态成为必然。收益一定情况下，成本和风险最低的选择则成为最优选择。如何提高"市民化"选择的收益，降低选择的私人成本和风险是提高其"市民化"意愿与能力，进而将"市民化"意愿转化成现实需求的核心。"半市民化"是绝大多数转移劳动力及其家庭人口依据现实环境和自身利益所做出的理性选择。以户籍制度为核心的制度约束是其"半市民化"选择的主要影响因素，建立"两栖"农民向市民、"两栖迁移"向"永久性迁移"的内在转换机制，调整转移劳动力及其家庭人口"市民化"选择的成本-收益比率、降低"市民化"选择的风险和不确定性势在必行。

以此为基础，本书提出通过需求导向性制度变革解决该问题，并提出应以降低"市民化"选择的私人成本和风险，提高"市民化"意愿为基础，提升农业转移人口"市民化"选择的经济支付能力为核心的制度变革，来解决中国农村劳动力转移过程中的"半市民化"问题。

8.1　降低选择风险，提高"市民化"意愿

中国农村劳动力的转移一开始就受到从户籍制度到社会歧视等诸多制度性或非制度性的限制，特别是户籍制度及依附于其上的社会保障与社会福利制度，将农村人口与城市人口彻底隔离开来。从某种程度上讲，造成中国现阶段乡城流动人口成为城市弱势贫困群体的根本原因，就是其"一国两策、城乡分治"的体制设计与相关制度安排①。这种制度安排在有形和无形中提高了农业转移人口的"市民化"风险，成为影响其"市民化"选择的负面因素。

8.1.1　改革户籍制度，降低"市民化"选择风险

诸多研究者提到户籍制度改革的必要性，如曹景椿（2001）主张取消"户口特权"，他提出由户口造成的城乡壁垒已开始松动，而市民享有的特权也开始弱化。还有很多研究者为中国的户籍制度改革指明了方向，如班茂盛等（2002）提出改革户籍制度必须改革限制迁移的配套政策，包括办学体制、住房政策和社会保障制度。周华公和王红茹（2004）也主张只有通过降低户口含金量，剥离与户籍相联系的一切福利才能加快户籍改革的进程。蔡昉（2009）提出只有剥离掉户籍上的福利或把福利差距缩小到无须借助户籍即可共享，才能打破户籍制度改革困境。彭希哲等（2009）则提出逐步剥离附加在户籍上的各种福利，使户籍管理功能回归本位是户籍制度改革的基本取向，但剥离户籍制度上附着的福利不等于取消福利，福利体制可以脱离户籍管理体制而独立运行，其本质是降低城镇户籍含金量。

农业转移人口永久性进入大城市尤其是超大城市的成本-收益率要高于中等城市和小城镇。但是，在北京、上海等需要进行人口规模控制的超大城市②，其入户门槛高企，户籍所附带的各种福利很难剥离，真正取消附着在户籍上的补贴、福利、社保必将是一个渐进的长期的过程。2016年以来在采用限购政策抑制房价过快上涨的城市中，上海市、深圳市、郑州市、广州市、苏州市、厦门市、南京市等城市对本市户籍和非户籍人口实施了差异化限购政策，天津市和杭州市等城市仅对非本市户籍人口的购房实施限购，只有成都市采用了统一限购政策。相对

---

① "一国两策、城乡分治"的体制设计与制度安排，即国家在对城市居民与农村居民、城市发展和农村发展上采取两种不同的制度和政策，这就是中国最大的社会现实。"对城市、对居民是一套政策，对农村、对农民是另一套政策"。这两种政策就是通过户籍制度、身份制度等制度得到进一步固化的（陆学艺，2000）。

② 2014年11月，国务院发布《关于调整城市规模划分标准的通知》（国发〔2014〕51号），其中规定，城区常住人口1 000万人以上的城市为超大城市。根据该标准，中国现有13座超大城市。

而言，社保、医疗等显性福利与户籍的剥离相对容易，信息、环境、教育等隐性福利难以剥离。而中小城市的户籍门槛相对较低，显性福利和隐性福利的剥离相对容易，但这些城市户籍对农业转移人口的吸引力也相对较低。目前来看，小城镇户籍制度松动明显，大城市尤其是超大城市户籍门槛松动有限，错综复杂的利益关系增加了户籍制度的改革难度。

中国户籍制度严格地将城乡居民划分为农业和非农业两种截然不同的身份，也同时形成了两种不同的身份等级制度（王海光，2009）。尽管国家已经开始改革，但尚未触及根本。转移劳动力被严格屏蔽于城市户籍制度体制之外，逐步被迫沦为城市社会的弱势贫困群体。因此，改革不合理的户籍制度仅是表象，而剔除、剥离衍生于户籍上的一系列特权保障制度，还原户籍的本来面目，最终做到保障制度的城乡一体化才是根本（范志权，2007）。户籍制度改革的核心就是要剥离依附在户籍制度之上的一系列社会资源与利益分配机制，回归其基本人口数据信息登记与管理制度工具功能（刘海军和谢飞燕，2013）。政府为改革户籍制度做了以下努力。

1）完善户籍制度立法。1998 年 10 月，中国签署了《公民权利和政治权利国际公约》并承诺尽快施行该公约。依据该公约，公民有自由迁徙的权利。1958 年《户口登记条例》实质上剥夺了公民自由迁徙的权利（王杰力，2013），并造成了城乡居民身份和社会地位的不平等和就业歧视。虽然改革开放以来，地方政府出台的户口迁移政策和《暂住证申领办法》等早已突破了《户口登记条例》的相关规定，而且国家也出台了多项户籍改革政策促进了中国户籍制度的变革，但事实上依然存在着朝令夕改、缺乏稳定性和连贯性的问题。而纵观其他国家的做法，很多国家早已制定了完善的户籍法，如新加坡的《国民注册法》等。所以，中国当务之急就是要完善户籍制度立法，制定具有中国特色的户籍法，重新确定公民迁徙自由的权利，切实将户籍管理纳入国家法轨道，这样也可以为各地方政府进行户籍管理提供法律规范。

2）剥离户籍制度上非农业户口的特殊权利。2014 年 6 月，国务院发布《关于进一步推进户籍制度改革的意见》（国发〔2014〕25 号），标志着中国开始建立城乡统一的户口登记制度。但是，仅消除户籍制度的藩篱远远不够，制约农业转移人口"市民化"的根本力量在于附着在户籍制度之上的特殊权利。在国际上，发达国家的户籍制度的职能集中体现在对人口的统计和管理上，其存在只是用来证明公民身份及为政府制定各项制度政策提供数据和相关基础性信息，而不涉及任何社会评价内容及公民社会身份地位的差别（王杰力，2013）。中国的二元户籍制度，不仅把中国公民划分为农业户口和非农业户口，而且非农业户口享有一系列特殊的权利，导致农村居民无法与城市居民平等地获得就业、教育、医疗、住房、社会保障等基本公民权利。但是，就目前中国的情况，立即将二元户籍制度转变为一元户籍制度很不现实，当务之急是剥离现存户籍制度上非农业户口的特殊权利，循序渐进地进行改革，最终使农业户口与非农业户口待遇相同。所以，其关键就是实行城乡居民统一的福利待遇，破除附着在二元户籍制度上的各种福利功能，在就业、社会保障、教育、住房等领域向全体公民提供平等的待遇，从而使城乡劳动者在参与劳动力市场方面获得政策的公平对待，真正实现城乡居民在发展机会面前一律平等。

8.1.2　改革社会保障制度，降低"市民化"选择风险

受中国城乡分割的二元结构体制的制约，转移劳动力尽管进入城市从事非农产业，实现了职业转换，但由于仍然没有城市（镇）户籍，依然被排斥在以户籍制度为基础的社会保障体系之外。如果城乡社会保障差距过大问题不解决，进城农民土地退出后的住房、就业、养老等问题都将凸显，其"市民化"的机会成本和风险成本都很高，转移劳动力及其家人很难在城市（镇）安定下来。这不仅会影响转移劳动力的永久性转移意愿，还会形成新的社会纠纷及诸多不和谐因素，不利于城市稳定。因此，从中国国情出发，政府应该建立包括工伤、医疗、养老及失业等保险在内的转移劳动力社会保障体系。其具体内容包括如下。

1）落实转移劳动力的工伤保险。目前关于城镇职工工伤保险的举措已经很完善，很多政策性的规定也在实施，如中国2011年1月1日起实施的《工伤保险条例》第三十九条第一款第（三）项的规定，职工因工死亡的，其一次性工亡补助金标准为上一年度全国城镇居民人均可支配收入的20倍[①]。但是，转移劳动力由于受教育程度普遍偏低，大多数从事的是高风险、低技术含量的加工制造、建筑、采矿等劳动强度大、危险系数高、易发生工伤事故的行业（王杰力，2013），这使解决转移劳动力的工伤保险问题显得更为迫切。近几年来中国虽然也一直在对工伤保险做出规定，如2006年国务院出台的《关于解决农民工问题的若干意见》（国发〔2006〕5号）及2011年1月1日起施行的《工伤保险条例》都对农民工工伤保险做出了规定，但是目前执行力度依然不够。为此，要依法强制推行工伤保险政策，将农业转移人口纳入工伤保险范围。相关规定要明确具体，便于执行和检查。企业增加保障支出意味着成本的增加，为了追求自身利益的最大化，在缺乏强制性要求的情况下，企业缺乏为农业转移人口提供相关保障的动力，没有检查和落实的规定形同虚设。

2）加大对农业转移人口的医疗保障支持。同工伤保险一样，城镇居民医疗保

---

① 2013年工伤死亡赔偿标准（2012年度全国城镇居民人均可支配收入）。

险政策已经基本完善，而且补助的优惠很大。相对于城镇居民而言，外出就业的转移劳动力由于其从事的职业环境差、工作强度大等情况，极易遭遇疾病，而医疗支出是一项巨大的支出，一旦遭遇疾病对其整个家庭来说就是灾难。但是目前关于转移劳动力的医疗保障，国家还没有制定明确的法律条文。笔者认为，由于不同地区的经济条件不同，农村转移人口所从事的行业、参加工作的时间也不同，因此，应该循序渐进地探索适合中国国情的转移劳动力医疗保障制度。例如，根据东中西三个地区的特殊情况，采取不同的医疗保障制度，在进行医疗保险时，确保东中西地区的用工单位承担不一样的费用，这样可以减轻西部欠发达地区企业的负担，便于中西部地区的统一协调发展。对于那些没有住所也没有稳定工作的农业转移人口，让其参加大病统筹医疗保险，确保其遭遇大病风险时能够得到保障。

3）逐步解决农业转移人口的养老保障问题。根据前文实证分析，不难发现农村家庭的人口负担系数对农村居民的外出务工及其工资性收入有很大的影响。失去劳动能力的农业转移人口除了微薄的养老保障收入外，土地是其养老的主要依托。因此必须解决这部分群体的生活保障问题，尤其是养老保障问题，为农业转移人口解决后顾之忧。考虑到农业转移人口就业的非稳定性和总体低收入等特性，建议建立具有针对性可转移的低费率养老保险体系，便于其流动以后养老保险的衔接。

4）完善转移劳动力的失业保险制度。相对于其他国家，中国的失业保险尤其是转移劳动力失业保险覆盖面偏窄。依据国际劳工组织发布的《社会保障最低标准公约》，失业保险覆盖范围不低于全体雇员的 50%（杨思斌，2011），截至 2016年年末，我国参加失业保险的农民工有 4 659 万人，占外出农民工数量（16 934万人）的 27.51%。政府应该尽快完善农民工失业保险制度，如增加再就业培训内容、实行弹性给付制度等，还可以借鉴日本、韩国、加拿大等国经验，重点提高中国失业保险的就业促进功能，如可以利用失业保险开展转业转岗培训、求职补贴等活动。

当然，具体政策制定、执行还需要相应的配套措施以防止制度变革中可能出现的偏差。例如，建立针对转移劳动力的社会保障体系应防止保障过高引起的反向激励及覆盖面过宽导致的财政支撑不足问题。因此，需要通过一定的配套制度设计，如设定获得城市（镇）户籍及相应社会保障的准入门槛，适当增加申请低保的成本等措施来完成（陶然和徐志刚，2005）。

8.1.3　明确政府"市民化"成本担负责任，降低"市民化"私人成本

成本分担机制是农业转移人口"市民化"政策创新的核心，不同研究者提出

了诸多不同的观点。訾凤鸣等（2010）提出，"市民化"成本应由农民工自身承担。张永良和刘科伟（2006）提出，"半市民化"的"两栖转移"状态是农业转移人口对其迁移的成本-效益综合权衡的结果，降低迁移成本有助于推动农业转移人口的彻底转移。另外，二元经济结构下，转移劳动力劳动创造的主要社会财富被所在企业以利润形式，被所在地政府、中央政府以管理费用与税收形式抽走，自身工资已接近生存工资（张国胜，2009），根本不足以负担彻底转移所需的高额成本，让农业转移人口单独承担"市民化"成本既不合理也缺乏可行性。

按照 4.2 的分析，目前中国"半市民化"人口已达到约 2.4 亿的规模，即使有部分人选择回流农村，其余有待"市民化"的农业转移人口数量仍然很庞大，其"市民化"所需的巨额社会成本也在考验迁入地政府的成本担负能力。目前，构建以政府为主的成本分担机制已经成为共识，张国胜和杨先明（2008）指出"市民化"是一系列权利保障和公共服务分享的实现过程，需要构建以迁入地政府公共财政支出为主、以中央政府转移支付为辅、企业和进城农民共同参与的"市民化"成本分担机制。魏后凯等（2014）提出，只有建立由中央、地方、农民、社会等多方参与的多元化"市民化"成本分担机制才是"市民化"的可行之道。魏澄荣和陈宇海（2013）提出，推进转移劳动力"市民化"要落实以政府为主的成本分担机制等。郭庆松（2011）等学者则提出，中央财政应该承担起"调整国民经济结构、协调地区发展、实施宏观调控所必需的支出"，而"市民化"属于"国民经济结构、地区协调发展"等国家层面的重大问题，应该由中央财政承担。原国家发展与改革委员会秘书长杨伟民（2011）指出，"市民化"成本需要由中央政府、地方政府和市场共同分担。

为辖区居民提供公共服务（产品）、基本权利保护等，本来就应该有以提供公共产品和服务满足公共需要为目的的公共财政支出，因此只能依靠各级政府。本书提出通过构建以政府为主、企业和农业转移人口为辅的"市民化"成本分担机制，降低"市民化"的私人成本，提高农业转移人口的"市民化"意愿和能力。周小刚（2010）提出，"市民化"成本主要包括由迁入地政府支出的城市基础设施建设成本、公共管理成本、社会保障成本、城乡义务教育差异成本等，而实现"市民化"转移的农民工则要承担放弃农村耕地的机会成本、住房成本等。广州市社会科学院的《广州农村发展报告（2011）》显示，不包括购买住房等成本，一个要成为广州市民的农民工仅满足最低消费就需要承担 130 万元的成本。巨大的"市民化"成本需要构建一个合理可行的成本分摊机制。谌新民和周文良（2013）提出成本分担机制是"市民化"进行顺利的关键，"市民化"成本分担的均衡点是多方博弈的均衡解，二元经济结构制度下合作利益难以实现，成本分担机制设计是农业转移人口"市民化"成本分担制度与政策创新的核心。

1. 政府的"市民化"成本担负义务

改革开放前的财政欠账主要体现在两个方面：一方面，加大农业剩余抽取力度为工业发展提供资本积累；另一方面，为尽快摆脱贫穷落后的局面，中国选择了优先发展重工业的经济发展道路。作为一个农业大国，在中华人民共和国成立初期国家财力薄弱，通过自身资本积累实现需要大规模投入的重工业化几乎不可能，通过外部支持实现这一个目标的可能也微乎其微，农业作为当时国民经济的主要部门承担起了为工业化提供资本积累的重任。农业税和工农产品剪刀差是当时工业化资本积累的主要途径。从1953年"一五"开始，中国正式进入农业支持工业时代。1958年开始的人民公社化运动为国家从农业获取工业化资本积累提供了组织保障。冯海发和李溦（1993）的研究表明，1952～1977年，国家通过工农产品剪刀差从农业部门获取农业剩余3 066亿元。另外，国家财政对农业和农村的支持增长缓慢且缺乏稳定性。1950～1960年，财政支农资金呈波动上行态势，三年经济困难时期，财政支农资金快速增加，1960年增至90.52亿元。随后的1961～1968年呈波动下行态势，1968年财政支农资金仅为33.24亿元。1969～1977年开始快速增加，1978年达150.7亿元。从相对量看，1950～1978年财政支农支出占财政总支出的比例为10%～12%，其中"二五"期间为12.5%，三年经济困难时期达15%，"五五"期间为13.2%。总体上，这一阶段国家通过各种手段抽取的农业剩余远远大于财政支农资金，对农业和农民收入呈负支持状态。

1978～1993年，尽管国家缩小了工农产品剪刀差，同时也加大了财政支农力度，国家财政支农资金累计达3 465亿元，年均为200余亿元，远高于改革开放前的水平。但国家与农业、农民间"取多予少"的大格局并未发生根本性改变，"六五"期间财政支农支出在财政总支出中占比9.5%，"七五"期间降为8.4%。按照冯海发和李溦（1993）的研究，1978～1990年，国家通过工农产品剪刀差从农业部分获取资金高达5 000余亿元，国家对农业和农民仍处于负支持阶段。

1994～2003年，分税制改革后政府采取了多种措施，但与城镇居民相比，农民收入增长仍然缓慢，城乡居民收入差距逐渐拉大，原因主要集中于以下几个方面：①我国农业支持数量严重不足。不同国家经济发展水平不同，相对数量的比较更为客观。我国农业支持占农业产值的比重不超过10%，发达国家支持水平为30%～50%，印度、巴西等发展中国家为10%～20%。②国家投资的工业和城镇偏好并没有发生根本性的转变。③地方政府对土地财政的依赖导致耕地不断减少，但农民获得的补偿有限。④大多数农民缺乏基本的社会保障，由于缺乏投入，农村失业、养老、医疗等社会保障无法顺利实施。农业税负担及1997年后农产品价格的不断下降严重影响了农民收入水平的提高，城乡居民收入差距有明显扩大趋势。

2004 年以来我国出台大量文件和条例，如连续出台的中央一号文件，但农业发展和农民收入支持仍缺乏有效的立法保护，很难保证政策的连续性、稳定性和公开性。以农业机械化补贴为例，在劳动力非农转移的大背景下，为了提高农村劳动生产率、保障未来的粮食供应和农民收入水平，各国都加大了对农业机械的支持力度。注重补贴效率是国外农机购置补贴的特点之一，通过明确补贴对象（如印度以小农和边际农为主）、灵活制订补贴标准等办法尽可能利用有限的财政资源扩大补贴范围。国外的补贴政策往往与金融支持相配合，如印度 90% 以上的农民通过银行贷款购买农机具[①]（李西林，2007）。我国农机购置补贴主要起到引导作用，大量的购置和使用资金仍需农户自行承担（王晓燕，2009）。总体来看，虽然近年来各级政府的农业投入增长较快，但与农业发展要求仍有很大差距。

长期以来，转移劳动力为中国经济社会发展做出了巨大贡献，却不能与城市（镇）户籍人口共同分享经济社会发展的成果。据世界银行专家分析，在过去 20 多年中 9% 以上的经济增长率中，有 1.5% 来自劳动力流动的贡献（李放和张兰，2004），其中有相当部分通过税收、管理费等形式转化为政府收入。而且，农业转移人口"市民化"属于国家城镇化发展战略的一部分，其成本应该主要由政府财政承担。但在现实中，迁入地政府为了降低城市运营成本，常选择附条件〔如积分入户、买房入户等，而且大多城市（镇）入户后需要以退出农业户籍及相应的权利为前提〕的市民待遇供给。这种供给模式实质上抬高了农业转移人口"市民化"门槛，进一步影响"市民化"进程。对于迁入地政府而言，农村转移劳动力为城镇经济社会发展的主要贡献体现在人力资源的经济发展效应上，该效应通过保证农民的职业转换顺畅就可以实现，接纳其成为市民需要付出更多成本，在缺乏有效激励的情况下其市民待遇的供给动力是不足的。由于政府的成本投入不足，"市民化"成本最终转嫁给农业转移人口自身，影响了其"市民化"需求。增加政府投入、降低私人成本是推动"市民化"进程的根本。这个过程中要充分考虑区域经济发展水平、地方财政的成本担负能力及地方政府的市民待遇供给能力，推动地方政府在自身财政支付能力许可范围内承担"市民化"成本，这需要通过制度设计及区域间的利益协调逐步实现。

2. 政府的"市民化"成本担负能力

政府是"市民化"的社会成本的主要承担者，其担负能力取决于财政收入水平及其增长能力。中央财政与地方财政收入在 2001 年只有 8 582.74 亿元和 7 803.3 亿元，2016 年分别达到 72 365.62 亿元与 87 239.35 亿元，16 年间中央财政收入增

---

① 2007 年，印度国家银行贷款率利率为 11%，农民贷款率利率为 9%。

长了近 7.43 倍，地方财政收入增长了 10.18 倍。快速增长的财政收入使各级政府承担农业转移人口"市民化"成本的能力不断提升。此外，土地出让收入也可以成为农业转移人口"市民化"成本的重要支撑。1992～2003 年，全国土地出让金收入累计达到 1 万多亿元（刘勇，2004），之后不断增加，2007 年国家出让土地收入就高达 9 000 亿元（王立彬，2008）。城市土地使用权的有偿转让已经初具规模，土地转让收益一般占到地方财政收入的 25%～50%，少数城市甚至高达 80%（傅崇兰，2003）。土地出让金规模不断扩大，可以考虑将土地增值收益用于农业转移人口"市民化"。政府只需要在 2009～2013 年每年支出 1 250 亿元的财政补贴，在 2014～2023 年每年支出 2 355 亿元财政补贴就可以顺利地推动农民工"市民化"（张国胜，2009）。随着政府财政收入的不断上涨，并且越来越显示出更加强劲姿态的背景下，每年补偿一部分历史欠账是可行选择。此外，有些地方如河南省试点人地挂钩激励，即城镇建设用地增加规模与吸纳农村人口进入城市定居规模挂钩，通过新增建设用地的土地财政效应激励迁入地政府的市民待遇供给。

3. 政府的"市民化"成本分担责任

"市民化"社会成本负担是中央与地方政府的共同责任，地方政府的"市民化"成本责任主要体现在公共产品和服务的供给上，如邮电通信、交通运输、给排水等基础设施的供给，以及部分"市民化"人口的养老、医疗、失业等社会保障支出上。中央政府的"市民化"成本责任主要体现在如下两个方面：一是要加大对地方尤其是农业转移人口集聚区域的"市民化"专项转移支付，提高迁入地政府市民待遇的供给意愿和供给能力。迁入地政府是市民待遇的主要供给者，其意愿和能力直接影响甚至决定了农业转移人口的"市民化"进程。因而，专项转移支付必须充分考虑不同迁入地的经济社会发展水平、"市民化"成本负担压力与能力，通过差别化的"市民化"成本支撑制度协调区域经济发展、增强地方政府分担成本的能力。推动迁入地政府积极承担自身能力许可范围内的"市民化"社会成本，推动劳动力的区域间合理分布。二是要承担起原本就由中央政府承担的成本增加部分。这部分成本实质上是历史积累成本，是消除城乡差别化发展战略造成的基本养老、医疗、工伤、失业等社会保障及公共物品与服务等方面的城乡差距所必须支付的成本。

4. 明确"市民"待遇供给的责、权、利，调动迁入地政府"市民化"积极性

以落实"人地钱"挂钩政策为突破口，通过保障"两栖"农民城市（镇）住房和流入地生计水平，推动土地退出。"人地钱"挂钩政策与"人地"挂钩政策相比，加入了政府财政支付转移政策，即农业转移人口数量要同时与建设用地新增

指标、财政转移支付、基础设施建设投资安排挂钩。这不仅调动了地方政府的积极性，而且极大地增强了农民转为非农、入住城镇、退出土地的勇气。

8.2　提高农业转移人口"市民化"能力，提高其经济支付能力是核心

"市民化"能力是影响农业转移人口"市民化"决策的主要因素，经济支付能力是核心。经济支付能力较强的转移人口更容易在城市（镇）获得就业机会、相对稳定的职业和收入，也更容易获得在城市（镇）生存发展的经济支撑，具有更强的抗风险能力。

8.2.1　促进非农就业，提高工资性收入

选择"市民化"或者"半市民化"主要取决于农业转移人口自身的"市民化"能力，提高其经济支付能力是核心。一份稳定而体面的工作是实现举家迁移到城市并融入城市且最终定居在城市的根本（张学英，2011a）。工资性收入可以逐渐成为农民纯收入提高的主力，这将成为其未来收入结构变动的长期趋势。工资性收入在农民纯收入中的比重日益上升，已经成为其第一大收入来源，其重要性呈递增态势。尽管经营性收入仍是中国农民第二大收入来源，但中国人均土地的有限性、农业生产及其生产率提高的长周期性等因素都决定了该收入提升空间的有限性。如果要通过提高农民人均纯收入水平来提升农业转移人口"市民化"的经济支付能力，工资性收入及其占比仍需进一步提升。中华人民共和国人力资源和社会保障部劳动工资研究所发布的《中国薪酬发展报告（2011）》指出，企业高管与农民工工资性收入差距最大达 4 553 倍，表明对农村居民工资性收入的提升任重而道远。

就业创业收入水平是影响农村劳动力转移最活跃、最敏感、最关键的因素，城市（镇）稳定就业及工资性收入水平是"市民化"能否顺利完成和成功的关键。但就目前来看，大多农业转移人口的"市民化"能力并不强，存在就业稳定性差、收入水平低与在城市（镇）永久定居高生活费用的矛盾（董楠，2014），多数农业转移人口仍达不到"市民化"所需要的收入水平（宋伟，2014）。解决问题的关键，近期主要以提升其工资性收入机会为核心，长期则以提高其工资性收入能力为核心。

1. 近短期目标

农业转移人口的近短期目标为多途径提升非农就业机会及就业水平。主要有以下两点。

(1) 解决城乡劳动力就业机会不平等问题

农业转移人口的"市民化"能力由物质资本、人力资本和社会资本共同构成，其中物质资本是基础。城市（镇）就业和稳定的收入是农业转移人口立足和生存的根本前提。二元经济结构体制下不平等的劳动就业制度与政策是造成农业转移人口在城市（镇）中处于弱势地位的主要原因之一。"同工不能同酬、同工不能同时、同工不能同权"（陆学艺，2003），不能在经济层面上立足于城市（镇），也就很难在思维模式与行为方式上融入城市（镇），实现更高层次的目标就失去了前提条件。因而，必须从根本上提高农业转移人口的就业与城市（镇）生活能力。只有具备了立足城市（镇）的经济基础，才能够尽快适应和融入城市（镇）社会，也才能够满足参与各种社会、政治和文化活动的高层次需求。各国农村劳动力转移的历史表明，在经济发展过程中，可以依靠城市工业产生的巨大吸引力拉动农业转移人口进入城市，同时采取措施加快农民进入城市的步伐，推动农业转移人口的"市民化"。如今农村劳动力永久性转移的障碍在逐渐消除，城镇化进程加快，积蓄已久的劳动力涌入城市。然而，受传统体制的影响，劳动力市场分割非常严重。分割的城乡劳动力市场不但极大地提高了农村劳动力转移的成本，而且严重阻碍了劳动力非农转移的加快推进（张楠，2006）。现实的战略选择是改革与创新有关劳动力就业的相关制度与政策，完善劳动力市场功能机制，构建促进乡城流动人口合理公平就业的制度与政策平台。

解决中国的劳动力市场分割问题，一是要恢复劳动力市场中市场机制的调节功能，改革歧视性的户籍及其相关制度，缩小城乡劳动力的社保、工资福利等差距，打通城乡劳动力的流动渠道。二是在市场失灵时，政府应该发挥积极作用，在充分尊重市场客观规律的基础上，保护劳动力资源，完善法律制度保障农业转移人口的各种合法权益。三是不能忽视农民本身素质的提升，政府应加强投资，有计划、有步骤、有针对性地提高农民文化素质与就业技能，从根本上解决问题。城市（镇）管理者应转变观念，既要承认农村转移劳动力对城市（镇）建设做出的巨大贡献，又要对农业转移人口的各种合法权益给予充分的关注。

通过市场机制引导农村劳动力向城镇非农产业转移，调节农业转移人口向城市（镇）转移的速度和节奏，以最经济的方式实现人力资源的合理配置，让转移劳动力在成为工业化、城镇化的主体力量的同时也享受到工业化、城镇化的成果。要做到这一点，必须深化就业制度改革，实行城乡统一的就业政策，破除限制、歧视转移劳动力平等就业的重重障碍，取消对农业转移人口城市（镇）就业的各种不合理限制。

完善职介机构、人才交流中心、劳务市场等机构的硬软件建设，加强就业和失业信息统计与监测，建立区域及全国性劳动力市场信息网络，为劳动者提供快捷、方便的就业信息服务。此外，制定就业政策的同时，政府应鼓励企业招聘新市民以换取政策福利，从制度层面逐步解决新市民城市生存发展能力不足的问题，消除新市民与原有市民间的制度屏蔽效应。

（2）发展农村非农产业扩充非农就业容量

目前中国农业户籍人口仍占人口总量的半数以上，按照发达国家的劳动力转移模式，在短期内通过城镇化来解决中国数量巨大的农村劳动力永久性城市（镇）迁移问题，迁入地政府将不得不面临"城市病"等压力。经济大环境不景气造成的城市（镇）失业压力与经济结构转型过程产生的摩擦性失业问题叠加，经济社会发展推动农业生产效率的提升也会加剧农村劳动力的过剩问题。在城市失业问题与农村劳动力过剩问题的双重压力下，单纯依靠大中城市吸纳庞大的农业剩余劳动力难度太大，至少在短期内这一目标难以实现。应该在多向分流的前提下，大力发展小城镇，将农业转移人口逐步纳入城镇体系。从另一个角度看，庞大的农业人口孕育的巨大农村市场也是农村第二产业和第三产业发展的生命之源，劳动力就地转移潜力巨大，农村劳动力的非农转移不仅仅包括区域间的转移，更应该包括区域内不同产业间的转移，即就地转移。这种转移方式不仅有助于推动农村土地经营的规模化，提升土地要素投入的总收益水平，还可以避免农业转移人口大规模进城所引发的"城市病"等问题。目前，中国农村的第二产业和第三产业还很薄弱，对劳动力的吸纳能力非常有限，可以借鉴日本[①]的一些做法，如通过各种相关政策促进农村第二产业和第三产业的发展，通过优惠政策吸引部分劳动密集型产业向农村发展，为农村劳动力的就地转移提供条件。

（3）加快发展第三产业

第三产业的资本投入较低，在同等投资下，可以提供更多的就业机会。而且，由于第三产业涉及的门类较多，侧重发展劳动密集型产业，对资源和能源的要求及劳动力的文化素质、技术水平要求均不高，因此相对于第一产业和第二产业有更强的农村剩余劳动力吸纳能力。发达国家的发展历程证明，经济发展早期主要

---

① 为促使工业由大都市向地方城市和农村转移，日本自20世纪60年代以来制定了《新全国综合开发计划》《农村地区引进工业促进法》《工业重新配制促进法》等，并将工业过度密集的地区确定为促进转出地区，将工业集聚程度较低的地区确定为诱导地区，通过政府补贴和政策性融资手段推动工业企业向农村地区转移。随着农村地区工厂不断增加，农民有条件地农忙时耕作，农闲时做工，逐步形成大规模的兼业队伍，20世纪60年代，日本的兼业农户占总户数的比重已经超过六成，兼业收入明显超过种植业收入，成为农户最大的收入来源。

通过工业尤其是轻工业的高速发展来解决农村劳动力转移问题，工业化速度与规模决定了农业劳动力转移的速度和规模。而当经济发展达到一定水平后，伴随产业结构的调整就业结构也会发生相应变化，第一产业和第二产业对劳动力吸纳能力不断下降，第三产业的劳动力吸纳能力则不断上升。中国已经进入工业化后期，粗放的外延型经济增长方式已经不能适应资源约束和环境约束不断显性化的中国经济发展，集约型、环境保护型的经济增长方式成为必然选择。在这样的大背景下，第三产业具有很大的经济增长空间和就业增长空间，发展第三产业成为拓宽劳动力就业渠道最佳途径。

（4）发展农村劳动力转移的社会服务体系

中国过去的流动人口管理体制主要局限于社会治安方面的限制和管制，针对农业转移人口进城就业的服务功能较弱。促进劳动力转移的关键在于转变过去自发、松散的劳务输出形式，通过规范的劳务服务有组织地开展劳务输出。根据相关分析表明，农村劳动力获取信息的途径主要有广播、电视等媒介，就业信息的获取则主要通过亲朋好友或者已经外出打工者的介绍。针对这种情况，建立健全纵向到乡镇、社区，横向到国内主要大中城市的劳动力信息网络系统，为农业转移人口的城市（镇）就业提供全方位的信息服务。

2. 长期目标

农业转移人口的长期目标重在提高农业转移人口城市（镇）就业能力。农业转移人口自身的"市民化"条件和能力水平直接影响其"市民化"行为。对自己所具备的条件和能力越有信心则越倾向于"市民化"，越悲观则越倾向于保留当前的"半市民化"状态。目前我国农民整体素质偏低是制约当前劳动力非农化速度和规模的因素之一。随着经济的发展、产业的升级和工业结构的优化，只有高素质、高水平的劳动力才能适应劳动力市场的需求，因此，必须由政府主导加大对农村教育事业的投资力度，提高农村劳动力的素质。中国许多大中型城市已经创办了职业技能培训机构，很多企业也推出了岗前培训制度，农业转移人口的职业技能较以前得到了明显提升，就业能力不断增强。但农业转移人口的总体职业技能水平并不高，合理的体制设计与制度安排是农业转移人口选择永久性迁移实现"市民化"的基础平台与前提条件，鉴于制度惯性和路径依赖的长期性、各主体利益的异质性及其追逐自身利益最大化的本能，决定了制度变革需要顶层设计。

农业转移人口的"市民化"能力由物质资本、人力资本、社会资本构成。Fisher（1906）指出，在各种资本中人是最能动的。丹尼森（Dennison，1960）认为高等教育水平提升是促进人力资本质量提高的最重要因素。国内周其仁（1997）、张占贞和王兆君（2010）等人的研究都证明了人力资本对农民非农就业和工资性收入有重要的影响作用。张车伟（2006）提出每增加一年教育个人收入会增加 4.34%。同时，教育回报率有显著的马太效应，人力资本投资必须向贫困人口倾斜更多。笔者前期研究结果表明：其他条件不变的情况下，如果受教育水平提高 1%，则农村居民人均工资性收入平均增加约为 1.43%。说明教育对非农就业具有积极的促进作用，因为受教育水平高的人更愿意从事非农就业，他们与那些低文化水平的劳动力相比也更容易找到非农就业工作。总体上，人力资本水平较低是低收入的根源，又是低收入的结果，如果没有外部干预极容易形成低收入和低水平人力资本间的恶性循环，其他因素则进一步强化了该循环。打破恶性循环链条，彻底解决农民低收入问题就必须提升其人力资本水平，这点已经达成共识。但是，在现有预算约束下如何针对性地提高他们的人力资本水平，提升其"市民化"能力仍是有待突破的难题。

　　长期以来，农村教育欠账导致的劳动力素质参差不齐是中国转移劳动力就业和收入能力不足的重要原因之一。有研究表明，外来劳动力与城市劳动力同一就业岗位内工资差异的 61%是由人力资本差异引起的（蔡昉，2004）。市场经济中优胜劣汰是自然法则，机会不平等与自身人力资本的约束是其贫困的初始原因，现实的贫困反过来使其缺少提高自身素质的能力和机会，并逐步陷入纳克斯的"贫困恶性循环"。但这种贫困恶性循环很容易被误认为是市场竞争引致了贫困。实际情况是，中国转移劳动力生来不具有平等的权利，平等的权利也难以通过市场竞争取得。这种贫困不是市场的产物，而是制度化剥夺的后果。缩小由人力资本引起的收入差距进而提升其"市民化"能力必须进行教育制度变革。在我国就业市场上，低素质劳动力的大量存在和高素质劳动力的整体缺乏是导致不同劳动力间收入差距扩大的主要原因。同时，由于高收入者有更多的资源可以使其后代享受更好的教育，从而获得更多的收入，教育不公平导致的收入差距还具有代际传递效应。教育资源分配的不公平严重影响了农村劳动力的人力资本积累，因而，必须调整教育投入数量和结构。具体有以下几种措施。

　　（1）增加农村教育投入总量，确保农村义务教育基础性作用的发挥

　　就目前的研究成果看，中国农村义务教育主要存在两个方面的问题，一是教师队伍数量不足、质量不高，主要表现在专任教师数量不足、学历达标率低、教师在职进修少、低工资造成的教学积极性不高等方面；二是办学经费不足、办学条件差，主要表现在实验教学设备不足、实验条件落后等方面。问题的根本在于农村教育财政投入不足，农村税费改革后，这一问题日益突出[①]（王振东，2005）。事实上，我国长期存在教育投入不足的问题。国家财政性教育经费占 GDP 的 4%

---

① 农村税费改革取消了农村教育费附加和农村教育集资，义务教育经费主要由各级政府投入，但各级财政没有及时对支出结构进行调整，出现了义务教育财力保障的"空隙"。

是世界衡量教育水平的基准线（杨志荣和汪云，2013）。2011 年，国家财政性教育经费支出占 GDP 的比例只达到 3.83%，远低于 4.5%的世界平均水平。如果考虑到人口的因素，用人均公共教育支出衡量，中国为 42 美元，仅为美国的 1/64（美国人均公共教育支出高达 2 684 美元）。如果以人均公共教育支出占人均 GDP 的比重来衡量，中国人均公共教育支出仅为人均 GDP 的 0.82%，美国为 6.10%，是中国的 7.44 倍；日本为 4.28%；韩国为 3.01%；俄罗斯为 1.87%，是中国的 2.28 倍；巴西为 2.29%，是中国的 2.79 倍（张莉，2011）。所以中国不仅与发达国家有很大差距，即使在金砖国家中中国的教育投入也排在末位（王素等，2010）。城乡二元教育体制下，农村教育投入尤其匮乏，县级政府是农村义务教育的主要投资者。财政责任与其财政能力的不对称使县级政府很难将农村义务教育的各项经费真正落实。

长期以来，我国的教育资源投入严重偏向城市地区，导致农村地区的教育更加落后，因而影响农村居民的受教育权利、职业发展空间和工资待遇。因此，政府必须进一步加大对农村地区的教育投资力度。按照国际经验，各国政府都是教育投资的主体。作为对历史欠账的补偿，中央财政应加大向农村地区，尤其是西部地区基础教育的转移支付力度。由于教育本身具有公共物品属性，加上农村劳动力人均收入水平较低，政府应当作为农村教育的投资主体。同时，倡导和呼吁企业、个人、社会团体组织资助农村建立民办学校，形成多投资主体共同承担农村教育支出的局面。通过立法重新确立不同财政主体对义务教育尤其是农村义务教育的责任范围，建立以中央和省级政府投资为主[①]，县级政府投资为辅的农村教育投资体系，实现农村义务教育产品的分层次供给，确保其在农村居民非农就业中基础性作用的充分发挥。县级政府是农村义务教育经费的主要管理者，同时负责公用经费及校舍日常维修与更新等方面的资金投入。为保证农村教育投资体系的正常运行，可以建立义务教育专项转移支付，给予义务教育较大的优先权。此外，加强对义务教育经费的监督管理也是非常重要的环节，可以将财政预算中义务教育经费监督作为各级地方人民代表大会重要的工作内容，并将其执行情况作为评价政府工作业绩的重要方面。另外，完善义务教育经费的审计制度，对违法违纪者追究其经济和行政乃至法律责任。

针对农村教育环境差和师资力量不足问题，从改善农村教育环境入手，全面改善农村中小学生学习和生活设施，不断充实和完善农村中小学常规教学装备，

---

① 以中央和省级政府作为农村教育政府投资的主体是世界上许多国家的通行做法，根据经济合作与发展组织 1994 年对其有关数据的 20 个成员国的统计，由中央政府作为投资主体的国家有 10 个，由高层次地方政府作为投资主体的国家有 7 个，由基层地方政府作为投资主体的国家只有 3 个。另外，中国经济实力的提高、实行分税制后中央财政收入在全国总财政收入中份额的提高决定了中央政府经济调控能力的增强，应该也可以成为农村义务教育的投资主体。

建立中小学生劳动生产实践教育基地。另外，政府主导整合师资力量，可以考虑在区域内形成教师资源的非定向流动，同时提高农村教育者的收入，鼓励教师到农村教学，提高农村的教学水平，从而改善农村教育落后的情况。

（2）调整农村教育投入结构，构建多层次农村职业教育体系，提高农村劳动力非农就业能力

目前职业型劳动力和技术型劳动力已经成为我国工业部门急需的人员，随着工业化、城镇化进程的发展，此类的劳动力需求还会不断增加，农村劳动力文化素质不高，从事非农产业的职业技能匮乏，导致出现劳动力供求逆差。而中国的教育供给存在明显的结构问题，如职业技术人才的教育供给严重不足。据联合国工业发展组织提供的数据，我国的劳动技能指数仅居世界第 59 位（梁青春和桂德怀，2017）。在技术人才缺乏的背后是职业技术教育供给的严重不足。因此，当前应在实际调研的基础上，根据我国经济增长和发展的现实需求，在增加教育投入的同时调整教育供给结构，使之与劳动力市场的需求相匹配，促进不同行业间教育收益率的均衡。

市场经济条件下，影响转移劳动力非农就业的因素很多，但农村居民本身就业和收入能力的欠缺是根本。相关研究已经表明，职业教育水平是影响农村居民非农就业难度、就业结构、就业稳定性和工资报酬的重要因素。目前中国农村居民职业教育整体水平还非常低，接受过短期职业培训的仅占农村劳动力总量的20%，仅有 3.4%的受访者接受过初级职业技术培训，而没有接受过技术培训的竟高达 76.4%（文博，2007）。实践证明，培训不仅可以直接提高转移劳动力的就业水平和收入，还可以通过减少失业提高就业质量并获得稳定的收入。必须通过建立以市场需求为导向的培训机制，对不同行业、不同工种、不同岗位进行针对性的职业技能培训，使培训与就业紧密衔接。农业转移人口通过提高技术技能水平，降低其岗位转换率高的问题，达到稳定就业、提高收入的目的。

此外，深入了解农村劳动力职业培训需求，针对性地提高职业培训力度。笔者曾就河南省某地农村劳动力做过专项调查，结果表明，虽然国家和地方政府有专门政策支持农民进行各种技能培训，但由于各种原因效果并不明显。完全免费的培训基本流于形式，并不能真正为农民带来实惠，他们更需要依据自身职业发展需要给予针对性的职业技能培训。在笔者看来，供给与需求错位的结果背后是政府角色的错位——"施予者"而非"服务者"，在提供培训机会时，只考虑到"给"什么，较少考虑农民"要"什么。

8.2.2　加大农民收入支持力度，提高收入支持水平

财政支农在农业发展和农民增收中的作用已在发达国家获得充分验证，美国

政府的财政支农水平相当于农业增加值的 25%以上，日本、以色列等国则高达
45%～95%，印度作为发展中国家，该支持水平也达到 10%（李焕彰和钱忠好，
2004）。

　　财政支农资金的绝对量和相对量不足只是问题的一个方面，其资金使用结构
的调整也刻不容缓。一方面，农业基本建设资金欠账严重是中国财政支农资金使
用中最严重的结构问题，现有基础设施建设与农业发展需求差距仍很大。在短期
内无法有效解决这一问题的现实，决定了它在未来一定时期内仍将是农村居民经
营性收入稳定增长的重要隐患——将持续影响农业生产经营中自然风险的抵抗力
及未来生产能力的扩大。另一方面，财政支农资金中直接补贴比例过低。伴随农
业生产成本的不断上升，农产品生产环节收益对农民增收的影响日益下降，财政
支农的间接支持对农民增收的拉动作用受到影响。因此，需要继续优化财政支农
方式，进一步提高财政支农直接补贴的比重。

　　1. 提高财政支农总体水平

　　一方面，中国农业发展已经进入高成本期，农业经营不仅要面临气候变化造
成的自然风险，还要面临全球一体化进程中的市场风险，农产品生产环节收益空
间被进一步压缩。另一方面，中国政府的三农支出相对量一直低于财政总支出的
10%，远低于发达国家 20%的支出水平。发达国家经验表明，直接支付是增加农
民收入、平抑城乡收入差距最现实的选择，而中国的转移支付制度不仅没有成为
解决城乡收入差距问题的有力工具，反而成为城乡居民收入差距扩大的重要推
手——城乡分割的转移支付制度（或称为歧视性的收入再分配制度）与经济发展
不协调造成的区域间转移性支付差距，共同造成了中国城乡居民收入差距居高不
下的现实。由此，调整政府转移支付制度成为解决我国城乡居民收入差距问题的
重要方面。

　　考虑到收入差距本身的强自回归特征，在积累因果效应的作用下会进一步对
农民收入提高产生较大的负面影响，可以考虑采用倾向性的政策削弱这种积累因
果效应的负面影响。因此需要以下措施提高财政支农的总体水平。

　　1）加强对财政支农立法建设，建立长期稳定的财政支农机制。中国农业基础
相对薄弱、人均耕地资源偏少、农业技术相对落后、自然灾害频发，这些特征都
决定了其发展的弱质性，需要通过法制化来保证财政支农的持续性和稳定性。

　　2）建立财政支农支出的长期稳定增长机制。1995 年以来我国财政收入快速
增长，截至 2016 年年底，增长近 25 倍，年均增长率达 16.69%，高出 GDP 年均
增长率 4 个百分点，占 GDP 比重不断上升，从 1995 年的 10.34%上升至 2016 年
年底的 21.55%。而财政对农业的投入占整个财政支出的比例始终处于 10%以下

（2007年以来最高值是2016年的9.98%），严重影响了农业发展和农民收入的提升。借鉴国际经验，无论是从促进农业发展角度还是农民增收角度，都需要加大财政支农力度，建立长期稳定的财政支农资金增长机制。严格按照《中华人民共和国农业法》（以下简称《农业法》）的要求，确保"中央和县级以上地方财政每年对农业总投入的增长幅度应当高于其财政经常性收入的增长幅度"。

3）完善分税制，明确各级政府的事权与财权。事权是政府转移支付的依据，划分好各级政府的事权是衡量中央政府对地方政府转移支付数额的依据。目前中国的分税制财政管理体制在中央与地方政府事权划分上界限不清，存在交叉、模糊现象。一些应该由中央政府承担的日常项目由地方政府执行，一些由地方政府承担的日常项目则由中央政府代替，造成政府间责任不清，财权与事权脱节，制约了中国转移支付制度的规范化发展。因此必须按照事权适度下放、财权适度集中的原则，进一步规范中央与地方的事权与财权。结合政府间支出责任划分调整及逐步将预算外收入纳入预算管理等措施，合理调整中央与地方政府间的收入划分，明确和细分政府间的事权和支出范围。

4）提高转移支付的法治化。提高转移支付的法治化是促进中国转移支付制度更加规范、公平和透明的有效措施，也是我国完善转移支付制度的首要步骤和改革关键。由于经济的、历史的原因，我国在核定地方支出确定补助数额时大多采用的是基数法。基数法虽然具有计算简单、容易操作等优点，但也容易造成中央政府与地方政府的博弈，可以借鉴其他国家的做法，采用因素分析法确定具体的转移支付数额。

2. 调整财政转移支付结构，提高资金利用效率

1）通过精简涉农机构和人员，减少"吃饭"型财政支农，大幅度提高生产型财政支农比重。整合涉农机构，在提升工作效率的同时压缩涉农行政、事业人员，降低农口行政事业费支出。

2）扩大对农民的直接补贴幅度，强化中央政府在直补资金投入中的作用。我国加入世界贸易组织后，农业补贴资金的投入不仅要受到本国经济能力的限制，还必须遵守农业协议。我国已经具备工业反哺农业、城市支持农村的经济实力，可以把扩大内需、保持经济持续稳定增长与加大农业和农民补贴力度结合起来，在不违反世界贸易组织规则的情况下实现双赢目标。结合我国的实际，借鉴欧盟等的农业补贴经验，可以通过价格支持与直接补贴并用策略提高农业补贴标准。目前中国农业直补资金主要由部分粮食风险基金转化而来，其中的70%由中央承担，剩余30%由地方筹措，可以学习韩国的做法，涉及全国性的直接补贴项目完全由中央财政负担，仅涉及地方的项目由中央和地方共同承担。按照"入世"承

诺，我国的"绿箱"政策和"黄箱"政策都还有很大的施展空间，可以结合中央和地方财政的支付能力，从粮食价格、生产成本等多种渠道提高对农民的补贴标准。如果实施大范围、大额度直接补贴的条件还不成熟，可以区分不同区域的实际情况，分阶段分区域逐步增加对农民直接补贴的额度。此外，为保证其稳定性需要建立农业直补的长效机制。

3）增加农业科技三项费用的投入比重，积极支持农业自主创新，建设农业标准化和农村信息化工程。发达国家成功经验表明，科技在农业生产效率和资源利用效率提升中起着举足轻重的作用，而我国农业科研费用投入并未起到应有的作用，关键在于投入不足。加大农业科技推广和科技培训投入，进一步完善农业科技推广体系，提高农民素质，从而加快科研成果的转化速度，提高农业科技对农业发展的贡献率，进而增加农民收入。

3. 提高财政支农资金导向功能，突破农民经营性收入提升瓶颈

中国农村经济体制改革先于城镇体制改革，曾使农村居民经营性收入获得压倒性的优势地位。当这种改革对生产力的作用潜力发挥到极限后，农村居民经营性收入的进一步提高就会面临各种限制。要保持这一优势，就必须借鉴国外先进经验，有针对性地消除各种制约因素的影响。充分发挥财政支农资金的风向标作用，运用税收、利率、贴息、补助、保险等方式，降低农业投资的风险，引导社会资金投入。具体有以下几种措施。

1）借助非政府力量解决农业基础设施的历史欠账问题。要从根本上扭转财政与金融分散的低效支农局面，以农业综合开发项目为平台，充分发挥财政支农资金的引领和杠杆效应。我国可以借鉴发达国家经验，根据农业基础设施的不同类型和特点采用不同的融资渠道和融资方式，其中非经营性农业基础设施[①]、准经营性农业基础设施[②]、经营性农业基础设施[③]等可以由市场来提供。

2）建立健全农业保险制度，降低农民因灾损失。农业生产的脆弱性决定了建立农业保险制度的必要性。建立和完善符合中国国情的农业保险体系，增强农业抵抗自然灾害风险的能力，为农民经营性收入的稳定快速增长提供基础性保障已经刻不容缓。仅通过商业保险公司自身的力量很难满足中国农业保险需求。根据印度经验，可以由政府牵头支持商业保险机构来承保农业风险，风险实际发生时，农户从保险公司获取补偿，而保险公司则从政府获取设定项目的补贴（于细婷，2011），可以从如下几个方面着手。首先，提高各级政府的参与度，尽早实现立法。

---

① 这种类型的农业基础设施投资额巨大，且不能保证供给者实现利益性的交换，无法避免"免费搭车"或控制"免费搭车"的成本很高。

② 这类设施具有一定的效益外溢性，市场运行的结果将不可避免地出现供给不足情况。

③ 这类设施可以有效避免"免费搭车"问题，提供者可以通过价格形式获得足够的补偿。

其次，区分强制保险和自愿保险。将涉及国家食品供给安全的农产品列入强制保险，其他的列入自愿保险，并对强制保险和自愿保险执行不同的保费费率补贴，直接给予农民保费补贴，从供需两个方面推动农业保险的发展。若条件允许，还可以借鉴日本农业保险的发展经验，通过建立自下而上的农业保险合作组织体系加强农业保险力度①。最后，还要实现农业保险与其他农民收入支持政策的协作性。

8.2.3　改革农村产权制度，增加进城农民财产性收入

推动"市民化"进程不能成为剥夺农业转移人口生产资料和生活资料的过程，他们是农村集体公有产权的主人。必须通过农村土地改革和土地流转把这部分不愿从事农业生产的农民从土地上解放出来，让他们选择更好的方式提高自身收入。

1. 形成明晰和完整的土地产权

《土地管理法》第八条规定："农村和城市郊区的土地，除由法律规定属于国家所有的以外，属于农民集体所有；宅基地和自留地、自留山，属于农民集体所有。"土地的集体所有权造成了农村土地产权主体的不明晰和农民土地权利的不完整。土地产权明晰是农民获得土地财产性收入的基础。中国改革发展研究院的调查数据显示，72.39%的专家认为土地产权的明晰是增加农民收入的重要条件之一。可以考虑将土地产权以存入土地银行等形式保障农业转移人口的土地权益。明晰集体土地产权关系，维护集体土地权利人的合法权益是农村土地产权制度改革的基础和前提。解决集体土地使用权确权登记资金渠道可以从以下两个方面考虑：一是参照农村粮食直补的办法，从中央土地收益中直接列支；二是建立农村土地有偿使用费制度。主体实化，重构所有权主体。《中华人民共和国宪法》（以下简称《宪法》）、《土地管理法》、《农业法》、《中华人民共和国村民委员会组织法》涉及农民集体土地所有权的相关规定表述含糊不清，应该对农村基层组织进行法人化改造。同时推动农民集体成员大会或代表会议转变职能或性质，执行农民意志的，承担社区管理职能。赋予农民集体组织更多自治权，使农民自治机构按照农民集体成员大会决定后可以实施集体财产管理制度，建立资产确权制度，实物资产登记、评估制度，实物资产流转回收等制度。

2. 合理分配土地发展权和土地增值收益

土地发展权是指发展土地的权利，是变更土地使用性质的权利。土地增值收益是指农业用地转为建设用地并进行相应开发后，达到建设用地的某种利用条件

---

① 以县级农业保险合作社为基础，省级农业保险合作联合社为中心（联合保险组织，承担农业合作保险的再保险业务），全国联合社承担省级农业保险的再保险业务。

而发生的增值。①合理分配土地发展权和土地增值收益首先要明确公益性用地范围，限制政府随意征地侵害农民利益。②各地政府制订合理的土地价格和土地征用补偿标准。现有的补偿标准对农民只有经济方面的补偿，忽视了农民土地被征后的生计问题。因此应该完善政府征地程序，确立征地按市价向承包农户补偿的原则。同时改善土地征用补偿方式，变单一补偿方式为资产互换、实物补偿、入股分红安置和就业安置等多种补偿方式，切实解决征地后农民的生活问题。③规范土地征用补偿费用的分配，保护农民合法权益。在征地补偿的分配上，农民相对于政府和村集体处于劣势地位。因此要加强对土地征管补偿分配的监管，保证补偿费用最终落实到农民手中，可以选择村民代表成立专门的监督管理小组来保障农民权益。④搭建平台加快土地流转。中国农村土地流转市场发展缓慢、土地流转不规范、中间组织等配套服务不匹配，严重影响土地流转效率，制约农民财产性收入的提升，进而影响农业转移人口"市民化"的成本负担能力。有必要建立健全农村土地流转管理制度和土地流转纠纷调解制度，促进土地流转市场的健康可持续发展。首先，建立健全地籍调查制度，全面搜集流转土地信息。其次，建立村级土地流转平台，从流转土地的登记、审批、跟踪、处置等各个环节对农村土地流转进行规范化管理；明确不同形式的土地权利流转（如转包、转让、租赁、入股等）原则；建立土地价格形成机制、土地等级评定等标准，保障农民土地利益。再次，建立多样化的土地流转中介组织，如土地流转委托中心、土地流转委托管理所、土地信托银行等。最后，建立土地流转仲裁机构，以协调土地流转矛盾、监督土地流转过程中的违规行为。推动以市场价值为基础的土地流转，使土地资产成为农民稳定的财产性收入来源。

3. 明晰房屋产权，完善农村房产市场建设

1）明晰农村房屋产权，健全农村房产市场。厉以宁提出，应明确农民自建房屋的产权和宅基地使用权，给农民发放房产证和宅基地使用权证，使农民能够独立行使自建房屋和宅基地的使用权、出租权、转让权和处置权等（李栋，2011）。房产权利的明晰有助于房产价格和农民财产性收入的提升。

2）促进房产流转。在明晰房产产权的同时，鼓励农村成立房产交易机构，促进房产流转。江苏省苏州市规定，农民私宅即使在没有房产证的情况下也可以转让和出售（肖红华和刘吉良，2008）。各地可根据自身情况向苏州市学习，根据农民宅基地转让相关条例在经济相对发达的地区建立农村住宅置换交易中心，促使农民住宅在没有土地权证和房产权证的情况下也能够交易。也可以学习成都模式，把房屋所有权证发放给农民，便于其利用以向银行申请抵押贷款方式促进农村资本市场的发育。

3）积极培育并规范农村房产租赁市场。在完善房屋租赁方面法律法规的同时，加强对农村房屋租赁市场的监管，明确农村不同类型房屋租赁业务的管理程序和税费标准，通过多种措施培育并规范农村房地产租赁市场。

4. 优化农村土地退出机制，提高财产性收入

土地承包经营权、宅基地使用权及集体收益分配权是法律赋予农民的合法财产权利，"市民化"进程中这些权利如何处置直接影响农业转移人口的"市民化"意愿。鉴于农村土地承担着生产与保障双重功能，政府基于农村社会稳定大局的考量，在处理农村土地问题时非常谨慎。为了给予农民长期稳定的预期，对农村土地的基本原则是稳定现有土地承包关系，并承诺长久不变。《中共中央关于推进农村改革发展若干重大问题的决定》指出，"允许农民以转包、出租、互换、转让、股份合作等形式流转土地承包经营权，发展多种形式的适度规模经营"（郑兴明，2012）。这种做法不仅可以让想要脱离土地进城的农村劳动力安心进城，而且可以通过转让土地承包经营权获得一定数量的收入，为其城市发展提供经济支撑。但由于政策执行的细则、程序、方法和措施尚不明确，需要相关的规章和制度做保障。2002 年制定的《中华人民共和国农村土地承包法》（以下简称《农村土地承包法》）禁止农村土地抵押、质押，指出"承包期内，承包方全家迁入设区的市，转为非农业户口的，应当将承包的耕地和草地交回发包方。承包方不交回的，发包方可以收回承包的耕地和草地。""承包期内，承包方全家迁入小城镇落户的，应当按照承包方的意愿，保留其土地承包经营权或者允许其依法进行土地承包经营权流转。"按照《农村土地承包法》的规定，农业户籍人口转为城镇户口并进入县以上城市的，必须退出土地承包经营权。但 2010 年中央 1 号文件《中共中央、国务院关于加大统筹城乡发展力度进一步夯实农业农村发展基础的若干意见》又提出积极推进农民进城落户，并没有提及农民进城落户必须与土地退出挂钩（郑兴明，2012）。中央对土地承包经营制度的长久不变的承诺及"任何人无权剥夺农民的土地承包权"等表述，一定程度上控制了基层政府对农民的土地剥夺。2014年，国务院户籍制度改革意见中，强调现阶段不得以退出土地承包经营权、宅基地使用权、集体收益分配权作为农民进城落户的条件。这就意味着，农民"带土进城"有其理论上的合理性与实践上的可行性，不仅可以为农业转移人口"市民化"提供一定的缓冲期，也可以在一定程度上稀释城镇化的社会成本（刘洪银，2012）。成都市、重庆市等地的"带地进城"尝试，实质上是在保留农村劳动力及其家庭人口原有农村权益的基础上让其享有无差别的市民待遇，通过降低农业转移人口"市民化"的选择风险来提高其"市民化"意愿。这种城乡双重权益保障为破解农业转移人口"市民化"动力不足、农业分散经营生产效益低下、城乡生

产要素分割等系列难题提供了路径选择（张军，2014）。但是，《宪法》规定农村土地集体所有，农民基于集体的成员权获得土地使用权和承包权，一旦由农业人口转为城市（镇）户籍人口，基于成员权的土地权益保留就会缺乏相应的法律支撑。诸多研究表明，是否需要以丧失或可能丧失农村土地权利为代价，是影响农业转移人口"市民化"意愿的主要因素之一。因而，除非《宪法》修编，否则"带土进城"只能是一种过渡期的临时性策略（田园，2013），如何确定合理的过渡期推进农业转移人口"带土进城"是当前的重点。

从长远角度，农村土地退出仍将是农业转移人口"市民化"的必然结果。但是，土地退出后的社会保障及其土地退出的净现值收益问题不解决，农业转移人口的土地退出意愿和能力都会受到影响。对于通过农村土地退出实现了"市民化"的农业转移人口而言，获得与市民等同的就业、教育、养老、卫生及住房等城市（镇）社会保障只是降低了其"市民化"风险，而没有从根本上提高其进城后的生计能力。因此，只有建立和完善农村土地退出的补偿机制，才能提高其"市民化"选择的财力支撑，才能使他们逐渐拥有在城市（镇）生存和发展的能力，不至于在成为市民的同时即沦落为城市贫民。为减少进城农民的净收益风险、生计风险、相对经济位置变动风险，应建立农村土地退出的长效利益分享机制。一方面，调研其他地区同等条件土地退出补偿金额，在此基础上考虑本地收入水平，适度提高进城农民退出土地补偿标准，建立配套的指标收益返还和分配使用制度。另一方面，建立土地退出增值收益分享机制，借鉴其他地区土地退出方式，结合本地实际情况，选择集中开发型土地退出、宅基地转权让利型土地退出、社会保障型土地退出、宅基地置换土地退出、宅基地虚拟化土地退出等模式，扭转进城农民退出土地后的不利局面，维护进城农民的可持续性生计。通过增减挂钩指标产生的土地出让纯收入、补充耕地指标与建设用地指标市场化运作等多渠道筹集资金，为进城农民的农村土地有偿退出提供资金支撑。

土地退出模式的优化包括土地承包经营权退出模式的优化和宅基地使用权退出模式的优化，前者需要建立能够充分体现承包土地的经济与社会功能价值及期权价值的弹性退出补偿机制。通过建立由政府出资的农村土地出让基金是可行办法之一，将基金以贷款的方式提供给有需求的农村村级组织，由村级组织一次性出资收回进城农民的土地承包经营权。进城农民将所得的土地承包经营权出让金用于支付享受市民待遇所需的各种支出，寻找相对稳定的职业成为真正市民（崔桓和金喜在，2014）。后者则需要建立体现宅基地功能价值的实物补偿、货币补偿及建设补偿等组合补偿机制。农村土地产权的模糊特性使其难以给农业转移人口带来合理收益。因而，在土地退出过程中，如何将农村土地的使用权和承包经营权转化为财产权，将农业转移人口在村集体的土地权利与"市民化"成本进行对接转换是关键。在明确农民土地承包经营权、宅基地使用权及房屋所有权的基础上全面开展农村土地的确权颁证，通过量化土地权利切实保障农业转移人口的土地权益，方便其通过土地权益的银行质押、抵押贷款、有偿退出等方式加速土地流转和土地退出，提高其城市（镇）就业生活的选择空间及相应的经济支付能力。浙江省温州市的宅基地征用模式和重庆市的地票交易模式，部分或完全实现了建设用地指标的商品化，提高了农户土地转入国有土地过程中的谈判权，促进了农民"市民化"的进程。湖南省咸嘉市发红利给农户、江苏省常州市武进区推行社区股份合作制并按股分红、广东省佛山市南海区农村土地股份合作制、四川省的土地银行、重庆市的"地票交易"都有利于农户长期获得稳定收入，改变过去一次性补偿的做法，增加农户和村集体的土地转让收益。此外，集中土地开发型土地退出①、宅基地转权让利型土地退出②、宅基地虚拟化土地退出③都能实现集中农户分散土地所有权，通过村组织或金融机构统一管理土地的目的，提高农村土地的流转效率和使用效率，增加农民退出土地的收入。通过建立健全土地退出补偿机制强化土地退出经济拉力，保障农业转移人口土地退出后的可持续生计，消除"半市民化"人口城镇生活就业不稳定的顾虑。探索建立进城农民"六金"模式，即"土地入股有股金、资金入股有股金、参加劳动有薪金、补助保险有养老金、大病医疗有补助金、主动退宅有奖金"。为降低进城农民土地退出的净收益风险、生计风险、相对经济位置变动风险，应建立长效利益分享机制。一方面，调研其他地区同等条件土地退出补偿金额，在此基础上考虑本地收入水平，适度提高进城农民土地退出的补偿标准，建立配套的指标收益返还和分配使用制度。另一方面，建立土地退出增值收益分享机制，借鉴其他地区五类典型土地退出方式，结合本地实际情况，选择集中开发型土地退出、宅基地转权让利的土地退出、社会保障型土地退出、宅基地置换土地退出、宅基地虚拟化等模式。

　　此外，随着经济发展和城乡土地制度的改革与完善，农村土地因使用效率不

---

① 以安徽省芜湖市为例，通过评估和地产确权，将试点分为 6 级 18 类由村民委员会统一发放土地所有权证，农民土地可以折价入股建设工业园，土地增值收益变成建设资金或地方工业化的启动资金，农村土地资源转为资本。

② 典型案例：一是湖南省咸嘉市（1995～2003 年），通过成立咸嘉综合开发小区管理委员会，房地产开发公司、物业管理公司、建筑公司，集中管理土地、集中安置农民住宅、集中使用土地补偿安装费，并形成社区保障体系，设立困难户大病医疗救助、贫困学生学费补助、教育奖励、劳动技能培训、殡葬抚恤基金，转变失地农民生活方式；二是四川省成都市锦江区三圣乡红砂村于 1997 年依托土地整理项目，推行"公司+基地+农户（股农）+科技"的经营模式，发展花卉种植及城市近郊生态休闲度假，农民获得农户保底分红、集体股份公红、劳动就业岗位；三是海南省龙口市龙华区城西镇于 2000 年利用土地补偿款参与城市功能配套的物业开发，投资兴建建材、仓储地、商铺、贸易市场综合楼，农民通过入股分红从中得到长久的持续收益。

③ 四川省彭州市在灾后重建中，引入社会资金与他人合作建房或者由他人独立完成房屋的重建，并约定宅基地使用权和房屋的权益。并建立土地银行——农户自愿将承包地使用权、农村集体建设用地使用权及"拆院并院"之后的农民宅基地使用权存入土地银行，获得存入利息，土地银行将土地贷给土地需求者，后者支付利息。

断提高而增值,惠农政策的不断增加推升农民的土地预期收益(张国胜,2009)。因此,还需要建立和完善土地退出的配套机制、土地退出人口权益保护的常态机制及政策落实与兑现机制,通过降低农村土地退出的机会成本提高农业转移人口的可持续发展能力。

二元结构体制规制下的户籍制度和由此衍生的一系列法规及政策性歧视,无疑是引起农业转移人口"半市民化"选择的体制与制度根源,是农业转移人口"市民化"选择面临的制度瓶颈。基于以上分析,解决中国农村劳动力转移进程中的"半市民化"问题,突破"两栖"农民城市(镇)就业困境及农村土地制度变革是根本,社会保障等支持配套性制度改革是保障,各类制度积极协调、配合是关键。另外,即使中国完全取消了二元户籍制度,受相关制度惰性和路径依赖效应的深刻影响,中国农业转移人口"市民化"进城仍会面临严峻挑战。而且,改革必然带来既有利益格局的调整,这种利益调整可能会损害地方政府的即期利益,可以考虑采取一些措施,如把转移支付与新迁入人口数量适当挂钩,激励地方政府的市民待遇供给。

参 考 文 献

阿瑟·刘易斯，1989. 二元经济论[M]. 施炜，谢兵，苏玉宏，译. 北京：北京经济学院出版社.

白南生，李靖，2008. 农民工就业流动性研究[J]. 管理世界（7）：70-76.

白南生，宋洪远，2002. 回乡，还是进城？——中国农村外出劳动力回流研究[M]. 北京：中国财政经济出版社.

班茂盛，王嗣均，张爱华，2002. 户籍制度深入改革需要解决的两个问题[J]. 中国人口科学（5）：54-58.

蔡传斌，方竞，2006. 失地农民安置方式及其影响因素分析[J]. 安徽行政学院学报（12）：16-18.

蔡昉，2000. 克服我国农村劳动力转移的障碍[J]. 红旗文稿（15）：20-22.

蔡昉，2001a. 劳动力迁移的两个过程及其制度障碍[J]. 社会学研究（4）：44-51.

蔡昉，2001b. 中国人口流动方式与途径[M]. 北京：社会科学文献出版社.

蔡昉，2002. 2002年：中国人口与劳动问题报告——城乡就业问题与对策[M]. 北京：社会科学文献出版社.

蔡昉，2005. 劳动力市场变化趋势与农民工培训的迫切性[J]. 中国职业技术教育，11（216）：17-20.

蔡昉，2008. 中国就业制度改革的回顾与思考[J]. 理论前沿（11）：5-8.

蔡昉，2009. 中国经济转型30年（1978—2008）[M]. 北京：社会科学文献出版社.

蔡昉，2010. 关于中国人口及相关问题的若干认识误区[J]. 国际经济评论（6）：81-94.

蔡昉，白南生，2006. 中国转轨时期劳动力流动[M]. 北京：社会科学文献出版社.

蔡昉，都阳，2001. 2001年：中国人口问题报告——教育、健康与经济增长[M]. 北京：社会科学文献出版社.

蔡昉，都阳，2002. 迁移的双重动因及其政策含义：检验相对贫困假说[J]. 中国人口科学（4）：1-7.

蔡昉，都阳，2003. 转型中的中国城市发展：城市级层结构、融资能力与迁移政策[J]. 经济研究（6）：64-71.

蔡昉，都阳，2004. 经济转型过程中的劳动力流动：长期性、效应和政策[J]. 学术研究（6）：16-22.

蔡昉，都阳，王美艳，2003. 劳动力流动的政治经济学[M]. 上海：上海人民出版社.

蔡昉，林毅夫，2004. 中国经济[M]. 北京：中国财政经济出版社.

蔡思复，张燕生，1991. 发展经济学概论[M]. 北京：经济学院出版社.

蔡之兵，周俭初，2014. 中国逆城镇化危机研究[J]. 天府新论（4）：65-70.

曹景椿，2001. 加强户籍制度改革，促进人口迁移和城镇化进程[J]. 人口研究，25（5）：9-17.

陈晨，等，2004. 关注城市化进程中的弱势群体：对被征地农民经济补偿、社会保障与就业情况的考察[J]. 经济体制改革（1）：15-20.

陈春良，易君健，2009. 收入差距与刑事犯罪：基于中国省级面板数据的经验研究[J]. 世界经济（1）：13-25.

陈丰，2007. 从"虚城市化"到市民化：农民工城市化的现实路径[J]. 社会科学（2）：110-120.

陈广桂，2009. 农民城镇迁移行为的经济学分析[D]. 南京：南京农业大学.

陈广桂，孟令杰，2008. 市民化中的农民与政府行为分析[J]. 农业经济问题（10）：91-95.

陈广桂，朱恩涛，2012. 门槛理论下的农民向城市迁移控制技术：以江苏省扬州市为例[J]. 商场现代化（11）：61-62.

陈海霞，2013. 基于市民待遇视角下的农民工市民化研究：结合山西省农民工现状之分析[J]. 北京航空航天大学学报（社会科学版），26（5）：11-15.

陈开军，贺彩银，张永丽，2010. 剩余劳动力转移与农业技术进步：基于拉-费模型的理论机制与西部地区八个样本村的微观证据[J]. 产业经济研究（双月刊）（1）：1-8，94.

陈良钦，2006. 长沙咸嘉湖模式：失地农民安置模式的创新——湖南省长沙市岳麓区咸嘉湖村失地农民安置的调研报告[J]. 企业家天地（月刊）（9）：9-11.

陈敏，2006. 失地农民安置的有效途径探索："金包银"模式[J]. 农业经济（9）：46-47.

陈宁，2014. 中国城镇化及城市群协调发展的战略与对策[J]. 改革与战略，30（4）：109-112.

陈绍友，2009. 征地农转非人员非农就业促进及其管理研究[D]. 重庆：西南大学.

陈施施，2010. 被征地农民的社会保障制度创新：基于浙江省温州市的实例分析[J]. 中国商界（6）：39-40.

陈艳，2004. 关于农村社会保障问题的思考[J]. 农村经济与科技，15（1）：7-9.

陈艳芳，韩军强，韩渝辉，2013. 中国农民工市民化研究述评[J]. 安徽农业大学学报（社会科学版），22（4）：45-48.

陈义国, 孙飞, 2014. 地方政府推动城市化发展的理论分析[J]. 贵州社会科学 (3): 90-93.

陈映芳, 2005. "农民工": 制度安排与身份认同[J]. 社会学研究 (3): 119-132, 244.

陈藻, 2013. 农民工"半城市化"问题研究[D]. 成都: 西南财经大学.

谌新民, 周文良, 2013. 农业转移人口市民化成本分担机制及政策涵义[J]. 华南师范大学学报 (社会科学版) (5): 134-141.

程名望, 2007. 中国农村劳动力转移: 机理、动因与障碍[D]. 上海: 上海交通大学.

程名望, 史清华, 刘晓峰, 2005. 中国农村劳动力转移: 从推到拉的嬗变[J]. 浙江大学学报 (人文社会科学版), 35 (6): 105.

程名望, 史清华, 徐剑侠, 2006. 中国农村劳动力转移动因与障碍的一种解释[J]. 经济研究 (4): 68-78.

程名望, 史清华, 许洁, 2014. 流动性转移与永久性迁移: 影响因素及比较——基于上海市 1446 份农民工样本的实证分析[J]. 外国经济与管理, 36 (7): 63-71.

丛亚平, 李长久, 2010. 基尼系数超 0.5 可能致社会动乱[J]. 乡镇企业导报 (8): 53-54.

崔桓, 金喜春, 2014. 我国农民工市民化进程中土地出让基金制度研究[J]. 经济视角 (上旬刊) (8): 4-7.

崔青青, 2011. 20 世纪 80 年代以来中印经济改革比较[D]. 太原: 山西大学.

邓大才, 2001. 承包土地流转的理论障碍与基础构建[J]. 甘肃理论学刊 (4): 42-44.

邓曲恒, 古斯塔夫森, 2007. 中国的永久移民[J]. 经济研究 (4): 137-148.

邓英淘, 1993. 城市化与中国农村发展[J]. 中国农村经济 (1): 3-9.

丁静, 2014a. 新生代农民工完全市民化的有效机制构建[J]. 中州学刊, 208 (4): 82-85.

丁静, 2014b. 土地制度改革: 农民工市民化的"助推器"[J]. 中国劳动关系学院学报 (4): 50-53.

丁雪儿, 周毕芬, 2017. 农民工职业流动的代际差异及影响因素分析: 基于福州、厦门、泉州的调查数据[J]. 福建农林大学学报 (哲学社会科学版), 20 (2): 83-91.

董楠, 2014. 我国农业转移人口市民化的困境与出路[J]. 学术界 (3): 216-223.

杜宝旭, 2016. 中国农民工市民化私人成本收益及其城镇化效应研究[D]. 沈阳: 辽宁大学.

杜恒波, 2004. 英国农村劳动力转移的启示[J]. 农村经济 (3): 95-97.

杜伟, 2008. 构建失地农民权益保障长效机制的思考[J]. 生产力研究 (11): 26-29.

杜鹰, 2002. 中国农村人口变动对土地制度改革的影响[M]. 北京: 中国财政经济出版社.

杜朝晖, 2010. 我国农村土地流转制度改革: 模式、问题与对策[J]. 当代经济研究 (2): 48-52.

段美枝, 2013. 我国社会救助制度面临的新挑战[J]. 中国管理信息化, 16 (16): 94-95.

法制网, 2011. 中国城乡收入差距比 3.23∶1 成差距最大国家之一[EB/OL]. (2011-09-20)[2018-01-14]. http://www.legaldaily.com.cn/index/content/2011-09/20/content_2975897.htm?node=20908.

樊纲, 张曙光, 1994. 公有制宏观经济理论大纲[M]. 上海: 上海人民出版社.

范志权, 2007. 城市流动人口违法犯罪之成因剖析[J]. 四川警察学院学报, 19 (1): 42-49.

方芳, 周国胜, 2011. 农村土地使用制度创新实践的思考: 以浙江省嘉兴市"两分两换"为例[J]. 农业经济问题 (4): 32-35.

费景汉, 古斯塔夫·拉尼斯, 1989. 劳力剩余经济的发展[M]. 王月, 甘杏娣, 吴立范, 译. 北京: 华夏出版社.

冯海发, 李溦, 1993. 我国农业为工业化提供资金积累的数量研究[J]. 经济研究 (9): 60-64.

冯婧, 王甬, 2003. 新时期以来农民流动的历史考察[J]. 北京党史 (6): 35-37.

冯云廷, 2009. 城市化进程中农村劳动力的"两栖"迁移[J]. 天津社会科学 (3): 69-74.

符钢战, 1992. 中国: 劳动力市场发育的经济分析——从微观到宏观[M]. 上海: 上海人民出版社.

傅白水, 2004. 解决农民失地问题的浙江模式[J]. 中国改革: 农村版 (7): 21-23.

傅超, 2007. 城镇化过程中两栖占地现状、机理分析及政策选择[D]. 杭州: 浙江大学.

傅崇兰, 等, 2003. 中国城市发展问题报告[M]. 北京: 中国社会科学出版社.

傅介平, 2006. 农地非农化和城市化协同推进研究[D]. 南京: 南京农业大学.

傅勇, 2004. 人力资本投资对农村剩余劳动力转移的意义: 基于人口流动和劳动力市场的分析[J]. 人口与经济 (3): 55-59.

高国力，1995. 区域经济发展与劳动力迁移[J]. 南开经济研究（2）：27-32.

高和荣，2003. 论中国二元社会保障制度实施的必然性及其整合途径[J]. 经济问题探索（6）：34-38.

高君，2008. 农民工市民化进程中的就业和社会保障问题研究[J]. 社会科学辑刊（3）：44-47.

高如峰，2004. 重构中国农村义务教育财政体制的政策建议[J]. 教育研究（7）：18-25.

高拓，王玲杰，2013. 构建农民工市民化成本分担机制的思考[J]. 中州学刊（5）：45-48.

高雅，2005. 我国城市化进程中的土地非农化问题研究[D]. 郑州：郑州大学.

高玉强，2011. 农业补贴制度优化研究[D]. 大连：东北财经大学.

龚关，胡关亮，2013. 中国制造业资源配置效率与全要素生产率[J]. 经济研究（4）：4-15.

辜胜阻，2013. 新型城镇化的难点是人的城镇化[J]. 重庆与世界（3）：52-53.

辜胜阻，徐进，郑凌云，2002. 美国西部开发中的人口迁移与城镇化及其借鉴[J]. 中国人口科学（1）：27-33.

顾海兵，王亚红，2009. 中国城乡居民收入差距"适度"之情景设定分析[J]. 山东社会科学（2）：49-54.

郭剑雄，吴佩，2006. 内生增长要素与城乡收入差距[J]. 清华大学学报（哲学社会科学版），21（3）：120-124.

郭庆松，2011. 农民工市民化：破局体制的"顶层设计"[J]. 学术月刊，43（7）：72-78.

郭熙保，1989. 发展中国家人口流动理论比较分析[J]. 世界经济（12）：42-49.

郭正模，李晓梅，2014. 新生代农民工实现市民化的就业、定居与社会融入：基于马斯洛需求层次理论和成都市调研的实证分析[J]. 决策咨询（1）：73-79.

国家统计局，2017. 2016年农民工监测调查报告[EB/OL]. (2017-04-28)[2017-12-25]. http://www.stats.gov.cn/tjsj/zxfb/201704/t20170428_1489334.html.

国家统计局，2017. 中华人民共和国2016年国民经济和社会发展统计公报[EB/OL].(2017-02-28)[2017-12-13]. http://www.stats.gov.cn/tjsj/zxfb/201702/t20170228_1467424.html.

国土资源部农村土地管理制度改革调研组，2011. "两分两换"的嘉兴模式[J]. 决策（5）：44-45.

国务院发展研究中心"促进城乡统筹发展，加快农民工市民化进程的研究"课题组，2011. 农民工市民化的成本测算：对重庆、武汉、郑州和嘉兴四市的调查分析[EB/OL]. (2011-05-23)[2017-09-21]. http://www.drc.gov.cn/dcyjbg/20110523/75-224-2859636.htm.

国务院发展研究中心课题组，2011a. "十二五"时期推进农民工市民化的政策要点[J]. 发展研究（6）：4-12.

国务院发展研究中心课题组，2011b. 农民工市民化：制度创新与顶层政策设计[M]. 北京：中国发展出版社.

国务院发展研究中心课题组，等，2011. 农民工市民化进程的总体态势与战略取向[J]. 改革（5）：5-29.

韩长赋，2010. 解决农民工问题的基本思路[J]. 行政管理改革（10）：14-19.

郝国彩，2004. 对我国农业剩余劳动力转移问题的思考[J]. 技术经济与管理研究（1）：102-103.

郝诗源，2014. 宅基地有偿退出的制度需求与利益博弈分析[D]. 南京：南京农业大学.

何静，2001. 农地使用权流转与相关的法律问题探讨[J]. 经济问题（7）：44-47.

何如海，2006. 农村劳动力转移与农地非农化协调研究[D]. 南京：南京农业大学.

贺雪峰，2009. 回到土地是农民最基础的人权[J]. 华中科技大学学报（社会科学版），23（1）：14-16.

贺振华，2006. 农户兼业及其对农村土地流转的影响：一个分析框架[J]. 上海财经大学学报，8（2）：36-41.

洪波，2008. 我国省级耕地非农化适度性评判研究[J]. 地域研究与开发，27（2）：99-102.

侯红娅，杨晶，李子奈，2004. 中国农村劳动力迁移意愿实证分析[J]. 经济问题（7）：52-54.

胡锦涛，2007. 高举中国特色社会主义伟大旗帜，为夺取全面建设小康社会新胜利而奋斗：在中国共产党第十七次全国人民代表大会上的报告[R]. 北京：人民出版社.

胡俊波，2007. 禀赋、不确定性与转型期农村劳动力转移[D]. 成都：西南财经大学.

胡联合，胡鞍钢，徐绍刚，2005. 贫富差距对违法犯罪活动影响的实证分析[J]. 管理世界（6）：34-44.

胡平，杨羽宇，2014. 农民工市民化：制约因素与政策建议[J]. 四川师范大学学报（社会科学版）（5）：60-65.

胡顺延，周明祖，水延凯，2002. 中国城镇化发展战略[M]. 北京：中共中央党校出版社.

胡耀苏，陆学艺，2000. 中国经济改革与社会结构调整[M]. 北京：社会科学文献出版社.

胡永泰，1998. 中国全要素生产率：来自农业部门劳动力再配置的首要作用[J]. 经济研究（3）：31-39.

扈映，米红，刘东英，2013. 中国城市土地使用制度的变迁及对经济增长的影响[J]. 探索（6）：87-92.

黄锟，2011. 城乡二元制度对农民工市民化影响的实证分析[J]. 中国人口·资源与环境，21（3）：76-81.

黄少安，陈屹立，2007. 收入分配不公、国民教育与中国的犯罪率：1978—2005[C]//山东大学经济研究院（中心），浙江大学经济学院中山大学法学院. 2007年全国法经济学论文集. 广州：2007年全国经济法学论坛.

黄泰岩，张培丽，2004. 改变二元结构，实现城乡发展一元化[J]. 前线（5）：26-28.

黄维民，朱盛艳，2003. 借鉴日本经验探索我国农村剩余劳动力转移途径[J]. 农业经济（12）：45-46.

黄忠华，杜雪君，2014. 农村土地制度安排是否阻碍农民工市民化：托达罗模型拓展和义乌市实证分析[J]. 中国土地科学，28（7）：31-38.

黄宗智，2006. 制度化了的"半工半耕"过密型农业（上）[J]. 读书（2）：30-37.

黄祖辉，顾益康，徐加，1989. 农村工业化、城市化和农民市民化[J]. 经济研究（3）：61-64.

黄祖辉，王朋，2008. 农村土地流转：现状、问题及对策：兼论土地流转对现代农业发展的影响[J]. 浙江大学学报（人文社会科学版），38（2）：38-47.

嘉兴市统筹城乡综合配套改革领导小组办公室，2011. "十改联动"推进统筹城乡改革：嘉兴市推进统筹城乡综合配套改革试点进展[J]. 浙江经济（8）：20-21.

贾晓华，2009. 如何促进农民工定居城市[J]. 当代经济管理，31（1）：55-58.

简新华，黄锟，2007. 中国农民工最新情况调查报告[J]. 中国人口·资源与环境，17（6）：1-6.

简新华，张国胜，2006. 日本工业化、城市化进程中的"农地非农化"[J]. 中国人口·资源与环境，16（6）：95-100.

江泽民，2002. 全面建设小康社会，开创中国特色社会主义事业新局面：在中国共产党第十六次全国代表大会上的报告[R]. 北京：人民出版社.

姜作培，2002. 从战略高度认识农民市民化[J]. 中国城市经济（12）：26-29.

蒋乃华，封进，2002. 农村城市化进程中的农民意愿考察：对江苏的实证分析[J]. 管理世界（2）：24-28，73.

蒋省三，刘守英，2003. 让农民以土地权利参与工业化：解读南海模式[J]. 政策（7）：54-56.

京城在线，2014. 中国贫富收入差距居世界第一 基尼系数不容乐观[EB/OL].（2014-04-30）[2017-12-13]. http://www.jingchengw.cn/caijing/20140430/12024.htm.

康文杰，2005. 农村剩余劳动力可持续转移研究[D]. 福州：福建农林大学.

赖德胜，1996. 分割的劳动力市场理论评述[J]. 经济学动态（11）：65-67.

赖涪林，2009. 长三角农民工的非稳态转移：理论探讨、实证研究与现状调查[M]. 上海：上海财经大学出版社.

黎翠梅，2007. 土地资本化与农村土地保障制度的创新[J]. 财经论丛（浙江财经大学学报），128（1），43-47.

李成贵，2004. 国家、利益集团与"三农"困境[J]. 经济社会体制比较（5）：57-66.

李德洗，2004. 农村劳动力转移的经济学分析[D]. 郑州：河南农业大学.

李栋，2011. 厉以宁称必须要让农民拥有房屋产权[J]. 共产党员（22）：14-14.

李二玲，刘萍，2010. 欠发达农区农户对城市化的响应能力分析：基于对河南省1251户农户的调查[J]. 中国农村观察（2）：34-44.

李放，张兰，2004. 公共产品、政府职责与维护农民工权益[J]. 公共管理学报，1（4）：29-33.

李焕彰，钱忠好，2004. 财政支农政策与中国农业增长：因果与结构分析[J]. 中国农村经济（8）：38-43.

李竞能，2004. 现代西方人口理论[M]. 上海：复旦大学出版社.

李琦，2005. 利益集团视角的农民问题[D]. 北京：北京师范大学.

李强，唐壮，2002. 城市农民工与城市中的非正规就业[J]. 社会学研究（6）：13-25.

李琼，2011. 经济结构调整与最低工资对就业结构的影响[D]. 武汉：华中科技大学.

李升，2011. 新型农村社会养老保险基金运作机制研究[D]. 济南：山东农业大学.

李胜军，1989. 美国农业劳动力转移[J]. 美国研究（3）：58-75.

李实，1997. 中国经济转轨中劳动力流动模型[J]. 经济研究（1）：23-30.

李实，2003. 中国个人收入分配研究回顾与展望[J]. 经济学（季刊），2（2）：379-404.

李实，罗永亮，2007. 中国城乡居民收入差距的重新估计[J]. 北京大学学报（哲学社会科学版），44（2）：111-120.

李实，岳希明，2004. 中国城乡收入差距世界最高[J]. 中国经济信息（6）：62-64.

李文祥，2007. 社会建设中的制度风险与制度协调[J]. 天津社会科学（3）：49-53.

李文祥，2008. 论制度风险[J]. 长春市委党校学报（5）：13-17.

李西林，2007. 印度农业支持政策改革的经验及对中国的启示[J]. 世界农业（10）：29-32.

李仙娥，王春艳，2004．国外农村剩余劳动力转移模式的比较[J]．中国农村经济（5）：69-75.

梁青春，桂德怀，2017．高职院校学生工匠精神培育的有效路径探析[J]．中国职业技术教育（22）：71-74.

廖丹清，2001．城市化要充分考虑农民的意愿和农村的改革与发展[J]．中国农村经济（3）：58-60.

林海，2003．农民经济行为的特点及决策机制分析[J]．理论导刊（4）：28-30.

林红，2008．当前我国就业问题现状分析[J]．现代经济信息（5）：94.

林梅湘，2008．中国公共服务市场化：风险及其防范[D]．西安：西北大学.

林燕，2009．二元结构下的劳动力非家庭化转移研究[D]．杭州：浙江大学.

林毅夫，蔡昉，李周，1994．中国的奇迹：发展战略与经济改革[M]．上海：格致出版社，上海三联书店，上海人民出版社.

林毅夫，蔡昉，李周，1999．比较优势与发展战略：对"东亚奇迹"的再解释[J]．中国社会科学（5）：4-20.

林毅夫，王格玮，赵耀辉，2006．中国的地区不平等与劳动力转移[M]．北京：社会科学文献出版社.

林治波，2007．人民日报人民论坛：就业是民生之本[EB/OL].（2007-04-16）[2017-10-28]. http://opinion.people.com.cn/GB/5616727.html.

林竹，2014．诒议农民工市民化的内涵[J]．技术经济与管理研究（7）：121-124.

刘传江，2005．城乡统筹发展视角下的农民工市民化[J]．人口研究，29（4）：48-51.

刘传江，2013．迁徙条件、生存状态与农民工市民化的现实进路[J]．改革（4）：83-90.

刘传江，徐建玲，2008．中国农民工市民化进程研究[M]．北京：人民出版社.

刘峰，2006．在城镇化建设中积极推进农村富余劳动力转移[J]．湖湘论坛，19（1）：63-64.

刘海军，谢飞燕，2013．推进我国农业转移人口市民化对策探析[J]．农业经济（6）：58-60.

刘洪银，2012．城镇化过程中农民"带土进城"与农地权益保护[J]．西北人口，33（1）：33-36.

刘怀廉，2004．农村剩余劳动力转移新论[M]．北京：中国经济出版社.

刘俊博，李晓阳，2013．市民化角度下农民工社会保障机制研究：基于重庆市统筹城乡户籍改革的思考[J]．教师教育学报，11（5）：33-37.

刘丽，2005．有效制度供给：失地农民再就业安置中的政府责任问题研究[D]．长春：吉林大学.

刘倩，2010．农业补贴政策调查及农户的满意度研究：基于山东省济阳县垛石镇的实地调研[D]．北京：北京林业大学.

刘同山，张云华，孔祥智，2013．市民化能力、权益认知与农户的土地退出意愿[J]．中国土地科学，27（11）：23-30.

刘小年，2009．农民工市民化：路径，问题与突破：来自中部某省农民进城的深度访谈[J]．经济问题探索（9）：57-61.

刘晓青，2012．中国农民工市民化问题研究[D]．沈阳：辽宁大学.

刘晓宇，张林秀，2008．农村土地产权稳定性与劳动力转移关系分析[J]．中国农村经济（2）：29-39.

刘亚楠，2010．我国流动人口永久性迁移中的户籍制度研究[D]．杭州：浙江大学.

刘英丽，2004．GDP诱惑与失地农民[J]．中国改革（农村版）（2）：4-5.

刘勇，2004．中国城镇化战略研究[M]．北京：经济科学出版社.

刘治隆，2014．农民市民化能力初探[J]．合作经济与科技（10）：46-48.

龙志和，陈芳妹，2007．土地禀赋与农村劳动力迁移决策研究[J]．华中师范大学学报（人文社会科学版），46（3）：11-17.

卢海元，2002．实物换保障：完善城镇化机制的政策选择[D]．北京：中国社会科学院研究生院.

卢向虎，朱淑芳，张正河，2006．中国农村人口城乡迁移规模的实证分析[J]．中国农村经济（1）：35-41.

卢亚丽，2005．河南省农村劳动力转移的影响因素研究[D]．成都：四川农业大学.

卢元，1998．上海市三次产业中劳动力配置效率比较的实证分析[J]．上海经济研究（7）：41-44.

陆飞杰，2006．对城郊失地农民再就业问题的思考：以江苏省为例[J]．城市问题（3）：51-55.

陆福兴，2004．解读"咸嘉模式"[J]．决策咨询（11）：44-45.

陆福兴，2005．用科学发展观化解失地农民问题[J]．甘肃农业（11）：53-54.

陆学艺，2000．加快小城镇建设是农村发展新阶段重要任务[J]．江南论坛（7）：9-11.

陆学艺，2003．农民工问题要从根本上治理[J]．特区实践与理论（7）：31-36.

罗丹，严瑞珍，陈洁，2004．不同农村土地非农化模式的利益分配机制比较研究[J]．管理世界（9）：87-96.

罗蓉，2008．中国城市化进程中失地农民可持续生计问题研究[D]．成都：西南财经大学.

麻智辉，刘海清，2008．外来农民工融入城市的制度性障碍分析与对策研究[J]．理论导报（5）：42-44.

马广海，2001．农民工的城市融入问题[J]．山东省农业管理干部学院学报，17（3）：67-69.

马桂萍，2008．农民工市民化制度演进与创新[D]．大连：辽宁师范大学.

马健，2008．南海模式：创新与困局——对南海土地股份合作制发展状况的调查[J]．农村工作通讯（17）：16-17.

马九杰，孟凡友，2003．农民工迁移非持久性的影响因素分析：基于深圳市的实证研究[J]．改革（4）：77-86.

马克继，2004．日本经验与我国农村劳动力的转移途径[J]．农村经济（11）：92-94.

毛丹，王燕锋，2006．J市农民为什么不愿做市民：城郊农民的安全经济学[J]．社会学研究（6）：45-73.

米兰，2010．我国农村剩余劳动力转移研究[D]．太原：山西大学.

牟放，2005．西方国家农村养老保险制度及对我国的启示[J]．地方财政研究（12）：48-52.

聂洪辉，2008．失地农民经济贫困与社区建设：以经济社会学理论为分析视角[J]．河南社会科学，16（4）：115-117.

牛文元，刘怡君，2009．中国新型城市化报告[M]．北京：科学出版社.

农业部农村经济研究中心课题组，1996．中国农村劳动力流动研究：外出者与输出地[C]//农业部农村经济研究中心和劳动部就业司，国务院发展研究中心农村联合部．中国农村劳动力流动国际研讨会论文．北京：中国农村劳动力流动国际研讨会.

潘家华，魏后凯，2013．中国城市发展报告 No.6：农业转移人口的市民化[M]．北京：社会科学文献出版社.

潘志玉，张明，2008．新市权利保护的法律问题研究[J]．山东省农业管理干部学院学报，23（6）：16-17.

彭希哲，赵德余，郭秀云，2009．户籍制度改革的政治经济学思考[J]．复旦学报（社会科学版）（3）：1-11.

钱正武，2005．建国以来农村劳动力流动的政策演变与思考[J]．安徽教育学院学报（4）：42-45，47.

曲福田，陈江龙，陈雯，2005．农地非农化经济驱动机制的理论分析与实证研究[J]．自然资源学报，20（2）：231-241.

搜狐新闻，2009．热点新闻：关于农民工社会保障问题研究报告[EB/OL].(2009-02-03)[2017-11-12]. http://news.sohu.com/20090203/n262032595.shtml.

人民日报，2014．专家解读户籍改革热点问题：农民可带着"土地"进城[EB/OL].(2014-08-13)[2017-11-15]. http://www.ce.cn/xwzx/gnsz/gdxw/201408/13/t20140813_3345360.shtml.

任义科，赵谚慧，杜海峰，2016．政策认知、社会资本与农民工求职交易费用[J]．西北农林科技大学学报（社会科学版），16（4）：80-87.

桑艳，2014．以人的发展为核心的中国新型城镇化探析[J]．改革与战略，30（7）：9-12.

申兵，2012．"十二五"时期农民工市民化成本测算及其分担机制构建：以跨省农民工集中流入地区宁波市为案例[J]．城市发展研究，19（1）：86-92.

沈君彬，2011．促进新生代农民工城市融入的积极社会政策体系：理念、特征、实践[J]．中共福建省委党校学报（11）：61-68.

沈坤荣，1999．经济发展阶段与增长方式转变[J]．数量经济技术经济研究（9）：46-50.

盛来运，2007．中国农村劳动力外出的影响因素分析[J]．中国农村观察（3）：2-15.

石红溶，2012．农民工市民化与地方政府行为[D]．西安：西北大学.

史清华，林坚，顾海英，2005．农民进镇意愿、动因及期望的调查与分析[J]．中州学刊（1）：45-50.

世界银行，1980．世界银行资助项目中的非自愿移民所产生的社会问题（运作手册说明2.33）[R].

宋伟，2014．从就业基础看河南新型城镇化的政策选择[J]．河南科学，32（6）：970-974.

宋晓梧，2011a．调整收入分配结构转变经济发展方式[J]．财经界（学术版）（1）：24-27.

宋晓梧，2011b．中国行业收入差距扩大至 15 倍 跃居世界之首[EB/OL].（2011-02-10）[2017-06-12]. http://finance.people.com.cn/GB/13886023.html.

宋周，黄敏，李正彪，2014．农业转移人口市民化意愿及影响因素：以成都市为例的分析[J]．四川师范大学学报（社会科学版）（5）：66-71.

孙成军，2006．转型期的中国城乡统筹发展战略与新农村建设研究[D]．长春：东北师范大学.

孙乃会，李亚新，2008．农民日报：构建失地农民权益保障长效机制[EB/OL].（2008-03-10）[2017-06-12].http://epub.cnki.net/kns/Navi/NewItem.aspx?NaviID=25&BaseID=NMRB.

孙瑞玲, 2008. 农村土地流转机制的创新研究: 在农村土地流转现状调查基础上的思考[J]. 农业经济 (2): 47-48.

孙圣民, 2014. 收支扭曲、人力资本结构性贫困与社会资本依赖: 农民制度性贫困与统筹城乡发展的路径[J]. 制度经济学研究 (2): 20-48.

孙中伟, 2014. 举家迁移、居住选择与农民工社会交往: 基于 2013 年七城市问卷调查[J]. 社会建设, 1 (1): 88-96.

谭丹, 黄贤金, 2007. 农村非农就业与农村土地流转的关系研究: 以江苏省宝应县农户调研为例[C]//中国土地学会, 中国土地勘测规划院. 2007 年中国土地学会年会论文集. 北京: 地质出版社: 932-938.

汤志林, 陈芬, 2007. 国外土地政策研究: 价值导向、特征和热点[J]. 中国地质大学学报 (社会科学版), 7 (1): 68-72.

唐根年, 等, 2006. 中国农民市民化经济门槛与城市化关系研究: 理论与实证[J]. 经济地理, 26 (1): 118-121.

唐健, 2010. 让农民"带地进城"[J]. 中国土地 (7): 19-21.

陶然, 徐志刚, 2005. 城市化、农地制度与迁移人口社会保障: 一个转轨中发展的大国视角与政策选择[J]. 经济研究 (12): 45-56.

滕亚为, 2011. 户籍改革中农村土地退出补偿机制研究: 以重庆市为例[J]. 国家行政学院学报 (4): 101-105.

腾讯新闻, 2012. 专家称中国基尼系数前年已达 0.5 破国际警戒线 [EB/OL]. (2012-01-18)[2017-10-13]. http://news.qq.com/a/20120118/000266.htm.

田鹤城, 万广华, 霍学喜, 2009. 1955—2007 年中国经济与犯罪关系实证研究[J]. 中国农业大学学报 (社会科学版), 26 (2): 146-151.

田园, 2013. 我国城镇化进程中农民"带土进城"问题研究[J]. 山东农业科学, 45 (7): 150-152.

童建军, 2003. 我国土地收益分配机制研究[D]. 南京: 南京农业大学.

童玉芬, 2010. 中国农村劳动力非农化转移规模估算及其变动过程分析[J]. 人口研究, 34 (5): 68-75.

外来农民工课题组, 1995. 珠江三角洲外来农民工状况[J]. 中国社会科学 (4): 92-104.

王爱华, 2015. 英国农村劳动力转移及其对中国的启示[J]. 世界农业 (1): 52-57.

王春光, 2006. 农村流动人口的"半城市化"问题研究[J]. 社会学研究 (5): 107-122.

王春光, 2009. 对中国农村流动人口"半城市化"的实证分析[J]. 学习与探索 (5): 94-103.

王春光, 2010. 对新生代农民工城市融合问题的认识[J]. 人口研究, 34 (2): 31-56.

王春蕊, 2014. 农民工市民化转型中的权益谱系与匹配机制[J]. 河北学刊, 34 (6): 135-139.

王桂芳, 2008. 农民工公民意识现状分析及对策研究[J]. 中共山西省委党校学报, 31 (2): 81-83.

王海光, 2009. 2000 年以来户籍制度改革的基本评估与政策分析: 21 世纪以来中国城镇化进程中的户籍制度改革问题研究之一[J]. 理论导刊 (5): 91-100.

王海燕, 2005. 我国农民非农化发展研究[D]. 济南: 山东大学.

王杰力, 2013. 中国农民工就业歧视问题研究[D]. 沈阳: 辽宁大学.

王立彬, 2008. 2007 年全国招标拍卖挂牌出让土地收入超过 9000 亿元[EB/OL]. (2008-01-31)[2017-10-12]. http://www.gov.cn/jrzg/2008-01/31/content_876404.htm.

王美艳, 2005. 城市劳动力市场上的就业机会与工资差异: 外来劳动力就业与报酬研究[J]. 中国社会科学 (5): 36-46.

王美艳, 蔡昉, 2008. 户籍制度改革的历程与展望[J]. 广东社会科学 (6): 19-26.

王明杰, 周文韬, 余希翼, 2009. 人力资本投资与回流农村剩余劳动力转移[J]. 理论前沿 (11): 43-45.

王素, 等, 2010. 中国教育竞争力: 评价模型构建与国际比较[J]. 教育发展研究 (17): 1-6.

王太元, 2005. 户籍改革: 剥离附着利益[J]. 瞭望新闻周刊 (20): 34-35.

王万茂, 1996. 市场经济条件下土地资源配置的目标、原则和评价标准[J]. 自然资源 (1): 24-28.

王晓燕, 2009. 农业机械购机补贴政策的实践与思考[J]. 中国农机化 (3): 42-45.

王亚红, 2009. 中国城乡居民收入差距预警研究[D]. 北京: 中国人民大学.

王亚红, 2017a. 农村劳动力非农就业中的路径依赖-锁定效应及解锁策略研究[J]. 山西农业大学学报 (社会科学版): 16 (1): 23-28.

王亚红, 2017b. 农业转移人口市民化需求约束机制及制度创新研究[J]. 内蒙古农业大学学报 (社会科学版), 19 (2): 6-11.

王亚红，等，2016. "两栖农民"土地退出影响因素及其作用方式研究：以河南省为例[J]. 山东农业工程学院学报，33（9）：1-7.

王亚南，1981. 中国官僚政治研究[M]. 北京：中国社会科学出版社.

王瑶，2016. 新型城镇化背景下的农民工市民化问题研究[D]. 武汉：武汉纺织大学.

王俞，孙路，2007. 不确定性与制度：关于制度研究的经济学方法[J]. 江苏社会科学（5）：69-76.

王兆林，杨庆媛，范垚，2013. 农户土地退出风险认知及规避能力的影响因素分析[J]. 经济地理，33（7）：133-139.

王振东，2005. 关于建立新时期义务教育财政保障体系的构想[J]. 经济研究参考（34）：36-43.

威廉·配第，1963. 赋税论：献给英明人士货币略论[M]. 陈冬野，等译. 北京：商务印书馆.

威廉·配第，1978. 政治算术[M]. 陈冬野，译. 北京：商务印书馆.

位涛，闫琳琳，2014. 中国农村土地养老保障贡献研究[J]. 人口与经济（1）：99-107.

魏澄荣，陈宇海，2013. 福建省农民工市民化成本及其分担机制[J]. 中共福建省委党校学报（11）：113-118.

魏后凯，苏红键，李凤桃，2014. 农民工市民化现状报告[J]. 发展（5）：30-31.

温铁军，2007. 农民社会保障与土地制度改革[J]. 农业经济导刊（3）：3-6.

温铁军，朱守银，1996. 土地资本的增殖收益及其分配：县以下地方政府资本原始积累与农村小城镇建设中的土地问题[J]. 中国土地（4）：24-27.

文博，2007. 新时期农村教育改革之路如何走[EB/OL]. (2007-09-12)[2018-01-02]. http://www.zgxxb.com.cn/jsdk/201002254633.shtml.

吴华安，杨云彦，2011. 中国农民工"半城市化"的成因、特征与趋势：一个综述[J]. 西北人口，32（4）：105-110.

吴晓义，李津，2008. 失地农民职业流动的约束及突破[J]. 江苏理工学院学报，23（7）：23-26.

吴兴陆，元名杰，2005. 农民工迁移决策的社会文化影响因素探析[J]. 中国农村经济（1）：26-32.

吴业苗，2010. 居村农民市民化：何以可能？——基于城乡一体化进路的理论与实证分析[J]. 社会科学（7）：54-62.

西蒙·库兹涅茨，1985. 各国的经济增长：总产值和生产结构[M]. 常勋，等译. 北京：商务印书馆.

肖红华，刘吉良，2008. 提高农民财产性收入的途径[J]. 湖南农业大学学报（社会科学版），9（2）：21-23.

肖倩，2016. 城乡制度一体化：破解农民工市民化进程中的制度性障碍[J]. 中共浙江省委党校学报，32（2）：91-98.

新浪财经，2016. 国家统计局：农民工月均收入突破3000元[EB/OL]. (2016-01-20)[2017-12-28]. http://finance.sina.com.cn/stock/t/2016-01-20/doc-ifxnqrkc6709205.shtml.

邢姝媛，张文秀，李启宇，2004. 当前农地流转中的制约因素分析：基于成都市温江、新都等6县（市、区）的调查[J]. 农村经济（s1）：21-23.

熊波，石人炳，2009. 农民工永久性迁移意愿影响因素分析：以理性选择理论为视角[J]. 人口与发展，15（2）：20-26.

熊彩云，2007. 农民工城市定居转移决策因素的推-拉模型及实证分析[J]. 农业经济问题（月刊）（3）：74-81.

熊易寒，2012. "半城市化"对中国乡村民主的挑战[J]. 华中师范大学学报（人文社会科学版），51（1）：28-34.

徐爱东，吴国锋，2015. 农业转移人口转户意愿的影响因素与现实诉求研究：来自重庆的调查与分析[J]. 重庆工商大学学报（社会科学版），32（3）：11-18.

许峰，2004. 农民市民化问题探讨[J]. 林业经济（20）：52-53.

许经勇，2012. "重城轻乡"路径依赖：持续性资本原始积累[J]. 厦门特区党校学报（6）：17-22.

许庆建，2009. 有限理性：索罗斯投资理论的基石[J]. 合作经济与科技（14）：90-91.

许勇铁，杨文华，王丽云，2008. 农村被动城市化模式的创新性探索：厦门乌涂村"金包银"工程规划设计[J]. 厦门理工学院学报，16（3）：6-10.

严燕，等，2012. 非农就业对农户土地退出意愿影响的实证研究[J]. 西南大学学报（自然科学版），34（6）：128-132.

杨思斌，2011. 我国失业保险制度的重大发展与实施挑战[J]. 前沿（11）：136-141.

杨伟民，2011. 农民工市民化成本要由政府和市场共同分担[J]. 农村工作通讯（9）：35-35.

杨云彦，1996. 改革开放以来中国人口"非正式迁移"的状况：基于普查资料的分析[J]. 中国社会科学（6）：59-73.

杨云彦，2004. 城市就业与劳动力市场转型[M]. 北京：中国统计出版社.

杨志荣，汪云，2013. 中国与美国财政性教育经费支出的比较[J]. 农业教育研究（3）：12-15.

姚明明，2015. 新型城镇化进程中我国农业转移人口市民化成本分担机制研究[D]. 沈阳：辽宁大学.

姚洋，2004．土地、制度和农业发展[M]．北京：北京大学出版社．

野口悠纪雄，1997．土地经济学[M]．汪斌，译．北京：商务印书馆．

于细婷，2011．印度财政与金融支持农业合作社发展的经验及启示[J]．中国农民合作社（9）：59-61．

余红，2004．中国农民工考察[M]．北京：昆仑出版社．

余铁，2012．路径依赖视角下的群体性事件研究[D]．济南：山东大学．

俞可平，2010．新移民运动、公民身份与制度变迁：对改革开放以来大规模农民工进城的一种政治学解释[J]．经济社会体制比较（1）：6-10．

俞勇军，陆玉麒，2002．江阴市耕地变化驱动因素及耕地利用效率定量研究[J]．经济地理，22（4）：440-443．

郁建兴，阳盛益，2008．城市政府在农民工市民化进程中的作用[J]．学习与探索（1）：87-91．

袁家冬，赵哲，孙振杰，等，2005．吉林省农村剩余劳动力转移与地方中心城市的响应[J]．东北师大学报（自然科学版），37（1）：118-124．

曾昭盛，2010．重庆户籍制度改革背景下的农村土地制度研究[J]．科学咨询（科技管理）（12）：8-9．

战冬梅，战梦霞，2008．农地制度创新与农村劳动力转移[J]．理论前沿（15）：22-23．

张车伟，2006．人力资本回报率变化与收入差距："马太效应"及其政策含义[J]．经济研究（12）：59-70．

张光宏，杨明杏，2001．中国农村土地制度的创新[J]．管理世界（双月刊）（4）：207-208．

张桂梅，李中东，2007．拉美失地农民问题对我国的启示[J]．中国国土资源经济，20（8）：31-33．

张国胜，2008．中国农民工市民化：社会成本视角的研究[M]．北京：人民出版社．

张国胜，2009．基于社会成本考虑的农民工市民化：一个转轨中发展大国的视角与政策选择[J]．中国软科学（4）：56-69．

张国胜，陈瑛，2013．社会成本、分摊机制与我国农民工市民化：基于政治经济学的分析框架[J]．经济学家（1）：77-84．

张国胜，谭鑫，2008．第二代农民工市民化的社会成本、总体思路与政策组合[J]．改革（9）：98-104．

张国胜，杨先明，2008．中国农民工市民化的社会成本研究[J]．经济界（5）：61-68．

张国胜，杨先明，2009．公共财政视角下的农民工市民化的社会成本分担机制研究[J]．印度洋经济体研究，24（1）：90-94．

张浩然，衣保中，2011．产业结构调整的就业效应：来自中国城市面板数据的证据[J]．产业经济研究（双月刊）（3）：50-55，71．

张焕英，2011．城乡统筹发展背景下的重庆市农村劳动力转移研究[D]．重庆：西南大学．

张季风，2003．战后日本农村剩余劳动力转移及其特点[J]．日本学刊（2）：78-93．

张军，2014．"带土进城"有望成为打通城乡二元结构的突破口：新型城镇化背景下农村人口转移与土地权益保障实现路径探讨[J]．决策探索（下半月）（4）：51-52．

张立功，2007．不确定条件下土地非农化问题理论与实证研究[D]．重庆：重庆大学．

张立建，陈忠暖，周春山，2004．城市化主要对象与最低经济门槛作用机制在中国的五次偏离[J]．云南地理环境研究，16（2）：31-34．

张莉，2011．在创新社会管理中解决民生问题[J]．理论导刊（9）：17-20．

张良悦，刘东，2008．农村劳动力转移与土地保障权转让及土地的有效利用[J]．中国人口科学（2）：72-79．

张楠，2006．我国农村剩余劳动力转移阻碍因素与二元劳动力市场分割[D]．成都：西南财经大学．

张培刚，2007．发展经济学教程（修订版）[M]．北京：经济科学出版社．

张平，1998．中国农村居民区域间收入不平等与非农就业[J]．经济研究（8）：59-60．

张世伟，赵亮，2009．农村劳动力流动的影响因素分析：基于生存分析的视角[J]．中国人口·资源与环境，19（4）：101-106．

张卫，何雨，王树华，2013．有序推进农业转移人口市民化的障碍及其对策研究：以江苏为例[J]．现代经济探讨（12）：54-58．

张蔚，2011．快速城镇化进程中农村土地退出机制研究：基于重庆市户籍制度改革的实证[D]．重庆：西南大学．

张笑寒，黄贤金，2003．论农地制度创新与农业劳动力转移[J]．中国人口·资源与环境，13（5）：41-45．

张学英，2011a．关于提升新生代农民工城市融入能力的研究[J]．贵州社会科学（7）：79-82．

张学英，2011b. 对中国农村移民非永久性迁移行为的再考量[J]. 开发研究（5）：81-84.

张雅丽，2008. 中国工业化进程中农村劳动力转移研究[D]. 杨凌：西北农林科技大学.

张雅丽，2009. 中国工业化进程中农村劳动力转移研究[M]. 北京：中国农业出版社.

张翼，2011. 农民工"进城落户"意愿与中国近期城镇化道路的选择[J]. 中国人口科学（2）：14-26.

张永良，刘科伟，2006. 我国城镇化过程中农村劳动力及人口转移的经济行为分析[J]. 安徽农业科学，34（10）：
    2266-2268.

张占贞，王兆君，2010. 我国农民工资性收入影响因素的实证研究[J]. 农业技术经济（2）：56-61.

张照新，2002. 中国农村土地流转市场发展及其方式[J]. 中国农村经济（2）：19-24.

张忠法，等，2001. 我国农村劳动力转移的历程、特点及面临的新形势[J]. 经济研究参考（3）：13-22.

赵光伟，2010. 农民工问题与社会稳定相关性研究[J]. 人民论坛旬刊（6）：70-71.

赵辉辉，1997. 中国农村劳动力流动及教育在其中的作用：以四川省为基础的研究[J]. 经济研究（2）：37-42.

赵勍，张金麟，2012. 基于私人成本与私人收益的农民工市民化意愿研究[J]. 华东经济管理，26（12）：124-128.

赵锡斌，温兴琦，龙长会，2003. 城市化进程中失地农民利益保障问题研究[J]. 中国软科学（8）：158-160.

赵学涛，2003. 城市边缘区农地流转与农地保护[J]. 国土资源情报（1）：48-51.

赵耀，2006. 对当前我国农民工就业歧视行为的分析[J]. 经济与管理研究（4）：66-70.

赵义怀，1994. 关于农村土地市场化的思考[J]. 上海农村经济（1）：30-32.

郑风田，2000. 制度变迁与中国农民经济行为[M]. 北京：中国农业科学出版社.

郑峰，陈学云，2014. 基于供求分析的农民工市民化[J]. 滁州学院学报，16（1）：32-35.

郑兴明，2012. 城镇化进程中农民退出机制研究[D]. 福州：福建农林大学.

郑有贵，2008. 中国城乡经济的分割与一体化改革[J]. 中国经济史研究（4）：22-25.

中共中央文献研究室，1982. 三中全会以来重要文献选编[M]. 北京：人民出版社.

中国发展研究基金会，2010. 中国发展报告2010：促进人的发展的中国新型城市化战略[M]. 北京：人民出版社.

中国农村劳动力流动课题组，1997. 农村劳动力外出就业决策的多因素分析模型[J]. 社会学研究（1）：27-34.

中国网，2011. 中国 GDP 规模超过日本　正式成为世界第二大经济体[EB/OL].(2011-02-15)[2018-01-14].
    http://news.china.com.cn/txt/2011-02/14/content_21915401.htm.

《中国城市发展报告》编委会，2012. 中国城市发展报告（2012）[M]. 北京：中国城市出版社.

中华人民共和国中央人民政府网，2008. 中共中央关于推进农村改革发展若干重大问题的决定[EB/OL].
    （2008-10-31）[2011-12-21]. http://www.gov.cn/test/2008-10/31/content_1136796.htm.

周华公，王红茹，2004. 民工离"市民待遇"有多远[J]. 中国经济周刊（7）：18-21.

周蕾，谢勇，李放，2012. 农民工城镇化的分层路径：基于意愿与能力匹配的研究[J]. 中国农村经济（9）：50-60.

周其仁，1997. 机会与能力：中国农村劳动力的就业和流动[J]. 管理世界（5）：81-101.

周其仁，2004. 农地产权与征地制度：中国城市化面临的重大选择[J]. 经济学（季刊），4（1）：193-210.

周世军，2017. 城乡二元体制藩篱为何难以打破：基于制度经济学的一个理论阐释[J]. 理论月刊（1）：157-160.

周天勇，2010. 周天勇：从调结构入手改善收入分配差距[J]. 经济研究信息（11）：6-8.

周天勇，2012. 三大原因导致收入分配差距过大[EB/OL].（2012-06-06）[2017-12-21]. http://www.chinacity.org.cn/
    cstj/zjwz/86936.html.

周天勇，胡锋，2007. 托达罗人口流动模型的反思和改进[J]. 中国人口科学（1）：18-26.

周小刚，2010. 中部地区城镇化进程中农民工市民化问题研究[D]. 南昌：南昌大学.

周勇，2008. 重庆市农村外出劳动力回流动因及对策研究[D]. 重庆：重庆大学.

周志伟，2010. 巴西城市化问题及城市治理[J]. 中国金融（4）：39-40.

周中林，2007. 主要发达国家关于失地农民安置的做法及对我国的启示[J]. 长江大学学报（社会科学版），30（6）：
    76-79.

朱奉奎，1991. 土地经济学[M]. 权光男，译. 北京：法律出版社.

朱镜德，1999. 中国三元劳动力市场格局下的两阶段乡—城迁移理论[J]. 中国人口科学（1）：7-12.

朱明芬，李一平，2002. 失地农民利益保障问题已到了非解决不可的地步[J]. 调研世界（12）：32-34.

朱乃肖，2006. 借鉴西方工业发达国家实现城市化的经验和教训[J]. 经济与管理研究（4）：78-82.

朱农，2005. 中国劳动力流动与三农问题[M]. 武汉：武汉大学出版社.

朱启臻，1996. 进城农民对土地态度的调查与思考[J]. 中国农村经济（3）：34-36.

朱启臻，马腾宇，2011. 不同类型农民工市民化诉求[J]. 农村金融研究（4）：10-14.

朱希刚，1997. 农业技术经济分析方法及应用[M]. 北京：中国农业出版社.

朱宇，2004. 国外对非永久性迁移的研究及其对我国流动人口问题的启示[J]. 人口研究，28（3）：52-59.

竺云，2003. 南京城市化进程中的农民意愿调查研究[D]. 南京：南京农业大学.

庄荣盛，2008. 日本农业现代化经验对我国的启示[J]. 中共中央党校学报，12（6）：98-102.

左学金，2010. "浅度城市化"如何破题[J]. 人民论坛（5）：66-67.

左学金，2011. 我国进城农民工市民化模式探讨[J]. 西部论坛，21（1）：27-31.

道格拉斯 C 诺思，2008. 制度、制度变迁与经济绩效[M]. 杭行，译. 上海：格致出版社.

UD 领导决策数据分析中心，2011. 未来 50 年农民工市民化成本 43 万亿元[J]. 领导决策信息（41）：30-31.

托达罗 M P，1988. 第三世界的经济发展[M]. 于同申，等译. 北京：中国人民大学出版社.

西奥多·W. 舒尔茨，2006. 改造传统农业[M]. 梁小民，译. 北京：商务印书馆.

伊利 R T，莫尔豪斯 E W，1982. 土地经济学原理[M]. 滕唯藻，译. 北京：商务印书馆.

詹姆斯 C 斯科特，2001. 农民的道义经济学[M]. 程立显，等译. 上海：上海译林出版社.

ALESINA A, PEROTTI R, 1993. Income distribution, political instability, and investment[J]. European economic review, 40 (6): 1203-1228.

ANDERSON K, HAYAMI Y, 1986. The political economy of agricultural protection: East Asia in perspective[M]. Sydney: Allen and Unwin in association with the Australia-Japan Research Centre; Canberra: Australian National University.

ARTHUR W B, 1989. Competing technologies, increasing returns, and lock-in by historical events[J]. Economic journal, 99 (394): 116-131.

AUVACHEZ E, 2009. Supranational citizenship building and the united nations: is the unengaged in a "citizenization" process? [J]. Global governance, 15 (1): 43-66.

BECKER G S, 1974. Crime and punishment: an economic approach[J]. Journal of political economy, 76 (2): 169-217.

BECKER G S, 1983. A treatise on the family[J]. Family process, 22 (1): 127.

BLAU J R, BLAU P M. 1982. The cost of inequality: metropolitan structure and violent crime[J]. American sociological review, 47 (1): 114-129.

BLOOM D E, STARK O, 1985. In the new economics of labour migration[J]. American economic review, 75 (2): 173-178.

BOURGUIGNON F, 1999. Crime, violence and inequitable development[J]. Abstracts in anthropology, 55 (452): 131-150.

CERRO A M, MELONI O, 2000. Determinants of the crime rate in argentina during the 90s[J]. Estudios de economia, 27 (2): 297-311.

CHENERY H B, SYRQUIN M, 1975. Pattern of development: 1950-1970[M]. Oxford: Oxford University Press.

CLARK C, 1951. The conditions of economic progress[M].London : Macmillan.

COHEN E F, 2011. Reconsidering us immigration reform: the temporal principle of citizenship [J]. Perspectives on politics, 9 (3): 575-583.

COMMONS J R, 1931. Institutional economics[J]. American economic review, 21 (4): 648-657.

DENZAU A T, NORTH D C, 1994. Shared mental models: ideologies and institutions[J]. Economic history, 47 (1): 3-31.

DEWDNEY J C, 1991. Population mobility in developing countries: a reinterpretation by Ronald Skeldon[M]. London: Belhaven Press.

DIXON G I J, 1950. Land and human migrations[J]. The American journal of economics and sociology, 9 (2): 223-234.

FAJNZYLBER P, LEDERMAN D, LOAYZA N, 2002. Inequality and violent crime[J]. The journal of law and economics, 45 (1): 1-39.

FAN C C, 2004. The state, the migrant labor regime, and maiden workers in China[J]. Political geography, 23 (3): 283-305.

FAN C C, WANG W W, 2008. The household as security: strategies of rural-urban migrant in China[J]. Migration and social protection in China(14): 201-243.

FISHER I, 1906. The nature of capital and income[M]. London: The Macmillan Company.

FRANCOIS B, 2010. Crime as a social cost of poverty and inequality: a review focusing on developing countries[J]. Revista desarrollo y sociedad (44): 61-69.

GRAY C L, 2009. Environment, land, and rural out-migration in the Sousthern Ecuadorian Andes[J]. World development, 37 (2): 457-468.

GILES J, YOO K, 2007. Precautionary behavior, migrant networks, and household consumption decisions: an empirical analysis using household panel data from rural China[J]. Review of economics and statistics, 89 (3): 534-551.

GÖRLICH D, TREBESCH C, 2006. Mass migration and seasonality: evidence on Moldova's labour exodus[R]. Kiel: Kiel Institute for the World Economy.

HARRIS J R, TODARO M P, 1970. Migration, unemployment and development: a two-sector analysis[J]. The American economic review, 60 (1): 126-142.

HEBERLE R, 1938. The causes of rural-urban migration a survey of German theories[J]. American journal of sociology, 43 (6): 932-950.

HEINEMANN A, VERNER D, 2006. Crime and violence in development: a literature review of Latin America and the Caribbean[J]. Research working papers (26): 1-26.

HSIEH C C, PUGH M D, 1992. Poverty, income inequality, and violent crime: a Meta-analysis of recent aggregate data studies[J]. Criminal justice review, 18 (2): 182-202.

HUETH B, 2000. The goals of U. S. agricultural policy: a mechanism design approach[J]. American journal of agricultural economics, 82 (1): 14-24.

HUGO G J, 1978. Population mobility in West Java[M]. Gadjah Mada: Gadjah Mada University Press.

HUGO G J, 1982. Circular migration in Indonesia[J]. Population and development review, 8 (1): 59-83.

HUGO G J, 1991. Aging: a new challenge for Indonesia[J]. Ageing international, 18 (2): 3-3.

HUGO G J, 1998. Migration as a survival strategy: the family dimension of migration[J]. Population distribution and migration, 90 (533): 113-116.

HUGO G J, BOHNING W R, 2000. Providing information to outgoing Indonesian migrant workers[R]. Manlia: Internation Labour Offile.

HUNTINGTON S P, 1968. Political order in changing societies[M]. New Haven: Yale University Press.

JORGENSON D W, 1961. The development of a dual economy[J]. Economic journal, 71 (282): 309-334.

KEEFER P, KNACK S, 2000. Polarization, politics and property rights: links between inequality and growth[J]. Public choice, 111 (1-2): 127-154.

KRUEGER A O, SCHIFF M, VALDES A, 1991. The political economy of agricultural pricing policy[M]. Washington D. C. The Johns Hopkins University Press.

KUHN R, 2002. The logic of letting go: Family and individual migration from rural Bangladesh[R]. Boulder: University of Colarado Boulder.

LEE E S, 1966. A theory of migration[J]. Demography, 3 (1): 47-57.

LEE O J, KIM K D, 1980. Migration and adaptation to the city: a comparative profile of returnees and stayers in Korea[J]. Bulletin of population and development studies center (8-9): 35-58.

LEWIS W A, 1954. Economic development with unlimited supplies of labour[J]. Manchester school, 22 (2): 139-191.

LI H Z, ZAHNISER S, 2002. The determinants of temporary rural-to-urban migration in China[J]. Urban studies, 39 (12): 2219-2235.

MADDISON A, 1987. Growth and slowdown in advanced capitalist economies: techniques of quantitative assessment[J]. Journal of economic literature, 25 (2): 649-698.

MASSEY D S, 1990. Social structure, household strategies, and the cumulative causation of migration[J]. Popul index, 56 (1): 3-26.

MERTON R K, 1967. Social theory and social structure[M]. New York: Free Press.

MEYER W B, Turner B L, 1998. Changes in land use and land cover: a global perspective[M]. 2nd. Cambridge: Cambridge University Press.

MINCER J, 1978. Family migration decisions[J]. Journal of political economy, 86 (5): 749-773.

MITCHELL J C, 1988. Cities, society, and social perception: a central African perspective[J]. Urban studies, 25 (3): 263-264.

NITSSON A, 2004. Income inequality and crime: the case of Sweden[R]. Uppsala: Institute for Evaluation of Labur Market and Education Policy.

OLSON M, 1971. The logic of collective action: public goods and the theory of groups[M]. Boston: Harvard University Press.

PARNWELL M, 1993. Population movements and the Third World[M]. London: Routledge.

PIORE M J, 1970. The dual labor market: theory and implications[J]. Geographical journal, 161 (3): 334.

POTTS D, 2006. Rural mobility as a response to land shortages: the case of Malawi[J]. Population space and place, 12 (4): 291-311.

PUTTERMAN L, CHIACU A F, 1994. Elasticities and factor weights for agricultural growth accounting: a look at the data for China[J]. China economic review, 5 (2): 191-204.

RANIS G, FEI J C H, 1961. A theory of economic development[J]. The American economic review, 51 (4): 533-565.

RAVENSTEIN E G, 1885. The laws of migration[J]. Journal of the statistical society of London, 48 (2): 167-235.

ROOT B D, DE JONG G F, 1991. Family migration in a developing country[J]. Population studies, 45 (2): 221-233.

ROWLAND D T, 2003. Demographic methods and concepts[M]. Oxford: Oxford University Press.

SARIDAKIS G, 2004. Violent crime in the united states of America: a time-series analysis between 1960–2000[J]. European journal of law and economics, 18 (2): 203-221.

SAUNDERS P, SHANG X, 2001. Social security reform in China's transition to a market economy[J]. Social policy and administration, 35 (3): 274-289.

SEEBORG M C, JIN Z, ZHU Y, 2000. The new rural-urban labor mobility in China: causes and implications[J]. Journal of socio-economics, 29 (1): 39-56.

SEWELL W H, 1996. Three temporalities: toward an eventful sociology[C] // McDonald T G. Historic Turn in the Human Sciences. Michigan: University of Michigan Press: 245-280.

SHAW C R, MCKAY H D, 1942. Juvenile Delinquency and Urban Areas[M]. Chicago: University of Chicago Press.

SJAASTAD L A, 1962. The costs and returns of human migration[J]. Journal of political economy, 70 (5): 80-93.

SKELDON R, 1990. Population mobility in developing countries[M]. London: Belhaven Press.

SOLINGER D J, 1999. Citizenship issues in China's internal migration: comparisons with Germany and Japan[J]. Political science quarterly, 114 (3): 455-478.

SPAAN E, 1999. Labour circulation and socioeconomic transformation: the case of East Java, Indonesia[M]. The Hague: Netherlands Interdisciplinary Demographic Institute.

SPEARE A, 1974. Residential satisfaction as an intervening variable in residential mobility[J]. Demography, 11 (2): 173-88.

STRACHAN H W, 1977. Why poor people stay poor: urban bias in world development by Michael Lipton[M]. Cambridge: Cambridge Massachusetts Harvard University Press.

STARK O, 1984. Rural-to-urban migration in LDCs: a relative deprivation approach[J]. Economic development and cultural change, 32 (3): 475-486.

STARK O, BLOOM D E, 1985. The new economics of labor migration[J]. American economic review, 75 (2): 173-178.

STARK O, LEVHARI D, 1981. On migration and risk in LDCs[J]. Economic development and cultural change, 31 (1): 191-196.

STARK O, TAYLOR J E, 1989. Relative deprivation and internal migration[J]. Demography, 26 (1): 1-14.

STARK O, TAYLOR J E, 1991. Migration incentives, migration types: the role of relative deprivation[J]. The economic journal, 101 (408): 1163-1178.

TANG W S, CHUNG H, 2002. Rural-urban transition in China: illegal land use and construction[J]. Asia pacific viewpoint, 43 (1): 43-62.

TAYLOR E J, 1999. The new economics of labour migration and the role of remittances in the migration process[J]. International migration, 37 (1): 63-88.

TAYLOR J E, YUNEZ-NAUDE A, DYER G, 1999. Agricultural price policy, employment and migration in a diversified rural economy: a village-town CGE analysis from Mexico[J]. American journal of agricultural economics, 81 (3): 653-662.

TEMPLE J, 2005. Dual economy models: a primer for growth economists[J]. The Manchester school, 73 (4): 435-478.

TITMAN S, 1985. Urban land price under uncertainty[J]. American economic review, 75 (3): 505-514.

TODARO M P, 1969. A model of labor migration and urban unemployment in less developed countries[J]. The American economic review, 59 (1): 138-148.

VANWEY L K, 2010. Land ownership as a determinant of international and internal migration in Mexico and internal migration in Thailand[J]. The International migration review, 39 (1): 141-172.

VEBLEN T, 1953. The theory of the leisure class: an economic study of institutions[M]. New York: Signet.

YAMAZAWA I, 1987. Kym anderson and yujiro hayami, eds., the political economy of agricultural protection: East Asia in international perspective[J]. General information, 58 (4): 382-384.

YANG X, RICE R, 1994. An equilibrium model endogenizing the emergence of a dual structure between the urban and rural sectors[J]. Journal of urban economics, 35 (3): 346-368.

ZHAO Y H, 1999. Leaving the countryside: rural-to-urban migration decisions in China[J]. American economic review, 89 (2): 281-286.

ZHAO Y H, 1999. Labor migration and earnings differences: The case of rural China[J]. Economic development and cultural change, 47 (4): 767-782.